大学生职业发展与就业指导教程

◎主编 尹华北 熊立新 潘日鸣

中南大学出版社
www.csupress.com.cn

图书在版编目（CIP）数据

大学生职业发展与就业指导教程/尹华北,熊立新,潘日鸣主编.
—长沙:中南大学出版社,2015.9
ISBN 978 – 7 – 5487 – 1894 – 9

Ⅰ.大... Ⅱ.①尹...②熊...③潘... Ⅲ.大学生 – 职业选择 –
高等学校 – 教材 Ⅳ.G647.38

中国版本图书馆 CIP 数据核字（2015）第 226538 号

大学生职业发展与就业指导教程

尹华北　熊立新　潘日鸣　主编

□责任编辑	汪采知
□责任印制	易红卫
□出版发行	中南大学出版社
	社址:长沙市麓山南路　　邮编:410083
	发行科电话:0731-88876770　传真:0731-88710482
□印　装	长沙雅鑫印务有限公司

□开　本	787×1092　1/16	□印张 13	□字数 324 千字
□版　次	2015 年 9 月第 1 版	□印次　2015 年 9 月第 1 次印刷
□书　号	ISBN 978 – 7 – 5487 – 1894 – 9
□定　价	25.00 元

序

　　我国高等教育的招生规模已经稳居世界前列，每到毕业季，大学毕业生的就业情况都受到社会的广泛关注，因为这事关经济发展和改善民生的大局。党中央、国务院对此高度重视，坚持把稳定和扩大就业作为宏观调控的重要目标，大力实施就业优先战略，推动大众创业、万众创新。

　　我国经济发展已进入新常态，但就业总量压力依然存在，结构性矛盾更加凸显。国务院于 2015 年 5 月印发了《关于进一步做好新形势下就业创业工作的意见》，要求各地、各高校切实加强职业规划教育及相关的就业指导等工作。教育部在 2007 年就印发了《大学生职业发展与就业指导课程教学要求》，提出把就业指导课程建设纳入人才培养工程，并将其作为公共课，贯穿于学生入学至毕业的整个学习过程。

　　为了深入贯彻、落实国务院及教育部文件精神，我校组织了人力资源教研室和招生就业处的老师，在现有教程的使用和教学经验的基础之上，编写了本书。本书从介绍大学教育与职业发展的关系入手，全面系统地介绍了大学生职业发展与就业的基础知识；重点阐述了大学生职业生涯规划的理论和方法、求职技巧、权益保障及大学生创新创业等内容。希望本书能帮助在校大学生做好职业规划，实现高质量就业，并为有志于创业的同学迈出成功的第一步打下良好的基础。

　　大众创业、万众创新是富民之道、强国之举，祝愿同学们在将来的职业发展道路上一帆风顺，实现自己的人生价值。

　　是为序。

中南林业科技大学党委副书记
2015 年 8 月

编委会

主　编：尹华北　　熊立新　　潘日鸣
副主编：张明旭　　吴战波　　刘晓艳　　吴幼珍
参　编：代啸峰　　陆　婧

目　录

第一章　概述

第一节　大学教育与职业发展　　　　　　　　　　1

第二节　毕业生就业形势与趋势　　　　　　　　　9

第三节　大学后继教育相关知识　　　　　　　　　12

第四节　以职业发展为导向的学业规划　　　　　　16

第二章　职业生涯规划理论与步骤

第一节　职业与职业生涯内涵　　　　　　　　　　21

第二节　职业生涯规划基础理论　　　　　　　　　22

第三节　职业生涯规划基本步骤　　　　　　　　　37

第三章　自我探索

第一节　兴趣探索　　　　　　　　　　　　　　　49

第二节　能力探索　　　　　　　　　　　　　　　52

第三节　个性探索　　　　　　　　　　　　　　　55

第四节　职业价值观探索　　　　　　　　　　　　63

第四章　职业探索

第一节　职业与职业分类　　　　　　　　　　　　66

第二节　单位、行业与劳动力市场　　　　　　　　68

第三节　职位信息的分析　　　　　　　　　　　　74

第五章　职业生涯设计与抉择

第一节　大学生职业生涯规划原则与要素　　　　　80

第二节　大学生职业生涯抉择方法及其应用　　　　82

第六章　提升就业能力

第一节　优化知识结构　　　　　　　　　　　　　87

第二节　提高综合能力　　　　　　　　　　　　　92

第三节　修炼职业情商　　　　　　　　　　　　　96

第四节　参与社会实践　　　　　　　　　　　　　107

第七章　求职过程指导

　　第一节　就业信息收集与利用　　　　　　　　　　112
　　第二节　准备求职材料　　　　　　　　　　　　　119
　　第三节　笔试与面试　　　　　　　　　　　　　　123

第八章　大学生就业权益保护

　　第一节　求职陷阱与防范对策　　　　　　　　　　138
　　第二节　就业协议与劳动合同　　　　　　　　　　143
　　第三节　就业报到与人事代理　　　　　　　　　　150
　　第四节　社会保险　　　　　　　　　　　　　　　154

第九章　职业适应与发展

　　第一节　实现社会角色的转变　　　　　　　　　　165
　　第二节　主动适应职业需要　　　　　　　　　　　168
　　第三节　建立良好的人际关系　　　　　　　　　　171
　　第四节　克服职业挫折　　　　　　　　　　　　　175

第十章　大学生自主创业

　　第一节　创业基础知识　　　　　　　　　　　　　181
　　第二节　创业路径选择　　　　　　　　　　　　　184
　　第三节　创业准备工作　　　　　　　　　　　　　190
　　第四节　创业的难点与重点　　　　　　　　　　　192

后　记　　　　　　　　　　　　　　　　　　　　202

第一章　概　述

　　什么是"大学"？对于刚进入校门的大学生来说，正确地了解和认识大学、大学学习和生活对其将来的职业发展至关重要；也只有对什么是大学有了较深入的认识后，才能谈得上怎样去做一名合格乃至优秀的当代大学生。四年的大学生活是立人生志向、扬理想风帆的关键一步，做好大学阶段的职业规划将有助于大学生在这样一个重要人生发展平台上，最大限度地汲取养分，筑就美好未来的坚实基础。

第一节　大学教育与职业发展

一、大学内涵

　　自中世纪大学产生起，关于大学的概念是什么，众说纷纭。《简明不列颠百科全书》是这样给"大学"定义的："高等学府，通常包括一所文理学院、研究生院和专业学院，并有权授予各个学科领域的学位。"《辞海》是这样解说的："实施高等教育的机构。分综合大学、专科大学或学院。中国大学以本科为基本组成部分，有的设专修科和研究生机构。大学本科根据社会主义建设需要和学校性质分设若干专业，以几种相近的专业合组成系，招收高级中学及同等学校毕业生或同等学力者，学习年限一般为四年，医科及某些专业为五年或五年以上。"日本《世界教育辞典》中关于大学的定义是："大学是指高等院校中以学术为媒介进行研究和教育，即培养人和进行高等专业教育的机构。"

　　显然，关于大学的定义是多样的，这本身就说明大学的复杂性与社会发展关系的密切性。但无论对大学下什么样的定义，都改变不了大学最基本的职能——培养人才。从历史和现实发展看，"大学"包含着丰富的、共同的内涵。

　　首先，大学是一个传授普遍知识的地方。这是都柏林大学首任校长约翰·亨利·纽曼的观点。这意味着，大学一方面是理智的而非道德的，另一方面它以传播和推广知识而非增扩知识为目的。大学是一切知识和科学、事实和原理、探索和发现、实验和思索的高级保护力量；它描绘出理智的疆域。

　　其次，大学是高等教育的场所。这里的"高等"具有多方面的含义，其一是指在学校教育体系中办学层次的"高"。一般地说，学校教育包括三个层次，即小学、中学和大学，或者基础教育、中等教育和高等教育。大学或高等教育是最高的办学层次。尽管大学教育这一层次内部又分为若干不同的层次，如专科教育、本科教育、研究生（包括硕士研究生和博士研究生）教育，但这些都属于高等教育层次。其二是教育内容的高层次。与中学小学教育相比，大学传授的不再是最基础的科学文化知识，而是具有专业性质的较为高深的理论和技能，研究生层次的教育则往往更是涉及本学科的前沿领域。其三是指教育对象的高层次。能够进入大学学习的人，一般都接受过良好的基础教育并经过严格的选拔程序，具有较高的智能和知识水平。其四是指教育目标的高层次。大学是一个创造新知识的场所，寻找真理被认为是大学的重要办学理念之一。现代大学，特别是高水平大学，既是教育教学的中心，也是科学研究的中心，承担着推动科学进步、社会发展、文化创新的重要职责。而且，教育教学和科学研究两个方面相互促进，才使大学教育的高水平可以实现。

二、大学精神

大学精神是大学的灵魂，是反映大学历史传统文化品位、特征面貌的一种精神文化形态，是大学在长期的文化创造过程中积淀、整合、提炼出来的，并为大学人所认同的一种价值观念体系和群体意识。它既体现大学的办学理念、办学方向、办学宗旨、校园文化，又体现大学人的奋斗目标和价值追求，并且将一个民族优秀的历史文化传统与时代精神融合于一体，成为大学生生不息、发展壮大的精神源泉和动力。具体地说，一所大学的精神就是这个学校的灵魂，是这所学校的精神气质和精神品格。在众多的大学中，"几乎每一所大学都能非常明确地告诉你：它具有什么样的办学理念、特色和成绩，但只有一部分的大学有自己独特的'精神'。大学精神不是人为设定的，也不是哪位校长或大师头脑中的理念产物。它是介乎于理性与情感之间的一个范畴，它的形成是多重因素长期相互撞击和融汇的结果……大学精神是大学传统中最宝贵的部分，是大学抗打击和求发展的生命力的底蕴所在，对于稳定大学的风格和水准，具有至关重要的作用"。大学精神具有持久的影响力，体现在每一位师生及员工身上，也体现在毕业的校友身上。

现代意义上的大学兼具教学、研究、服务社会三个职能。欧美大学在其发展实践过程中形成了独立自治、学术自由、真理至上为主要内涵的经典"大学精神"。结合我国大学精神的现状和 21 世纪时代的要求，中国大学应当铸就"凸显人文精神、创新精神、独立自由、开放包容、和谐发展"的大学精神。真正的大学以培养"人"为天职，它的立足点和归宿点是人，关心的是人的解放、人的完善、人的发展。大学不仅培养人才、传播文明、创新科技，更重要的是提升人性、孕育精神、追求真理。

三、大学人才培养目的与目标

大学是高等教育的主要载体。我国《高等教育法》第四条作了这样的规定："高等教育必须贯彻国家的教育方针，为社会主义现代化建设服务，与生产劳动相结合，使受教育者成为德智体等方面全面发展的社会主义事业的建设者和接班人。"第五条作了这样的规定："高等教育的任务是培养具有创新精神和实践能力的高级专门人才，发展科学技术文化，促进社会主义现代化建设"。以上规定概括起来可以如是说，我国高等教育的目的是为社会主义事业的建设和发展培养具有创新精神和实践能力的德智体美劳全面发展的高级专门人才。具体说来，大学的人才培养目标可以如下概述：

一是培养高级专门人才。社会主义国家的高等教育与世界各国的高等教育的共同之处在于，高等教育是培养高级专门人才的教育领域，这是由高等教育的本质属性所规定的。社会职业的分化与组合，由科学的发展所导致的学科的分化和综合，都突出了一个专业化的特点。人的能力在心理学的视野里是无限的，但在现实的社会里，人的成长和发展总是确定在某一方向或某一个领域内，真正有三头六臂的，能够适应多种行业、多种职业的人毕竟非常有限。韩愈也曾说过，"闻道有先后，术业有专攻"。因此，高等教育作为培养高级人才的核心领域，走专业化之路是不可避免的。即使在知识经济时代，这种专业性仍然存在，不同的只是专业没有那样"专"了，专业的包容性更大了而已。

二是培养为社会主义服务、为人民服务的高级专门人才。我国是社会主义国家，这一特殊的国情决定了我国高等教育所培养的人才必须服务于社会主义现代化建设事业，即强调所培养人才的政治素质。教育的发展史表明，教育在阶级社会里是具有阶级性的，教育的目的是为统治阶级服务的，教育所培养的人才当然也应符合统治阶级的利益。我国作为社会主义国家，教育为社会主义国家服务，为广大人民服务也就理所当然。高等教育在培养专才的同时，必须加强培养人才的政治素质，使他们具有坚定、正确的政治方向，这是非常重要的。基于此种考虑，高校将邓小平理论、"三个代表"思想充实到了教学内容中去，让学生充分理解和掌握党的先进思想，使学生在今后的社会实践之中不致迷失方向，犯不应该犯的错误。

三是培养具有创新精神和实践能力的高级专门人才。高等教育所培养的各级各类人才毕业之后直接步入社会，融入到社会生活之中去。我们已跨入了21世纪的门槛，所面临的和必须应对的是知识经济、经济全球化、高等教育国际化，这些都对我们的高等教育人才的培养提出了很高的要求。这些要求概括起来最主要的，也是最核心的是创新精神和实践能力，而这两点正是我国应试教育条件下进入高校的学子所存在的主要不足之处。我国高校在这两方面对学生培养的难度相对而言也更大些。但是，知识经济时代对创新的要求是不言而喻的，因为创新是知识经济的核心，同时"创新是一个民族进步的灵魂"，社会对人才创新的要求增加无疑会影响到高校对人才的培养。创新能力与创新思维的形成和发展需要有适宜的环境和土壤，而其中"实践"是一个重要方面。因此，高校在培养具有创新精神和实践能力的高级专门人才的过程中，在方法和途径上走"教育与生产劳动和社会实践相结合"的道路，这既是教育方针的要求，更是社会和时代的要求。

四是培养德智体美全面发展的社会主义建设者和接班人。高等教育确立专业教育与人文教育并重的教育目的，有识之士倡导科学教育与人文教育的融合，说到底是要培养德智体美全面发展的高级人才。在德的方面，要求大学生的人格更完善，要求大学生的思想境界更高，要求大学生的社会责任感更强，要求大学生的服务意识、奉献意识更浓。在智的方面，要求大学生的知识更丰富、更全面，要求大学生的认知能力、思维能力、创新能力更具有思辨性、发展性、时代性，要求大学生的专业水平、专业能力更高，要求大学生的业务素质更优、更强。在体的方面，要求大学生的身体素质更好，能适应工作的需要，毕竟身体是革命的本钱。在美的方面，要求大学生的审美能力更高，审美意识更强；要求大学生更应具有宽广的胸怀，包容的心襟；要求大学生在学习和社会实践中，能够意识到人类的可持续发展，人类社会的可持续发展是永恒主题。社会主义所需要的建设者和接班人就是这样一种全面发展的高级专门人才。

将以上高等教育的目的具体化就是大学人才培养的目标。通俗点来说，就是大学应培养什么样的"人才"，这些"人才"应具有怎样的层次、类型和基本规格。大学培养"高级专门人才"，本身存在一个比较宽广的区间。在这个区间内又有比较明显的层次，可划分为精英高级人才和一般高级人才、学术人才和实用人才、通才和专才。目前，高等教育培养人才具有如下特点：

一是从精英高级人才向一般高级人才转变。所谓精英高级人才，即英才，或叫"天才"。那他们是一些什么样的人呢？国外学者有过许多定义，兰格认为"天才是给人们带来神圣价值的人"；佩尔顿则把英才看作是"善于选择某方面的价值，并获得最大价值的人"。概括地说，英才就是那些具有突出的智能水平和品德要素，能够在政治、军事、思想、学术、教育、文化和经济等方面或多个方面对社会的发展做出过杰出的贡献，从而在一定范围内影响历史进程的人。培养精英高级人才是大学教育的具体目标之一，也曾在很长一段时间内成为我国大学教育的基本目标之一。然而，随着我国国民经济的持续发展，人们生活水平的不断提高，我国已进入逐步向中等发达国家过渡阶段，人们的精神需求也不断发展，接受高等教育已成为大部分人的知识需求。高等教育的人才培养目标也应该发生转变，培养大批一般高级人才已成为高校培养目标的最基本的层次。所谓的一般高级人才指的是在知识、智能以及品德方面能够满足某种复杂劳动职业的基本要求，并能在相应的职业中从事富有成效的劳动的那些人。我们平常所说的合格的公务员，合格的教师，合格的医生，合格的工程师，合格的演员等等，就是这样的一些人才。

二是学术人才与实用人才并重。所谓学术人才，专指从事基础理论研究或应用理论研究，以及与此相关研究的科学工作者，诸如数学家、物理学家、哲学家、历史学家等等，他们创造新知识。所谓实用人才，泛指一切从事非学术研究性工作的实际操作者，比如工程师、教师、医生、行政人员、企业管理者、发明家等等。他们的任务是在一定的理论规范指导下，进行社会化科学与技术的操作运用，将新知识应用于实践。学术人才和实用人才的区别不是绝对的，有时是很模糊的，他们的劳动都属于马克思所说的那种高级的"复杂劳动"，只不过一个偏重于学术理论创造，一个偏重于新知识的应用而已。学术人才与实用人才往往不是非此即彼的关系，而是可以和谐地统一在一个人身上。但培养这两种人才的教育过程和形式是不同的。在高等学校培养目标中，妥善处理这两类人才的关系对于高等教育实践具有重要的影响。

但要特别指出来的是实用人才与精英人才并不是对立的关系而是相互交叉的概念。实用型水平也可以是高水平的，是精英型的。另外，实用人才与学术人才是相互补充，缺一不可的。高校培养学术人才可以繁荣科学、思想和文化。实用技术的发展也不会失去持久的"后劲"。从社会实际情况来看则需要更多的实用人才，否则，就不能把理论知识应用到实际中，不能创造更多的物质财富，促进经济的增长。从这个角度来讲，大学生在读期间尤其要注重积累社会大量需求的实用技能，才能在竞争日益激烈的社会形势下占有一席之地。

三是通才与专才培养相结合。一般来说，通才可以从两个意义上来理解：一是哲学意义上的通才，这种通才，在科学、艺术、文学、工程等完全不同的领域都有建树的人，他们是多才多艺，百科全书式的"全才"，比如，古希腊的亚里士多德，文艺复兴时期的达·芬奇，但这种通才毕竟是凤毛麟角，高校若是把培养目标定在这种通才上是不合理的；二是高等教育学意义上的通才，与专才一样同属"高级专门人才"的范畴。在这里，通才可以看作是广义的"高级专门人才"，专才是狭义的"高级专门人才"。通才是知识面与职业适应面较为宽广，专才则表现为知识面与职业适应面较为单一。

通才和专才的区别，还可以从更深层的心理机制上来分析。专才在确定的专业方向上依靠自己掌握的专业知识和技能去工作。而通才可以在不同的专业方向上依靠自己的一般能力去工作。从现象上看通才是由于他们的知识技能广博，然而更深入一层看，通才之"通"，不仅是知识技能之通，更主要的还是基础理论之通，一般能力之通，一般方法之通。这样他在本专业知识技能所及的方向上，可凭已有的知识技能像专才一样去熟练地工作，而在他的本专业知识不及的方向上，就可以依靠自己的基础理论、一般能力、一般方法，迅速地吸收和掌握该专业的有关知识和技能，从而胜任其工作。

过度强调通才教育只能导致肤浅，通才教育容易造成"辞海"式的教育，学生的知识和技能不系统、不扎实，可能造成学生在刚就业的时候难以很快适应工作需要。过去那种百科全书式的全才，在当今科学技术不断分化和综合的时代已很难实现了。通才教育和专才教育各有一定的局限性，两种教育模式都有各自的优劣势，专而不通，导致知识的专业化和思维的片面化，不能在科学高度综合的时代取胜，通而不专，也不能在科学高度分化的时代立足。因此，就目前我国高等教育的发展情况来看，许多学者都在倡导大学通才教育与专才教育相结合，并将人文教育作为通识教育的一个重要组成部分，主张人文教育与专业教育的有机融合。

为实现这种教育，我国目前的高校中比较流行也比较容易操作的是学分制与选课制相结合的模式。这种模式的理念是，学生所学的课程分为必修课、限选课和任选课三类，既考虑到学生的专业学习，又考虑到学生的兴趣爱好，为学生的全面发展创造有利的现实条件。为了更好地实现通才和专才的结合，在这三类课程的比例上，一些高校增加更多的任选课，减少必修课和限选课的科目数量，以增强学生选课的弹性。

尽管大学中的教学活动都是围绕专业知识的传授和学习展开的，但实际上，大学生们始终是在学校中各种"潜在课程"、"无形学院"的培养、熏陶和影响下成长的。学知识与学做人，始终是摆在大学生面前的两件同样重要的任务。大学教育在本质上是人的教育。从这个角度讲，高等教育的最重要目标，并不在于培养出多少具有先进知识的人才，而首先在于培养具备合格人格素养的社会成员。换句话说，大学的功能，是培养符合社会需要的人才，是培养专业知识与人格都全面发展的人才。

综上所述，大学应当是一个让青年人成为更为完善的人的生活领地。大学生不仅仅是一个能探知求道、具备广博精深的科学知识、智能发达、体魄健全的人，更应该是一个品格健全、品德高尚、具有良好的精神素质和做人修养的人。一言以蔽之：大学教育不仅理所当然地承担着向社会输送具有高层次、高水准的高级专业技术人才的历史重任，而且义不容辞地肩负着为国家培养高素质、高品位的优良社会公民的神圣职责。正如爱因斯坦在 1937 年的一封信中所提醒的："我们切莫忘记，仅凭知识和技巧并不能给人类的生活带来幸福和尊严。"

四、大学教育与中学教育的区别

大学教育与中学教育是完全不同的两个阶段，尤其在我国当前的教育体制下，一些以高考为指挥棒的中学教育已经沦落为一种应试教育。总体来看，大学教育与中学教育的差别至少体现在如下几个方面：

1. 教育目的不同

中学教育主要侧重于向学生传授基础理论知识，以培养学生接受新知识的能力为主要目的。大学教育则主要向学生传授应用知识，在传授应用性的理论知识的同时，以培养学生动手能力和解决实际问题的能力为主要目的。

2. 教育方式不同

在应试教育的大环境下，我国当前的中学教育主要采取的是一种灌输式的教育方式，

"基础知识传输＋大量训练题"是中学教育的主要法宝。而大学教育则以培养学生的自学能力和运用能力为主，采取的是"基本理论传授＋自我学习应用"的教学模式，实践课（或实习课）是促使学生将理论转化为应用能力的主要手段。

3. 管理模式不同

当前我国中学教育阶段对学生主要采取的是一种"圈鸭"式的管理模式，许多中学甚至把"封闭式管理"作为一种招徕优质学生的宣传优势。而大学教育则采取的是一种"推出去"的管理模式，课余时间学不学、学什么、如何学等，学生都有绝对的自主权。实验、认知、实践、实习等，是大学生头脑中出现频率最多的学习性词汇。对于社科类专业的学生来说，老师会鼓励学生多参与各种类型的社会实践。专业以外，对大学生影响最大的组织，便是学生会、团委会以及各种类型的学生协会。

4. 课程设置体系不同

中学教育阶段，所有的学生都面临几乎相同的课程设置，不管个人兴趣如何，也不管特长与能力如何，大多数同学都要面临许多自己不喜欢但又不得不学的一些课程。而大学阶段，个人可以选择一些自己喜欢的专业与课程，或者至少可以避开一些自己不喜欢的课程。

5. 评价体系不同

在应试教育体系影响下，中学教育阶段的学生评价基本上就是唯分数论，许多父母、老师、同学所看重的就是期中、期末、模拟以及中高考的分数与排名，至于德、体、美以及其他素质教育的评价指标，基本不为老师、学生或家长所看重。然而大学教育阶段，对学生的评价是采取的综合测评的评价体系，理论学习尤其是课堂内的理论学习与课程考试成绩只占评价体系中很小的权重，而参与社会实践、担任学生干部、参与课程竞赛、发明创造、发表学术论文等，在评价体系中占有较大的权重，更强调学生的运用能力。

6. 学习要求不同

不同的教育目的、教育方式、评价体系与管理模式，造成了对两个阶段的学生的学习方式上的要求也不相同。中学教育阶段，以"学会"为总体要求，"会用"为高级目的，学生只要具有一定的学习能力，就可以在老师的带领下，取得较好的成绩，在"教"与"学"的比较中，"教"为主导，"学"为主体，"教"可能占有更大的比重。而大学教育阶段，以"会学"为总体要求，对"会用"与"创新"能力的培养更看重，学生是学习的主体，起着主导作用，"教"仅起着引导作用。

五、大学学业与职业发展

职业决定人生。对大学生来说，学业、专业和将来特定的职业通常意味着不同的发展机会与空间，也就决定了不同的生活方式。"学以致用"是前辈的古训，为什么而学、学什么、学了之后做什么，是人的终生学习过程中必须解决的问题。

（一）学业与职业的关系

学业是立身之本，知识可以改变命运、升华人生。

我国目前实行九年制义务教育，面向全体适龄少年儿童普及小学和初中教育。高中教育在发达地区普及率已达 80% 以上，高等教育已从精英教育向大众化教育过渡，而且这一步伐还在加快。

九年制义务教育对提高全民族的文化素质有重要意义，也为个人的职业发展提供了必要的文化知识基础。如果受能力或其他条件限制，不能接受高中或大学教育，在初中毕业后，应参加职业技能培训和学习，做一个出色的技术工人或一个有特长的人。如果工作中有机会、有必要时，一边工作一边学习，或接受成人教育，学习更多技能，能够发展成为高级蓝领。

高中的学习按道理应该一方面要为考取大学拼搏奋斗，一方面对个人的兴趣、能力、个性进行必要培养，做一定的职业探索，根据个人职业发展的需要来选择大学和专业。但由于中学阶段受应试教育影响很大，大部分学生是在迈入大学校门之后才开始职业探索的，所以专业的选择有很大的盲目性。专业与未来的职业发展关系紧密，专业的选择和学习应依据个人的兴趣和能力特长。人的适应性很广，但也有一些东西很难改变，一定要避免自己很难适应或非常不喜欢的专业，否则即使大学毕业后有机会调整职业发展方向，对国家和个人来说也都是一种浪费。所以在大学生中开展全程的就业指导有很重要的现实意义。

小学、中学（含中专、技校）、专科、本科、硕士研究生、博士研究生是学习生涯的几个阶段，如果条件许可，应该向更高的学历发展。高学历和高的专业技能，常常可以使人较早、较快地达到较高的职业发展目标。目前在我国高学历兼具高技能人员较为匮乏的情况下，更应加强培养。

（二）专业与职业的关系

1. 专业

高等教育的专业设置是人才培养规格的重要标志。目前实行的是1998年颁布的《普通高等学校本科专业目录》，分设哲学、经济学、法学、教育学、文学、历史学、理学、工学、农学、医学、管理学11个门类。我们大学生所学的专业，则是依据学科分类和社会职业分工需要分门别类进行高深知识教与学活动的基本单位。按专业设置组织教学、进行专业训练、培养专门人才是现代高等教育的重要特点之一。我国专业设置经过多次调整，专业总数由1987年的1343种减少为249种（教育部1998年公布）。专业数量调整后专业设置的突出特点是少、宽、柔，即减少了专业种数，拓宽了专业基础和柔性设计专业方向。专业主要按学科划分，对一些必须按工程对象或业务对象划分的应用科学技术类专业，均要求有明确的主干学科或主要学科基础，确定的专业范围既使培养的人才具有较宽广的适应性，又适宜在本科学制内完成合格人才的培养。

大学生应主要把握以下几点专业特征：

（1）专业的设置是人才培养规格的标志。一个大学生，只有完成专业教学计划规定的学习任务，才是一个符合该专业培养规格的合格毕业生。从较粗放地选人、用人标准来理解，用人单位按专业来选用合适的人才是有道理的。大学毕业生不可避免地要被贴上专业标签，这种标签是进入某些职业领域的有效通行证。因此，在大学期间大学生必须首先达到主修专业合格毕业生的基本要求，在此基础上，才能进一步辅修其他专业，拓展专业技能。

（2）专业设置主要是以学科为主进行划分的。学科有其自身的科学体系和内涵，与职业并无直接联系。因此，专业的学习主要是使毕业生掌握系统的有关本学科方面的科学知识和专业技能，并不特别注重与特定职业有关的知识和技能的学习、掌握。高等学校中的各专业均致力于培养具有较宽广的适应性的毕业生，都希望本专业的毕业生能够适应社会发展的需要，适应多种职业的需要。适应性、通用性强了，针对性必然减弱。因此，一个大学生仅按专业教学计划完成了专业学习成为一个合格的毕业生还不能算是可胜任所选职业要求的人，还必须通过自身的努力去学习和适应自己所选职业对人才的要求。

（3）专业从根本上受着社会需求发展变化的制约。有些专业从无到有，蓬勃发展，有些专业日渐衰落。在市场经济时代，专业的兴衰，必然与市场需求息息相关。国家可以通过宏观调控，增加一些专业的招生数量，限制某些专业招生规模，但最终的检验还是市场，这是由毕业生的就业及职业发展前景所决定的。了解专业必须了解专业的社会需求情况。认为上大学就能够保证有一个好职业的时代已经随着高等教育精英教育时代的结束而结束了。上大学是为了提高素质，更是为了个人职业发展，而学习相关专业技能是有助于就业。上大学不对专业进行认真选择至少是对个人不负责任的表现。

精英教育时代的大学生是社会紧缺人才资源，有广阔的就业空间，不需要经过太多竞争，就可以找到比较如意的职业。但在高等教育成为大众教育的时代，大学生不再是一种社会紧缺人力资源，只是一种优秀的人才资源，职业对大学生的要求越来越精细，也就是说，职业对大学生越来越挑剔。在精英教育时代，按教学计划学好专业是首要的，在大众教育时代，按教学计划学好专业与提高职业适应性是并重的，从某种意义上讲，提高职业适应性或许更为重要。

现在，大学与专业学习的概念已经发生了深刻的变化。上大学一定要进行专业学习，但是专业学习是建立在个人对职业发展有一个初步认识的基础之上的。个人根据职业发展需要，选择主修专业和辅修专业，选择要参加的培训和要取得的证书，合理安排学习计划，积累适应个人职业发展需要的专业技能。

大学生能否尽早地认识职业，明确个人的职业发展方向，有目的地选择并学好专业，是决定能否顺利就业，实现"人职和谐"的关键。大学，能否适应社会发展需要，为学生提供较为宽广的专业选择范围和灵活的学习机制，是学生顺利就业的关键，也是决定高校长期可持续健康发展的关键。

2.专业与职业的 5 种关系

通过对毕业生跟踪调查分析，发现他们所学专业与其所从事的职业之间主要存在 5 种关系（见表 1 – 1）。

表 1 – 1　专业与职业的 5 种关系

特征	基本解释	特点	建议
专业包容职业	在专业的领域内发展职业。一生的职业发展基本上限制在专业领域内	个人选择的职业与所修的专业高度一致	学精专业
专业为核心	以专业为核心发展职业。一生的职业以专业为核心，有较大的扩展建议	个人选择的职业与所修的职业较一致，但是职业发展明显超越专业领域	学好专业；选修与职业发展一致的课程
专业与职业部分重合	以专业为基础发展职业。一生的职业发展是在专业基础上，有重点地沿某一方向拓展	个人选择的职业与所修的专业部分一致。重点掌握某些专业技能的同时，注重其他专业技能的学习	学好专业；辅修其他喜欢的专业

续表1-1

特征	基本解释	特点	建议
专业与职业有关系但没有重合	一生的职业发展与专业基本无关或在专业边缘发展职业	个人选择的职业与所修的专业基本不一致	保证专业合格；辅修其他合适的专业，可做专业调整
专业与职业分离	一生的职业发展与专业完全无关	个人选择的职业与所修的专业很不符合	尽量调整专业；若不能，则辅修其他专业

从表1-1看，在校的大学生可以根据自己明确下来的职业目标(理想)，判断与自己专业的关系，合理安排四年大学的学习内容(学业)，做好职业生涯规划，避免或少走弯路，使自己能够尽快走向职业发展道路。

第二节　毕业生就业形势与趋势

一、大学毕业生就业形势严峻

处于毕业生阶段的大学生，就业形势自然要受到整个社会"大气候"的影响。与此同时，近年来的高校扩招致使大学毕业生人数急剧增长，高等教育正由"精英化"向"大众化"过渡，毕业生就业问题显得更加引人注目，大学生的就业形势不容乐观。

（一）高校扩招

高校自2000年以来，由于不断扩招，近几年毕业生供给总量呈直线上升(见表1-2)。

表1-2　近几年毕业生总量

	2008	2009	2010	2011	2012	2013	2014
人数(万人)	559	611	631	660	680	699	727
同比增幅	—	9.3%	3.2%	4.5%	3.0%	2.8%	4.0%

2014年的毕业生总量已达到2000年95万人的9.8倍多。由于今后几年社会对高校毕业生的需求增减幅度基本维持现状，因此，已持续多年的高校毕业生"就业寒流"丝毫没有回暖的迹象。

（二）就业制度改革

在以资源优化配置为核心的市场经济体制下，人力资源作为国家的宝贵资源也不可避免地要通过劳动力市场来进行配置，大学毕业生的就业也由计划经济时代的政府计划分配变为政府宏观调控下的用人单位与毕业生之间的自主双向选择。在这种配置过程中，大学毕业生的个人知识、技能、素质、就业观念和就业目标，劳动力市场环境以及社会人才需求结构和规模状况等，都将制约和影响大学生的就业。因此，在毕业时总有一部分高校毕业生因这样那样的原因不能立即就业。

（三）就业观念陈旧

我国高校从"精英式"教育向"大众化"教育转变，与此相适应的是"精英式"就业向"大众化"就业的转变，毕业生对此的适应和观念的转变还需要一个过程，短期内难于改变，成为普通劳动者的心理准备尚未真正树立，向往大城市和条件优越的地区和单位的就业高定位心态还未彻底改变。而且目前的社会和家庭对大学生就业的期望值较高，对大学生自主创业和多种形式灵活就业认识上有误区，接受不了大学生失业的现实，这些都将对大学毕业生的就业产生不利影响，同时高校毕业生的就业重心始终处于心理高位，压缩了自己的就业发展空间，无形加剧了就业竞争。

（四）高等教育改革滞后于社会发展

高校扩招后，一些学校仍然沿袭传统的应试教育的教学方式，培养的一些学生高分低能，不能适应用人单位和社会的需要。不少学校专业划分过细，培养出的毕业生知识面过窄，学习能力和适应能力较差。随着劳动力市场的发展，竞争程度不断提高，用人单位对应聘者的实际操作能力、适应工作环境变化的能力提出了越来越高的要求。这些年来，虽然加快高等教育专业结构和人才培养结构的调整已经成为政府和社会各方面的共识，也确实取得了一定进展，但总体上看，这项工作还不尽如人意。究其原因，恐怕是教育体制改革不到位所致，教育体制改革滞后于大学生就业制度改革，是最根本的症结。

（五）就业区域需求不平衡

东南部沿海发达地区和大中城市劳动力需求相对旺盛，而西部地区和中部经济欠发达地区需求不足，造成东南沿海及大中城市就业压力增大，使得多数新增的毕业生就业岗位层次趋于下降，薪酬、福利减少，非正规就业岗位的比重增加。而适合高校毕业生就业的高端服务业岗位出现不足，大量毕业生涌入这些地区和城市求职，也明显感到今非昔比，难于找到合适的工作。

大学毕业生身上凝聚着巨大的人力资源，他们是国家和社会的宝贵财富。但如果较大规模的大学毕业生不能实现就业，不仅是对人力资源的巨大浪费，而且也将打击社会和家庭的人力资本投资热情，降低人们参加教育与培训的积极性，对劳动力市场产生较大的负面影响。同时，大学生思想处在不成熟阶段，又多集中在城市谋职，长期不能就业会影响社会稳定。因此，高校毕业生的就业问题，除需要引起各级政府、各级机构、各高等学校的高度重视并采取积极有效的措施加以解决外，还需要广大毕业生切实转变择业观念，从"天之骄子"的光环中跳出来，变成求真务实的普通劳动者。首届世界高等教育大会通过的《世界宣言》和《行动框架》强调："毕业生将愈来愈不再仅仅是求职者，而首先将成为工作岗位的创造者。"（《宣言》第 7 条）当前，农村的经济发展了，也需要并能吸纳更多的高校毕业生就业，具有创业精神和创业技能的高校毕业生到农村求职，更有可能成为新的工作岗位的创造者。国家期待着大学毕业生降低就业期望值，提高暂时待业的承受能力，从我做起、从现在做起，真正感悟"先就业，后择业，再创业"时代的到来。

二、大学毕业生就业趋势分析

自高校扩招以来，我国高校毕业生人数还将逐年递增，预计到 2020 年高校毕业生总量将达到 900 万人左右。劳动和社会保障部科研所联合浙江大学就业与服务指导中心，对 2020 年高校就业趋势进行了预测，预测结果表明：2020 年我国总劳动力富余，但专业技术人才缺口大。

根据劳动社会保障部科研所的数据显示：我国在"十二五"期间预计年均新增劳动力需求总量为 1800 万人，但是"十二五"期间每年新增劳动力供给为 2000 万，每年将出现 200 万富余劳动力，供给和需求之间存在差距，预计我国在未来几年内在劳动力总量上将出现供大于求、劳动力大量闲置现象。但根据中国人事科学研究院《2005 中国人才报告》预计，到 2020 年我国专业技术人才供应总量为 4000 万人，而需求总量为 6000 万人。此项数据显示我国劳动力总体有富余，但专业技术人才仍将出现供不应求的局面。

（一）就业产业需求

第一产业：2020 年农业科技人才需求可能达到几百万人，但是相关人才供给有限，根据国务院颁布的《农业科技发展纲要（2001—2010）》数据，我国共有涉农院校 43 所，在校学生大约为 9 万人，教学和科研人员为 3.5 万人，130 万大中专毕业生中已有 80 万人离开了农业。预计到 2020 年人才缺口将达到 218 万人。

第二产业：我国大学生中 38% 为工科类学生，但是毕业生人数还是不够，振兴我国工业还需大量的工程师，主要集中在 IT、微电子、汽车、环保、系统集成、新材料、新能源与节能技术开发、条码技术、铁路高速客运技术等领域。预计到 2020 年，人才缺口数字最大，将达 1220 万人。

第三产业：该产业将是扩大就业岗位最多的部门。一些高端涉外人才需求很大，比如涉外会计、涉外律师、涉外金融服务、同声传译、电子商务、数字媒体、物流、精算和心理咨询，人才缺口预计在 325 万人。

我国专业技术人才总量还处于供不应求的局面，大学生就业难的问题仅仅为一种表象，目前大学毕业生之所以就业困难和大学生个体表现差异有很大的关系。首先，大学生是否学有专长，知识和能力结构能否达到技术人才的评判标准，能否符合社会需求；其次，个人就业意愿和社会意愿存在差异。我国的基层和中西部地区需要大量的科技人才，大学生要转变观念，重视这些就业机会，缓解就业区域供求不平衡的压力。

总的来说，就业趋势是良性发展的。预计到 2020 年特别是 2022 年以后，市场有完全容纳毕业生的能力，只是近几年的我国产业结构调整与高等教育运行机制还存在一些脱节和专业设置不配套、过剩或不足等现象，再加上急剧增加的新成长劳动力和城镇化建设所带来的每年富余的农村劳动力转移等问题，对高校毕业生就业存在着突出的影响，但这种现象随着中国现代化建设进程的加快，高校毕业生作为专业技术型人才，社会总是需求的。关键的问题是，大学毕业生经过三四年的专业学习后，是否学到了适应市场需求的过硬的专业本领和是否养成了良好的从业素质。我们不能埋怨这个社会对人才的标准太高，也不能只叹息现在的就业形势不好。如前所述，中国的就业发展必然要经历这种劳动力供给增加、产业调整跟不上的阶段，从发展的眼光看，当前的就业压力主要还是供需结构性矛盾和毕业生个体的择业观念问题，这些就业矛盾和问题最终必须通过市场来消融和化解。

（二）就业专业需求

中国人事科学研究院《2013 中国人才报告》分析显示，我国在今后一段时期将大量需要以下专业人才：信息技术专业、机电一体化专业技术、农业科技专业、环境保护技术专业、生物工程研究与开发专业、国际贸易专业、营销专业、律师专业、核电、航天工业、制造业专业方向技术专业等。另外，航空航天专业和制造业前景看好。

目前我国自主研制的神舟系列载人飞船已经遨游太空，未来建立空间站等赶上世界一流水平还需要大量专业人才。制造业发展同样不容忽视，我国出口产品以低附加值、劳动密集型产品为主，从发展的角度看，把"世界车间"打造成"世界工厂"已势在必行。制造业发展所需的专业技术人员、高端研发人员、管理人员等等，都是高校专业人才培养的方向。

需求大体保持不变的专业主要是管理类、经济类、财政类、统计类、价格学、外语类大语种。计算机、通信、电子等信息类专业虽然需求量大，但预计高校在这些专业的培养规模上也会不断增大，两长相消。从学科类型看，文、史、哲类人才社会需求趋减。哲学、社会学、历史学、人口学、宗教学等专业的毕业生未来几年的就业形势仍难见好。

未来几年，大学毕业生有可能出现改变的就业趋势方向是：大学毕业生的就业更趋理性化，地域偏好开始由大中城市向小城市、县城拓展；高校将渐渐成为大学毕业生就业最重要的信息来源之一，高校为了争取更好的生源，会千方百计保证就业率，学校在就业指导和服务上会更加细致入微、效率更高，大学毕业生在获取就业信息上可以更多地信赖学校，毕业生的就业满意度也会有所回升。

第三节 大学后继续教育相关知识

大学教育并不是学习的最终阶段。研究生教育、出国留学、岗位教育、成人教育等，大学毕业后的继续教育手段还很多，学习的时间还很长，"终身学习"已成为现代知识获取的主要途径。据有关专家估计，大、中、小学阶段的学校教育所学到的知识，在工作中直接使用的不足10%，而工作中实际使用的知识，也不到10%来源于大、中、小学阶段的课本学习。这说明，大学以后的继续教育，对职业生涯的影响更大。

一、高校学科与学位制度

高等学校教学内容日益丰富，设置的学科随之增多，形成了多种不同的学科分类方法，但其内容受教育目标和学生身心发展水平的制约，学科并不完全随科学的分化而分化。科学按知识结构和逻辑体系展开讨论，学科却要兼顾学习者的心理发展规律，以便于学生认知，提高教学效率。学科是根据某科学领域里研究对象和性质的差别来分门别类的，而由于分类的视角不同而有不同的学科清单，甚至有不同层次的清单，因此有了一级学科、二级学科、三级学科之说。

研究生的学科门类有12类：①哲学学科门类、②经济学学科门类、③法学学科门类、④教育学学科门类、⑤文学学科门类、⑥历史学学科门类、⑦理学学科门类、⑧工学学科门类、⑨农学学科门类、⑩医学学科门类、⑪军事学学科门类、⑫管理学学科门类。

本科专业则分为11类：①哲学专业类、②经济学专业类、③法学专业类、④教育学专业类、⑤文学专业类、⑥史学专业类、⑦理学专业类、⑧工学专业类、⑨农学专业类、⑩医学专业类、⑪管理学专业类。比研究生学科类少一类。

高等学校的学科具有如下特征：①层次性；②教学科研一体化；③特定的研究对象、语言系统和研究规范。

任何学科都有一个萌芽、创立和发展的过程。在高等学校中，学科的创立和发展一般是以系科等专业组织的创建与发展为基础的，学科水平成为了衡量高等学校办学水平高低的标志，人们往往用高校学科水平来衡量一所高校在社会上的地位和办学水平。学科水平决定一所大学的水平，一所院校是否一流，主要看它是否有一批高水平、有特色、体系完善的学科；是否有一支造诣深、声望高、有影响的教师队伍；是否有一批国内领先、国际先进的科研成果。科学研究的水平取决于学科发展的水平，学科的发展与高等学校发展密切相关，它成为了高等学校改革与发展的发动机。学科发展是高校工作的根本和核心，是学校的立足之本，因为培养高质量人才和创造高水平科研成果的关键，归根结底取决于学科的整体水平，所以，高校要发展应优先发展好学科。

学科门类下分一级学科 88 个，一级学科又下分二级学科 381 个。目前报考研究生的专业一般都指二级学科。

学位是一种国际上通用的授予个人的学术称号，表示其受教育的程度或在某一科学领域里已经达到的学术水平。学位分普通学位与荣誉学位两种，其中荣誉学位是一种学术性荣誉称号，以表彰其在某一科学领域中所作出的杰出贡献。学位一般由国家认定具有授予资格的高等学校、科研机构或其他学术机构、审定机构授予，是一种终身学术称号。

目前，我国的学位级别分为：学士、硕士和博士三级。根据《中华人民共和国学位条例》以及《中华人民共和国学位条例暂行实施办法》，高校本科学生完成教学计划，成绩合格，准予毕业，一般可授予学士学位；攻读硕士学位研究生，经过 2～3 年的学习，成绩合格并通过硕士学位论文答辩，一般可授予硕士学位；攻读博士学位研究生，经过 3～4 年的学习，成绩合格并通过博士学位论文答辩，一般可授予博士学位。

学位证书与学历证书是互相补充的。学历证书反映的是持有者受国家正规教育的经历，而学位证书则反映的是持有者所达到的学术水平。没有经过某阶段的学历教育，但通过了规定的学位课程考试以及相应水平的论文答辩，经审核通过，也可获得相应的学位，但由于未经过本阶段的正规教育，则不能获得相应的学历证书。目前在职人员可以按国家有关规定，以同等学力身份申请硕士、博士学位，但其不能获得相应的毕业证书；而有些人虽然经过正规的学历教育，但因其课程或论文成绩未达到相应的学位授予标准，仅达到本阶段教育毕业要求，则只能取得毕业证书，而不能获得学位证书。

二、研究生教育

《研究生教育学》中明确提出：研究生教育就是本科后以研究为主要特征的高层次的专业教育，研究生教育具有高层次性、专业性、探究性和创新性的本质特征。

（一）研究生教育的特征

1. 高层次性

研究生教育作为我国高等教育的最高阶段，并非是本科基础知识教育的简单积累和延伸，它对受教育个体的基本素质及潜质、对其所掌握知识的广度和深度等方面都有更高要求。高层次的研究生教育要在加深加宽基础理论的基础上，通过科学研究实践，使研究生深入探索学科的某一领域，掌握独立进行科学研究的方法，并要求在本专业内有新的认识甚至创造。随着社会的进步，研究生教育的类型将会更加丰富，但是研究生教育的高层次性本质不会改变。

2. 专业性

有史以来，研究生的教育一直是围绕"专业"来进行的。19 世纪初期，德国柏林大学倡导学术自由，提出教学与科研相结合的专业化办学原则，为近现代研究生培养开辟了道路。专业是研究生教育的载体，专业性是研究生教育的基本特征之一，它反映了我国研究生教育的根本宗旨。专业有广义和特指之分，广义的专业指知识的专门化领域，特指的专业是指依据学科分类和社会职业分工的需要，分门别类进行知识教育的基本单位。研究生教育是以学科为基础、按专业开展教育教学活动的高层次教育。研究生培养过程中对知识的学习和创造都是围绕某一专门领域进行的，体现了培养人才活动中知识领域的特点。

3. 探究性

研究生教育在本质上是以探索和研究为特征的一种教育，探究是学问生产能力得以提高的有效手段。科学研究是在全面了解和掌握前人积累的知识和经验的基础上发现新知识和形成新技术的活动。从研究生教育的历史起源看，科学研究是研究生教育的基础；从研究生教育的内涵看，科学研究是研究生教育的核心；从研究生培养模式看，科学研究是研究生教育的根本保证。研究生教育与本科教育或其他阶段教育的最大区别在于研究生教育不是纯粹地传授已有的知识，而是要引导学生步入学术研究的殿堂。研究生教育的探究性正是通过让研究生参加课题研究、进行专题调查等活动反映出来的，它是研究生教育的生命力之所在，是研究生教育形成和发展壮大的基础，是培养研究生创新能力和实践能力的前提。在研究生教育过程中，只有注重强调理论学习和科学研究并重，才能真正体现研究生教育的意义。

4. 创新性

创新性是研究生教育的内在要求，是其最本质的特征。创新的过程就是检验发展自己的过程，也是考验和提升创新思维能力的过程。培养学生的创新精神、创新能力与创新素质是研究生教育的基本价值取向和神圣使命。追踪学科前沿，创造新理论、新知识、新技术，发现新规律、新现象，取得高水平的创新成果是研究生教育的责任。市场经济的建立与完善，为研究生创新教育的社会诉求开辟了广阔空间，同时也为研究生创新教育提出了新的要求与挑战。实施研究生创新教育是适应市场经济形势，体现研究生教育改革方向的一种教育模式。研究生教育是高等教育的最高层次，创新原则反映了研究生教育自身的规律和特点，凸显了研究生教育与其他层次教育的根本区别。

(二) 研究生培养的"中国模式"

世界上研究生的培养模式是不同的，中国在建立自己的研究生培养模式过程中，一方面积极借鉴研究生教育发达国家的经验，另一方面也从国情出发，不断探索和改进。经过20余年的努力，在政府和众多专家学者的参与下，中国已初步形成了自己的研究生培养模式。这一模式既与国际接轨，得到国际高等教育界的普遍承认，又有自己的特色，可以称之为研究生培养的"中国模式"。

1. 高校研究生的学科门类逐渐健全，硕士、博士学位授予权激增

2001年由国务院学位委员会主办的中文核心期刊《学位与研究生教育》公布了全国56所设有研究生院的高校拥有的博士、硕士学位授予一级学科数的统计排名。几年之后，高校学科建设数字已经远远超过前些年，部分普通的省属高校拿下博士一级学科、硕士一级学科授予权的屡见不鲜，使得高校硕士、博士专业数猛涨，高校的研究生教育进入大而全的状况。

2. 研究生招生规模不断扩大，学生数量突飞猛进

高校本科扩招，本科生人数逐年递增，由于本科毕业学生面临严峻的就业压力，为了寻求一个好的职业，加之高学历高薪水的舆论导向，大批学生加入到考研的队伍中来。2013年

全国教育事业发展统计最新公报在校研究生 97.86 万人，比上年增加 15.87 万人，其中博士生 19.13 万人、硕士生 78.73 万人。数字显示自 2005 年到 2013 年研究生的规模扩展了近 3 倍，这样的招生规模为大学生提供了更多的深造机会。

另外需要跟大家提及的是，大学毕业后还可以选择出国留学深造，到国外接受研究生教育。出国留学教育是高等教育的重要内容和组成部分，出国留学已经发展成为一种世界潮流，并具有许多十分突出的特点。20 多年来，从国家到地方，从高等院校到科研院所，逐步建立起一整套与国家、社会和个人发展相适应的出国留学管理和运行机制，国家公派、单位公派、自费留学三条渠道优势互补、相得益彰。打算出国的大学生，在校期间首先要弄清楚的一个问题：我为什么要出国？只有回答清楚了这个问题才能保证自己在国外深造阶段充分利用机会，提高自己、发展自己。

三、终生教育与终身学习

终身教育思想作为一种教育理念，已得到了教育界的普遍认可。特别是人类文明发展到 21 世纪，面对不断推陈出新的知识，应该说教育已由外在的传输（或者是普通教育学意义上的教学原则）倾向转入到学生的自主选择方面。个体从启蒙之初一直到生命的消亡，都必须面对一个不断选择、不断学习加工的过程——学习型社会。

自从 1965 年联合国教科文组织（UNESC）在巴黎召开的"第三届国际成人教育促进会"上法国学者保罗·朗格朗首次正式提出"终身教育"一词之后，终身教育、终身学习、学习社会的概念便在全世界范围内迅速传播开来。加之联合国教科文组织的大力推动，终身教育、终身学习的思想很快成为各国教育界乃至思想界的热门研究课题之一，构建终身教育体系、创建学习型社会也逐渐成为联合国及世界各国指导教育改革和社会发展的基本理念。我国也以法律形式把它确定下来。

根据联合国教科文组织专家会议（联合国教科文组织，1983）提出的报告，终身教育的定义是指追求"解放""自我实现"和"自我完善"的教育。1994 年 11 月，欧洲终身学习促进会等国际组织在"首届世界终身学习会议"的报告中提出"终身学习是 21 世纪的生存概念"，认为人们如果没有终身学习的观念，就难以在 21 世纪生存。会议采纳了欧洲终身学习促进会所提出的"终身学习"的定义："终身学习是通过一个不断支持的过程来发挥人类的潜能，它激励并使人们有权利去获得他们终身所需要的全部知识、价值、技能与理解，并在任何任务、情况和环境中有信心、有创造地和愉快地应用它们。"因此，当代大学生应当树立"终身学习"的学习观，这是历史发展潮流和时代对现代人的最根本的要求之一。

（一）终生学习的四大支柱

联合国教科文组织于 1996 年发表《学习：内在的宝藏》报告书，提出终生学习的四大支柱：

1. 学会与人相处

透过对他人、历史、传统与精神价值的了解与尊重，创造一种新的精神，这是人类不断走向前进的发展动力。这种精神可以带领人们以智慧与和平的方式解决冲突，避免偏见与歧视。这听起来有点像乌托邦，但这是人类努力想打造的理想国。这要求当代大学生必须要学会从对他人、历史的观察与学习中提升自我，而这与良好的人际关系是紧密相关的，而大学阶段为这一能力的培养提供了有益的发展环境。因此，大学阶段的每一个学生，都必须要学会与人相处，才能够为大学学习和职业生涯发展提供良好保障。

2. 学会追求知识

随着科技的进步与经济活动带来的变化，未来对教育的需求将倾向于强调整合基本知识，并选择部分学科做深度的探索。因此学习基本知识成为教育的基础，引导人们走向终生学习。

3. 学会动手做事

这不仅要学习着做一份工作，更广义地讲，是要通过实践练习获得动手能力，使人在各种情境下有能力回应。例如，团队合作的能力，经常被学校教育所忽略，而这项能力在未来将会非常重要。如果学生在学校时能有机会参与工作场所的训练或社会工作，这些能力与技术将可以尽早培养，因此学习与实践相结合犹其重要。

4. 学会自我实现

进入 21 世纪，每一个人须激发自我潜能，探索自己的记忆、理性、想象、体能、感官、审美力、领导才能……展现天赋潜能，实践个人的责任与目标。这一切将需要更多对自我认知的知识。

(二)终生学习应做到的几点

1. 培养学习信仰

有学者将学习信仰定义为："是人们对学习活动永恒的价值追求，对因学习而导致的人性意义的终极价值的追求和认同。"学习生活在整个人类社会的生活中不可缺失，学习生活是对人的生命意义的终极关怀，是学习信仰的内核。针对未来的学习型社会中人类生活方式的变化而言，现在大学生从工具性极强的学习生活（各种升学考试）中刚走出来，要从学习价值理性而非功利性选择学习信仰，这样一定能够从自主的学习生活中体会到学习之美好和精神的愉悦。

2. 学会学习

《学无止境》(1979 年)深刻地指出："人类社会的未来寄托在'人类如何学习'上。"如何科学学习，与人类该如何生存一样，关系着人类的未来。21 世纪，人类依赖科学知识、高新技术和其他知识推动经济发展和社会财富增加的知识经济时代已初见端倪，知识创新、信息爆炸成为当今的时代特征。随着知识总量的增长，知识更新速度的加快，人类学习也面临越来越大的挑战；未来的文盲不再是不识字的人，而是没有学会如何学习的人。

国外有学者认为，大学生从学校里得来的知识，只占一生需要量的 10% 不足，90% 以上的知识需要到社会、工作中去继续学习、汲取。目前大学生就业问题比较突出，大学毕业时不能及时就业或就业一段时间又面临再失业现象已十分突出，今天的大学生，毕业之后"改行"的事早已司空见惯。要求大学生的就业观念从就业转变到择业，再转变到创业……归根到底，就是要求我们尽快从学会转变到会学、从被动转变到主动、从阶段性学习转变为终生学习、从学校学习转变为全面学习、从接受性学习转变为创新性学习、进行科学地学习、高效地学习。

第四节   以职业发展为导向的学业规划

职业决定人生。职业发展，不是追求社会赞许，不是追求所谓的"成功"，而是建构有意义和有价值的以工作为核心的生活方式。这种生活方式的获得，必须建立在合理的大学学业规划之上。

就其内涵来看，大学学业规划是指大学生根据自身的天赋、兴趣及未来社会的需要，确定自己的学业及职业（事业）发展生涯，其根本目的在于最大限度地提高大学生的职业发展效率。学业规划的完整概念是："人才成长主体对与其事业（职业）目标相关的学业所进行的安排和筹划。具体来讲，是指人才成长主体通过对自身特点（性格特点、能力特点）和社会未来需要的深入分析和正确认识，确定自己的事业（职业）目标，进而确定学业发展方向，然后结合自己的实际情况（经济条件、工作生活现状、家庭情况等等）制订学业发展计划。"换言之，就是人才成长主体通过解决学什么、怎么学、什么时候学等问题，以确保自身顺利完成学业，成功实现就业或开辟事业。

正如前面所述，学业规划的根本目的是为了最大限度地提高人生的职业或事业发展效率，自然就包括了少走或者不走学业上的弯路。那么怎样做到这一点呢？这就要在决定人生职业发展方向的源头上进行科学合理的规划。这就首先需要理智清晰地认识自己，把握未来，进而选择学业，以实现所长、所学、所用的统一。其次才是勤奋学习，不断提高，最大限度地开发出自己的职业竞争能力，为四年之后就业奠定坚实的能力基础。表1-3列出了阶段目标和主要内容，让大学生先有一个初步的认识，在后面的职业生涯设计章节会详细介绍大学生的职业生涯规划。

表1-3　阶段目标和主要内容

年级	目标	内容
一年级	主动适应 自我探索	适应大学生活；了解自我；培养交流技巧
	社会实践 职业探索	获取有关就业和职业发展的相关信息
二年级	职业定位 定向提升	确定职业目标；制订职业发展计划
		获取相关工作岗位的经验
		学会简历与求职信的写作
三年级	见习实习 求职技巧	搜集公司信息；参加暑期实习
		强化工作中的分析能力
		确立求职目标；申请工作；参加招聘
四年级	工作申请 自我实现	了解相关政策，参加面试和笔试，步入社会

附：李开复致中国学生的七封信摘抄

第一封信：从诚信谈起

我在苹果公司工作时，曾有一位刚被我提拔的经理，由于受到下属的批评，非常沮丧地要我再找一个人来接替他。我问他："你认为你的长处是什么？"他说："我自信自己是一个非常正直的人。"我告诉他："当初我提拔你做经理，就是因为你是一个公正无私的人。管理经验和沟通能力是可以在日后工作中学习的，但一颗正直的心是无价的。"我支持他继续干下去，并在管理和沟通技巧方面给予他很多指点和帮助。最终，他不负众望，成为一个出色的管理人才。

与之相反，我曾面试过一位求职者。他在技术、管理方面都相当的出色。但是，在谈论之余，他表示如果我录用他，他甚至可以把在原来公司工作时的一项发明带过来。随后他似乎觉察到这样说有些不妥，特作声明：那些工作是他在下班之后做的，他的老板并不知道。这一番谈话之后，不论他的能力和工作水平怎样，我都肯定不会录用他。原因是他缺乏最基本的处世准则和最起码的职业道德"诚实"和"讲信用"。如果雇用这样的人，谁能保证他不会在这里工作一段时间后，把在这里的成果也当作所谓"业余之作"而变成向其他公司讨好的"贡品"呢？这说明：一个人品不完善的人是不可能成为一个真正有所作为的人的。

最后想提的是一些喜欢贪小便宜的人。他们用学校或公司的电话打私人长途、多报销出租车票。也许有人认为，学生以成绩、事业为重，其他细节只是一些小事，随心所欲地做了，也没什么大不了的。然而，就是那些身边的所谓"小事"，往往成为一个人塑造人格和积累诚信的关键。一些贪小便宜、耍小聪明的行为只会把自己定性为一个贪图小利、没有出息的人的形象，最终因小失大。对于这些行为，一言以蔽之，就是"勿以恶小而为之"。

第二封信：从优秀到卓越

一位企业的领导者在成功的基础上，要想进一步提高自己，使自己的企业保持持续增长，使自己的个人能力从优秀向卓越迈进，就必须努力培养自己在"谦虚""执著"和"勇气"这3个方面的品质。

谦虚使人进步。许多领导者在工作中唯我独尊，不能听取他人的规谏，不能容忍他人和自己意见相左，这些不懂得谦虚谨慎的领导者也许可以取得暂时的成功，但却无法在事业上不断进步，达到卓越的境界。这是因为，一个人的力量终究有限，在瞬息万变的商业环境中，领导者必须不断学习，善于综合他人的意见，否则就将陷入一意孤行的泥潭，被市场所淘汰。

执著是指我们坚持正确方向，矢志不移的决心和意志。无论是公司也好，还是个人也好，一旦认明了工作的方向，就必须在该方向的指引下锲而不舍地努力工作。在工作中轻言放弃或者朝三暮四的做法都不能取得真正的成功。

成功者需要有足够的勇气来面对挑战。任何事业上的成就都不是轻易就可以取得的。一个人想要在工作中出类拔萃，就必须面对各种各样的艰难险阻，必须正视事业上的挫折和失败。只有那些有勇气正视现实，有勇气迎接挑战的人才能真正实现超越自我的目标，达到卓越的境界。正如马克·吐温所说："勇气不是缺少恐惧心理，而是对恐惧心理的抵御和控制能力。"

第三封信：成功、自信、快乐

美国作家威廉·福克纳说过："不要竭尽全力去和你的同僚竞争。你应该在乎的是，你要比现在的你强。"

中国社会有个通病，就是希望每个人都照一个模式发展，衡量每个人是否"成功"采用的也是一元化的标准：在学校看成绩，进入社会看名利。尤其是在今天的中国，人们对一个人的成功的评价，更多地以个人财富为指标。但是，有了最好的成绩就能对社会有所贡献吗？有名利就一定能快乐吗？

真正的成功应是多元化的。成功可能是你创造了新的财富或技术，可能是你为他人带来了快乐，可能是你在工作岗位上得到了别人的信任，也可能是你找到了回归自我、与世无争的生活方式。每个人的成功都是独一无二的。

第四封信：大学应这样过

就读大学时，你应当掌握7项学习，包括自修之道、基础知识、实践贯通、培养兴趣、积极主动、掌控时间、为人处世。

经过大学四年，你会从思考中确立自我，从学习中寻求真理，从独立中体验自主，从计划中把握时间，从表达中锻炼口才，从交友中品味成熟，从实践中赢得价值，从兴趣中获取快乐，从追求中获得力量。

离开大学时，只要做到了这些，你最大的收获将是"对什么都可以拥有的自信和渴望"。你就能成为一个有潜力、有思想、有价值、有前途的中国未来的主人翁。

第五封信：做个积极主动的你

如果你想做一个积极主动、对自己负责的人，我建议你立即行动起来，按照以下几点严格要求自己：

以一整天时间，倾听自己以及四周人们的语言，注意是否有"但愿我办不到"或"我不得不"等字眼出现。

依据过去的经验，设想一下，自己近期内是否会遭遇一些令人退缩逃避的情况？这种情况处在你自己的影响范围之内吗？你应该如何本着积极主动的原则加以应对？请在脑海中一一模拟。

从工作或日常生活中，找出一个令你备感挫折的事情。想一想，它属于哪一类，是可以直接控制的事情，还是可以间接控制的事情，抑或根本无法控制的事情？然后在自己的影响范围内寻找解决方案并付诸行动。

锻炼自己积极主动的意识。在30天内，专注于自己影响范围内的事物，对自己许下承诺，并予以兑现；做一支照亮他人的蜡烛，而非评判对错的法官；以身作则，不要只顾批评；解决问题，不要制造问题；不必怪罪别人或为自己文过饰非，不怨天，不尤人；别活在父母、同事或社会的荫庇之下，善用天赋的独立意志，为自己的行为与幸福负责。

只有积极主动的人才能在瞬息万变的竞争环境中赢得成功，只有善于展示自己的人才能在工作中获得真正的机会。

最后，我将苹果公司总裁的一段话赠给中国的学生：

你们的时间有限，所以不要浪费时间活在别人的生活里。

不要被信条所惑——盲从信条是活在别人的生活里。

不要让任何人的意见淹没了你内在的心声。

最重要的，拥有跟随内心和直觉的勇气。

你的内心与直觉知道你真正想成为什么样的人。

任何其他事物都是次要的。

第六封信：选择的智慧

我觉得，对于青年学生来说，最重要的不是具体的准则或方法，而是在复杂情况下权衡各种影响因素，并以最为智慧的方式作出正确抉择的能力。我把这种能力称为"选择的智慧"，它的思想核心其实就是中国传统文化中传承了2000多年的"中庸"之道。

我提出选择成功的智慧共有8种：用中庸拒绝极端；用理智分析情景；用务实发挥影响；用冷静掌控抉择；用自觉端正态度；用学习积累经验；用勇气放弃包袱；用真心追随智慧。

大学生在25岁以前，通常都会面临两个重要的选择。一是选择最适合自己的专业，二是选择最适合自己的工作。选择专业时，不应当只听从父母的意见，也不应当只看学校的名气大小或报考该专业学生的分数高低。相应地，选择工作时也不能单纯地考虑名、利、时尚等外在因素。我想，最重要的还是要听从你内心的声音，在综合权衡自己的理想、学习积累、天赋以及工作条件的基础上，做出正确的抉择。

第七封信：21世纪最需要的7种人才

21世纪，年轻人的世纪；21世纪，充满希望的世纪；21世纪，充满挑战的世纪；21世纪，新一代国际化人才大展宏图的世纪。

我将这封信献给所有渴望在21世纪成功的青年，也将下面7句话赠给你们：

融会贯通者：听过的会忘记，看过的会记得，做过的才能真正掌握。

创新实践者：重要的不是创新，而是有用的创新。

跨领域融合者：重要的不是深度的解析，而是跨领域的合成。

三商兼高者：你的价值不在于你拥有什么，而在于你贡献了什么。

沟通合作者：只会思考而不会表达的人与不会思考的人没什么两样。

热爱工作者：如果你找到了自己热爱的工作，你就会在一生中享受每一天。

积极乐观者：半杯水是半满还是半空，主要看你是在倒水入杯还是出杯。

[荐读]看看哈佛大学学生是如何度过大学四年的？你呢？2015-07-13，人民日报。

第二章　职业生涯规划理论与步骤

职业是一种社会历史现象，是人类社会发展到一定阶段的产物。现代意义上的职业，是社会分工的产物，是一种专业化的社会劳动岗位。在我国，随着社会主义市场经济的不断发展，个人的职业问题已成为大家所关注的热点问题。对于大学生来说，职业不仅是提供生存的基本条件，同时也是施展自己才华的重要舞台。大学生要在职业体系中找到适合自己的位置，了解职业及其重要性，把握职业发展的趋势非常重要。

第一节　职业与职业生涯内涵

一、职业生涯含义

生涯(career)有广义和狭义两个含义，广义的"生涯"指发生在人一生之中所有的生活基本要素，是一个人终其一生所扮演角色的整个过程；而狭义的"生涯"则指职业生涯。

沙特列提出了早期的职业生涯概念："职业生涯指一个人在工作生活中所经历的职业或职位的总称。"

麦克·法兰德认为："职业生涯指一个人依据理想的长期目标，所形成的一系列工作选择，以及相关的教育或训练活动，是有计划的职业发展历程。"

韦伯斯特指出："职业生涯是个人一生职业、社会与人际关系的总称，即个人终生发展的历程。"

大家普遍认可的职业生涯概念是什么呢？美国著名职业问题专家萨帕综合了许多学者的看法指出："职业生涯是指一个人终生经历的所有职位的整体历程，是生活中多种事件的演进方向和历程，是个人独特的自我发展形态。"

二、职业生涯的特征

(一)终身性

职业生涯是一生当中连续不断的过程。生涯概括了一个人一生中所拥有的各种职位、角色，因此，生涯不是个人在某一阶段所特有的，而是终生发展的过程。

(二)独特性

每个个体是独特的，具有不同的特点，在职业条件、职业理想、职业选择等方面的不同，以及为实现自己的职业理想所付出的努力不同，构成了人与人之间区别与独特的职业生涯历程。

(三)发展性

职业生涯是一种发展、演进的动态过程，从整体来看，每个人的职业生涯具有一定的逻辑性。在个人与他人、个人与环境、个人与社会的互动中，每个人根据自己不断充实的社会职业信息、职业决策技术、做出与该阶段相符的职业生涯规划。这个发展的过程涵盖了一个人一生的各个层面。

（四）综合性

生涯以个人事业角色的发展为主轴，也包括了其他与工作有关的角色。生涯并不是个人在某一时段所拥有的职位、角色，而是个人在他一生中所有职位、角色的总和，这个总和不仅局限于个人的职业角色，也包括学生、子女、父母、公民等涵盖人生整体发展的各个层面的各种角色。

三、职业生涯的分类

（一）按性质分类，可以分为外职业生涯和内职业生涯

外职业生涯是指从事的职业，即工作单位、地点、内容、职务、环境、待遇等因素的组合及其变化过程。

内职业生涯是指从事一项职业时所具备的知识、心理素质、能力、内心感受等因素的组合及其变化过程。这些因素不是靠他人赐予的，而是靠自己努力去争取获得和掌握的。

（二）按程序分类，可以分为传统性职业生涯和易变性职业生涯

在一个人的职业生涯中，他的职业可能是持续稳定的，我们通常把它称为传统性职业生涯。如一个人的职业生涯之初是技术员，随着其专业知识的增长和工作经验的丰富，其职位可能会逐步晋升为助理工程师、工程师和高级工程师。

一个人的职业生涯可能由其兴趣、能力、价值观及工作环境的变化而变化，可能从事多项职业，我们把这种职业生涯称为易变性职业生涯。

第二节　职业生涯规划基础理论

一、职业选择理论

职业选择是个人根据自己的职业期望和兴趣、凭借自身能力对自己就业方向和工作岗位类别进行比较、挑选和确定，使自身能力与职业需求特征相匹配的过程。

（一）弗兰克·帕森斯的人职匹配理论

1911 年美国职业指导之父弗兰克·帕森斯（F. Parsons）在哈佛大学设立并教授第一门职业指导的课程。帕森斯于 1909 年指出："选择一种职业的时候，有三个明显的因素，一是准确了解自己；二是懂得在不同的领域获得成功所需要的条件和环境；三是这两部分事实相互关系的准确认知。"帕森斯曾依据自己的经验和直觉提出了选择职业的原则：了解自我的人格特性，掌握职业因素的内容和要求，对照分析二者适配程度。20 世纪 30 年代帕森斯的择业原则逐步发展成为人格特征——职业因素匹配理论，简称人职匹配理论或特质因素理论。该理论被公认为职业指导的创世经典理论，在职业指导史中占有重要的地位。

帕森斯提出职业指导由 3 步（要素）组成：

第一步是评价求职者的生理和心理特点（特征）。通过心理测试和其他测评手段，获得有关求职者的身体状况、能力倾向、兴趣爱好、气质与性格等方面的个人资料，通过会谈、调查等方法获得有关求职者的家庭背景、学业成绩、工作经历等情况，并对这些资料进行评价。

《李开复给大学生的信》提及了对资料评估的重要性，如何才能找到自己的兴趣呢？他认为，首先要客观地评估和寻找自己的兴趣所在。不要把社会、家长或朋友认可和看中的事当作自己的爱好；不要以为有趣的事情就是自己的兴趣所在，而是要亲身体验它并用自己的头脑做出判断；不要以为有兴趣的事情就可以成为自己的职业，不过，你可以尽量寻找天赋和兴趣的最佳结合点。

第二步是分析各种职业对人的要求，并了解用人单位给求职者提供有关的职业信息。主要包括：①职业的性质、工资待遇、工作条件以及晋升的可能性；②求职的最低条件，诸如学历要求、所需的专业训练、身体要求、年龄、各种能力以及其他心理特点的要求；③为准备就业而设置的教育课程计划，以及提供这种训练的教育机构、学习年限、入学资格和费用等；④就业机会。

第三步是人职匹配。指导人员在了解求职者的特性和职业的各项指标的基础上，帮助求职者进行比较分析，以便选择一种适合其个人特点，又有可能得到并能在职业上取得成功的职业。

帕森斯的人职匹配理论强调个人特质的差异和职业的不同因素，并把个人特质适配职业特性作为职业指导和职业选择目的。该理论至今仍被职业实践所证明，他对职业生涯管理、职业心理学等发展起着重要的指导意义。

当然与其他理论一样，帕森斯的人职匹配理论也存在着一定的局限性。它过分强调个人的特质与职业因素的相互适应，尤其注重个人对职业环境的适应而忽略个体主动进取和改变环境的创造潜能，同时它还忽略了个体特质具有发展和变化的特性以及环境对个体特质的作用和影响。在职业辅导的实践中发现，由于职业选择过程复杂，择业者仅根据此理论比较难以掌握有效的决策技巧。

（二）约翰·亨利·霍兰德职业选择理论

1959年，美国约翰·霍普金斯大学心理学教授、职业指导专家约翰·亨利·霍兰德（John Henry Holland）首次从个体特质维度提出了其职业选择理论，阐述了个性与环境类型相匹配的思想。1973年霍兰德名著《做出职业选择》（*Making Vocational choice*）问世，在这本书中霍兰德全面表述了他的职业选择理论。

霍兰德职业选择理论提出了6个构想：个性是职业选择的主要影响因素；兴趣包括在个性范畴之内；职业选择观是一种稳定的心理状态；早期的职业幻想预示未来的职业方向；个性、目标定位的自知程度决定职业选择的聚焦范围，自知程度越高，焦点越明；为达到职业成功和满意度，应选择与个性特点相容的职业。

1. 人格—职业六类型

霍兰德认为职业选择是个体人格的展现和延伸，择业者总是努力寻求与自己人格类型相适应的职业。霍兰德称这种人格类型与职业类型相互和谐的状况为"适配"。

为了便于寻找人格类型与职业类型的适配，霍兰德根据择业者的人格特点和择业兴趣将择业者分为6种类型：现实型（R）、研究型（I）、艺术型（A）、社会型（S）、企业型（E）和传统型（C），同时有根据职业特性和要求将职业划分为6种类型，霍兰德认为职业与择业者人格类型越相近，两者的适配程度越高。

霍兰德人职六类型：

（1）实用型（Realistic），又称技术型。具有这类倾向的个体，身体技能及机械协调能力较强，对机械与物体比较关心。稳健、务实，喜欢从事规则明确的活动及技术性工作，甚至热衷于亲自动手创造新事物。不善言谈、对于人际交往及人员管理监督等活动不太感兴趣。这一领域的职业有：需掌握熟练技能方面的职业、动植物管理方面的职业、机械管理方面的职业、生产技术方面的职业、手工工艺技能方面的职业、机械装置与运转方面的职业等。

（2）研究型（Investigative），又称调查型。具有这类倾向的个体，喜欢理论思维或偏爱数理统计工作，对于解决抽象性问题具有极大的热情。他们通常倾向于通过思考、分析解决难题，而不一定会落实到具体操作上。他们喜欢具有创造性、挑战性的工作，不太喜欢固定程序式的任务。对于人员的领导及人际交往也非情愿，独立性倾向明显。适合的职业有分析员、设计师、生物学家等。

（3）艺术型（Artistic），具有此类倾向的个体，对具有创造、想象及自我表现空间的工作显示出明显偏好。他们和研究型倾向的个体相同之处在于创造性倾向明显，对于结构化程度较高的任务及环境都不太喜欢，对于机械及程式化的工作了无兴趣。他们比较喜欢独立行事，不太合群。但两者所不同的是艺术倾向明显的个体好自我表现，重视自己的感性，直觉力较好，情绪变化较大。这一领域的职业有美术雕刻、工艺、舞蹈、戏剧等。

（4）社会型（Social），具有此类倾向的个体，喜欢以人为对象的工作。他们言语能力通常优于数理能力，善于言谈，乐于与人相处，给人提供帮助，具有人道主义倾向，责任心也较强，习惯于与人商讨或调整人际关系来解决面临的问题，不太喜欢以机械和物品为对象的工作。适合从事咨询、培训、辅导、劝说类工作。这一领域有学校教育、社会教育、社会福利事业、医疗与保健、商品营销以及各种直接为人服务的职业。

（5）传统型（Conventional），又称事务型。具有此类倾向的个体，喜欢高度有序、要求明晰的工作，对于规则模糊、自由度大的工作不太适应；不太喜欢主动决策、习惯于服从，一般较为忠诚、可靠，偏保守；在与人的交往中会保持一定的距离；工作仔细、有毅力；对社会地位、社会评价比较在意，通常愿意在大型机构做一般性工作。相应的职业领域有银行职员、图书管理员、会计、出纳、统计人员、计算机操作人员和办公室职员等。

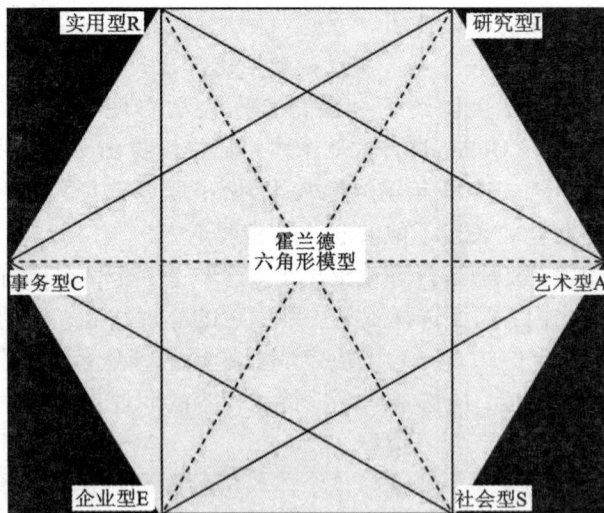

图 2-1　霍兰德 6 种人格——职业类型图

（6）企业型（Enterprising），又称经营型。具有此类倾向的个体，喜欢制定新的工作计划、事业规划及设立新的组织，并积极地发挥组织的作用进行活动；喜欢影响、管理、领导他人；自信，具有支配欲，冒险性强。他们不喜欢具体、精细或需长时间集中心智的工作。

为了更直观地阐明自己的观点，霍兰德还设计了简洁直观的人格——职业类型六边形模型（如图 2-1 所示）：

　　模型说明，劳动者和职业可分为6种类型，模型的6个角分别代表6种人格类型和相对应的6种职业类型：每种人格类型与职业个性的相关大小可以通过图形边长和对角线的长度表示。连线越短表示人格类型与职业类型相关性越大，则适应性越高；连线为0及人格类型与职业类型完全适配如RR型、CC型、AA型等，此时人业配置最适宜，职业选择最理想。

　　2. 人格——职业特点分析

　　人们通常倾向选择与自我兴趣类型匹配的职业环境，如实用型的个体希望在现实型的职业环境中工作，那样可以最好地发挥个体的潜能。但在职业选择中，个体并非一定要选择与自己兴趣完全对应的职业环境（见表2-1）。一则个体本身常是多种兴趣类型的综合体，单一类型显著突出的情况不多，因此评价个体的兴趣类型时常以其在6大类型中得分居前3位的类型组合为主，组合时根据分数的高低依次排列字母，构成其兴趣类型，如RAC、AIS等；二则影响职业选择的因素是多方面的，不完全依据兴趣类型，还要参照社会职业需求及获得职业的现实可能性。因此，职业选择时会不断妥协，寻求相邻职业环境甚至相隔职业环境，在这种职业环境中，个体需要逐渐适应工作环境。但如果个体寻找的是相对的职业环境，意味着所进入的是与自我兴趣相左的职业环境，这可能难以适应，甚至难以做到乐业。

表2-1　霍兰德人职六类型表

类型	个性特点	职业特点	主要职业
实用型（R）	动手能力强，动作灵活，愿意使用工具从事操作性工作，偏好从事具体任务，不善言辞。机械呆板，体格健全，避免处理人际关系	工程技术工作、农业工作、需要体力、运用工具或操作工具	木工、电器工程师、建筑工程师、运动员、电工、测绘员等
研究型（I）	思考问题透彻清晰、喜欢独立，富有创造性，知识渊博，不善于领导他人。好奇心强，个性内向	科学研究和科学实验	生物学家、化学家、地理学家、医学技术人员、心理学家、自然科学与社会科学方面的研发人员等
艺术型（A）	有创造力、乐于创造新颖、与众不同的作品，渴望表现自己的个性，实现自身价值。性格冷淡，有创造性，非传统	单独工作，长时间的苦干	艺术家、作家、摄影师、节目主持人、演员、广告管理人员等
社会型（S）	责任感强，乐于助人，有人际交往技巧，渴望发挥自己的社会作用	高水平的与人沟通	教师、行政人员、医护人员、社会工作者、管理人员
企业型（E）	追求权利、权威和物质财富，喜欢竞争、敢冒风险、精力充沛、善于交际，有口才	善于口头表达，组织与影响他人共同完成组织目标	企业家、金融家、律师、政府官员、精力、采购人员等
传统型（C）	尊重权威、喜欢按计划办事，习惯接受他人领导，不喜欢冒险，工作踏实	各类与文件档案、图书资料、统计报表相关的工作	会计、出纳、速记员、统计员、秘书、文书、图书管理员、审计员等

　　霍兰德的理论观点独特，富有创造性。注重个人特质与职业特性相适配，将众多的个体

和职业通过划分为类型而组织在一起，有利于引导个体在与个体兴趣相近、内容互有关联的一群职业中进行积极的探索，从而对自己未来职业发展做出审慎的设计，减少职业选择失误风险。霍兰德职业选择理论提出后，产生了广泛影响而被普遍应用。

霍兰德职业选择理论在应用和实践中也存在一定的局限性。一方面，霍兰德将择业者的人格、职业兴趣和职业特征作为基本确定的因素进行讨论，但是从长远和发展的观点看，择业者的人格、职业兴趣与职业环境都是发展变化的，彼此之间的适应也并非完全被动的，两者在相互适应中相互影响。另一方面，择业者的职业选择除了人格因素外还与择业者的兴趣、特长、价值观、情商、工作经验、教育与能力等状况以及广泛的社会背景如家庭期望、社会需求、科技发展、经济兴衰等紧密相关，应该进行全面综合的考虑。

（三）佛隆择业动机理论

霍兰德职业选择理论告诉人们，劳动者倾向于选择与自己类型相一致的职业，但是如果劳动者面临同一类型的 A、B 两种职业，他会如何选择呢？

美国心理学家佛隆（V. H. Vroom）在 1964 年出版的《工作和激励》一书中，提出了解释员工激发程度的期望理论。期望理论的基本公式：

$$动机强度（F）= 效价（V）× 期望值（E）$$

F：动机强度，指积极性的激发程度，表明个体为达到一定目标而努力的程度；

V：效价，指择业者对某种职业价值的主观评价；

E：期望值，指个体对实现目标可能性大小的估计，即目标实现的概率。

动机强度 F 取决于效价 V 的大小和期望值 E 的高低。这个理论用来解释劳动者的择业行为时，具体化的择业动机公式表示为：

$$择业动机 = 职业效价 × 职业概率$$

职业效价的大小取决于择业者的职业价值观以及他对某一具体职业各项要素的评估。因此，职业效价 = 职业价值观 × 要素评估。

职业概率是择业者获取某项职业的可能性。它的大小取决于以下 4 个方面：

（1）职业的社会需求总量；

（2）竞争能力即择业者自身的工作能力和择业能力；

（3）竞争系数即谋求同一职业的劳动者的多少；

（4）随机因素。

职业效价越大，期望值越高，员工行为择业动机越强烈，就是说为达到一定目标，将付出更大努力。如果职业效价为零或为负值，表明目标的实现对个人毫无意义，甚至给个人带来负担，这种情况下目标实现的可能性再大，个人也不会产生追逐目标的动机，不会为此有任何积极性、付出任何的努力。

如果目标实现的概率为零，那么无论目标实现意义多么重大，个人也不可能产生追求目标的动机。

【案例评析】

择业者面前有 A、B 两项职业，他对两项职业的效价与职业概率分别估计如表 2 - 2：

表 2-2 A、B 两项职业的效价与职业概率评估

职业要素	职业价值观(1)	职业 A(2)	职业 B(3)	效价 A(4)=(1)×(2)	效价 B(5)=(1)×(3)
兴趣	4	6	7	24	28
工资	3	5	6	15	18
职业声望	2	4	5	8	10
劳动条件	1	3	4	3	4
效价合计	—	—	—	50	60
职业概率				0.8	0.5
择业动机				40	30

对于择业者来说，职业 B 的效价(60)高于职业 A(50)，但他认为谋取 A 比较有把握(职业概率 0.8)，而欲谋取职业 B，要付出较大的努力(职业概率 0.5)。

择业动机(A)=效价(A)×职业概率(A)，即：40=50×0.8

择业动机(B)=效价(B)×职业概率(B)，即：30=60×0.5

经过权衡，对择业动机(A)的择业倾向(40)大于对择业动机(B)的(30)，因此，择业者选择职业 A。

二、职业发展理论

(一)金斯伯格的职业生涯发展阶段理论

美国著名职业指导专家金斯伯格(Eli Ginzberg)，对职业生涯的发展进行过长期研究，形成了金斯伯格的职业生涯发展阶段理论，对于实践产生了广泛影响，他和舒伯(Donald E. Super)是该理论的主要代表人物。

1.金斯伯格的职业决策论

(1)职业决策是一连串过程。金斯伯格认为，职业选择决策是一种发展过程，它不是一个某一时刻就完成的"决定"，而是基于人们长期以来形成的观念。职业选择过程包含一连串的决定，每一个决定都和童年、青年期个人的经验和身心发展有关。

(2)职业选择时优化决策。金斯伯格认为，职业选择的实现，是个人意识与外界条件的折中，个人最终做出决定是寻求个人所喜爱的职业与社会所提供的机会之间的最佳结合。

2.金斯伯格职业性成熟论

金斯伯格的职业发展理论分为幻想期、尝试期和现实期。

(1)幻想期。在 11 岁之前的儿童时期，儿童们对大千世界，特别是对于他们所看到或接触到的各类职业工作者，充满了新奇、好玩的感觉。这个时期职业需求的特点是：单纯凭自己的兴趣爱好，不考虑自身的条件、能力水平和社会需要与机遇，完全处于幻想之中。

(2)尝试期。11～17 岁，这是由少年儿童向青年过渡的时期。此时起，人的心理和生理在迅速成长发育和变化，有独立的意识，价值观念开始形成，知识和能力显著增长和增强，初步懂得社会生产和生活的经验。在职业需求上呈现出的特点是：有职业兴趣，但不仅限于此，更多的开始客观地审视自身各方面的条件和能力；开始注意职业角色的社会地位、社会

意义,以及社会对该职业的需要。

(3)现实期。人在 17 岁以后的年龄段,即将步入社会,能够客观的把自己的职业愿望或要求,同自己的主观条件、能力,以及社会现实的职业需要紧密联系和协调起来,寻找合适于自己的职业角色。这个时期所希望从事的职业不再模糊不清,已有具体的、现实的职业目标,表现出的最大特点是客观性、现实性、讲求实际。

金斯伯格的职业发展论,事实上是前期职业生涯发展的不同阶段,也就是说,展现了就业前人们职业意识或职业追求的变化发展过程。

(二)舒伯的职业生涯发展阶段理论

美国职业管理家舒伯(Donald E. Super),根据布尔赫勒(Buehler)的生命周期和列文基斯特(Lavghurst)的发展阶段论,提出了职业发展的概念模式,他的理论更详细、更明确和更直观地诠释了职业生涯发展的进程,舒伯的职业生涯发展的基本观点是:"职业发展是一种连续的、有序的、动态的过程,一般由成长、探索、建立、维持和衰退 5 个阶段构成。"(见表 2 – 3)

表 2 – 3　生涯发展阶段

阶段	年龄	此阶段发展的任务	此阶段中包含的各时期及特征	
成长阶段	0～14 岁	1. 建立和形成自我观念 2. 由幻想和好奇逐步发展为注意、兴趣和能力	幻想期(0～10 岁)	因需要而幻想
			兴趣期(11～12 岁)	因喜欢而产生兴趣
			能力期(13～14 岁)	初步考虑工作条件,能力因素作用大
探索阶段	15～24 岁	1. 思考兴趣、能力价值观和就业机会 2. 寻求职业,实现自我	试探期(15～17 岁)	进行暂时选择
			过渡期(18～21 岁)	接受培训开始正式选择
			试行期(22～24 岁)	初步进入自己理想职业
建立阶段	25～44 岁	1. 确定永久职业 2. 重新评估自己的需求和职业目标	试验期(25～30 岁)	初步选定永久职业
			稳定期(31～39 岁)	稳定永久职业
			危机期(40～44 岁)	重新评估自我需求和职业目标
维持阶段	45～64 岁	维持既有成就和地位	——	
衰退阶段	65 岁以上	减速、解脱、退休	——	

1. 成长阶段

0～14 岁,该阶段孩童开始发展自我概念,开始以各种不同的方式来表达自己的需要,且经过对现实世界不断地尝试,修饰他自己的角色。

这个阶段发展的任务是:发展自我形象,发展对工作世界的正确态度,并了解工作的意义。

这个阶段共包括三个时期:一是幻想期(0～10 岁),以"需要"为主要考虑因素,在这个时期幻想中的角色扮演很重要;二是兴趣期(11～12 岁),以"喜好"为主要考虑因素,喜好是个体抱负与活动的主要决定因素；三是能力期(13～14岁)，以"能力"为主要考虑因素，能力逐渐具有重要作用。

2.探索阶段

15～24岁，该阶段的青少年通过学校的活动、社团休闲活动、打零工等机会，对自我能力及角色、职业作了一番探索，因此选择职业时有较大弹性。

这个阶段发展的任务是：使职业偏好逐渐具体化、特定化并实现职业偏好。

这阶段共包括三个时期：一是试探期(15～17岁)，考虑需要、兴趣、能力及机会，作暂时的决定，并在幻想、讨论、课业及工作中加以尝试；二是过渡期(18～21岁)，进入就业市场或专业训练，更重视现实，并力图实现自我观念，将一般性的选择转为特定的选择；三是试验并稍作承诺的试行期(22～24岁)，生涯初步确定并试验其成为长期职业生活的可能性，若不适合则可能再经历上述各时期以确定方向。

3.建立阶段

25～44岁，由于经过上一阶段的尝试，不合适者会谋求变迁或作其他探索，因此该阶段较能确定在整个事业生涯中属于自己的"位子"，并在31～40岁，开始考虑如何保住这个"位子"，并固定下来。

这个阶段发展的任务是：统整、稳固并求上进。

这个阶段细分又可包括两个时期：一是试验—承诺稳定期(25～30岁)，个体寻求安定，也可能因生活或工作上若干变动而尚未感到满意；二是稳定期(31～39岁)，稳定永久职业；三是建立期(31～44岁)，个体致力于工作上的稳固，大部分人处于最具创意时期，由于资深往往业绩优良。

4.维持阶段

45～65岁，个体仍希望继续维持属于他的工作"位子"，同时会面对新的人员的挑战。

这一阶段发展的任务是：维持既有成就与地位。

5.衰退阶段

65岁以上，由于生理及心理机能日渐衰退，个体不得不面对现实从积极参与到隐退。

这一阶段往往注重发展新的角色，寻求不同方式以替代和满足需求。

在上述舒伯的生涯发展阶段中，每一阶段都有一些特定的发展任务需要完成，每一阶段需达到一定的发展水准或成就水准，而且前一阶段发展任务的达成与否关系到后一阶段的发展。在之后的研究岁月中，舒伯对发展任务的看法又向前跨了一步。他认为在人一生的生涯发展中，各个阶段同样要面对成长、探索、建立、维持和衰退的问题，因而形成"成长——探索——建立——维持——衰退"的循环。

依据这一阶段划分理论，大学生处在探索阶段，每个年级所对应的时期特征为：

一年级为试探期：要初步了解职业，特别是自己未来所想从事的职业或自己所学专业对口的职业，提高人际沟通能力。

二年级为定向期：了解相关的专业和课外活动，以提高自身的基本素质为主。

三年级为冲刺期：本阶段学生应确定自己的主攻方向，选择就业还是考研或是出国留学。

四年级为分化期：这是四年中最不稳定的时期，学生普遍心浮气躁，忙着找工作、考研或办理出国手续。大部分学生的目标应该锁定在成功就业上。

（三）格林豪斯的职业生涯发展理论

格林豪斯（Greenhouse）研究人生不同年龄段职业发展的主要任务，并以此将职业生涯划分为5个阶段。

1. 职业准备

典型年龄段为0～18岁。主要任务：发展职业想象力，对职业进行评估和选择，接受必要的职业教育。

2. 进入组织

18～25岁为进入组织阶段。主要任务是在一个理想的组织中获得一份工作，在获取足量信息的基础上，尽量选择一种合适的、较为满意的职业。

3. 职业生涯初期

处于此期的典型年龄段为25～40岁。学习职业技术，提高工作能力；了解和学习组织纪律和规范，逐步适应职业工作，适应和融入组织；为未来的职业成功做好准备，是该期的主要任务。

4. 职业生涯中期

40～55岁是职业生涯中期阶段。主要任务：需要对早期职业生涯重新评估，强化或改变自己的职业理想；选定职业，努力工作，有所成就。

5. 职业生涯后期

从55岁直至退休是职业生涯的后期。继续保持已有职业成就，维护尊严，准备引退，是这一阶段的主要任务。

三、职业周期理论

职业周期理论由美国著名的心理学家和社会学家埃德加·施恩（Edgar. H. Schein）提出。该理论强调培养人的职业自觉能力，发展清晰、全面的职业自我观，启发求职者应以动态和发展的眼光明确各个生涯阶段的职业目标，积极地把握自己职业生涯发展的方向并科学地、具有前瞻性的进行设计和规划。职业周期理论是现代组织管理的重要理论基础，赋予了职业指导一种全新的教育意义。

他将个人的发展与人生在组织中的角色紧密相连，将职业生涯分为9个阶段，并对每个阶段的角色特征、面临的共同问题和特殊任务给予了阐述。

职业生涯周期的阶段和任务与其社会生命周期的阶段和任务紧密相关。施恩根据职业周期的特点，按照社会生命周期的特征对职业生涯发展阶段进行了划分，并指出了各阶段所面临的主要任务。

施恩按照人生命周期的特点将人的职业生涯划分为9个阶段（见表2－4），认为职业生涯发展实际上是一个持续不断的探索过程，在这一过程中，每个人都根据自己的天资、能力、动机、需要、态度和价值观等慢慢形成并发展成为明晰的与职业有关的自我概念。此外，施恩还提出了职业锚概念。由于职业锚的贯穿，使职业周期理论更为清晰、更为系统和完整。

表 2 - 4　职业阶段的角色和任务

阶段	角色	共同问题	特殊任务
成长幻想探索（0～21岁）	学生候选人申请人	1.为进行实际职业选择打好基础 2.将早年职业幻想变为可操作的现实 3.对于家庭状况和环境支持作出评估 4.接受教育和培训 5.培养和开发未来工作所需要的基本习惯和技能	1.发现和发展自己的需要和兴趣 2.发现和发展自己的能力和才干 3.学习职业方面的知识，寻找现实的角色模式 4.获取丰富的信息 5.树立自己的价值观、动机和抱负 6.作出合理的受教育决策、将幼年的职业幻想变为可操作的现实 7.教授教育和培训，培养和开发工作中所需要的基本习惯和技能 8.寻找兼职工作的机会
进入工作环境（16～25岁）	应聘者新学员	1.进入劳动市场，谋取可能成为一种职业基础的第一项工作 2.个人和雇主之间达成正式可行的契约 3.个人成为一种组织或职业中的成员	1.学会如何找一份工作，如何申请，如何参加招聘选拔 2.学会评估一份工作的价值和一个组织的信息 3.选择第一份现实的有效的工作
基础培训（16～25岁）	实习生新手	1.了解、熟悉组织、接受组织文化、融入工作群体 2.尽快取得组织成员资格，成为一名有效的成员 3.适应日常的操作程序，能够完成工作	1.学会与上司和培训者相处 2.克服经验不足造成的不安全感，增强自信 3.认真学习，接受组织的标志符号、制服、徽章、员工手册、公司手册
早期职业的正式员工资格（17～30岁）	新的正式成员	1.承担责任，成功地履行与第一次正式分配有关的义务 2.发展、展示自己的特殊技能和专长，为提升或进入其他领域打基础 3.根据自身才干和价值观，结合组织中的机会和约束，重估当初追求的职业 4.决定是否留在这个组织或职业中，或者在自己的需要、组织约束机会之间寻找一种更好的结合	1.学会如何处事，改善处事方式 2.学会承担部分责任 3.学会与上司和同事相处 4.寻求良师 5.根据自己的能力和价值观，结合组织中的机会和约束，重新估计当初选择的工作 6.评估第一份工作的成功感和挫折感 7.准备长期效力或是选择新的职位或组织

续表 2 - 4

阶段	角色	共同问题	特殊任务
职业中期 (25~35岁)	正式成员 主管经理	1.选定一项专业或进入管理部门 2.保持技术竞争力,在自己选择的专业或管理领域内继续学习 3.承担较大责任,确立自己的地位 4.开发个人长期职业计划 5.力争成为一名专家或职业能手	1.取得一定程度的独立与自信 2.提高自己的业绩标准,相信自己的决策 3.重估自己的动机、能力、价值观以及所需要的专业化程度 4.重估组织和职业机会,制定下一步有效决策 5.协调家庭、自我发展和组织的关系 6.学会应对挫折的措施
职业中期危险阶段 (35~45岁)	成为良师	1.客观地估计、评价自己的进步、职业抱负和个人前途 2.就接受现状或者争取更有可能实现的前途作出具体选择 3.与他人建立良师关系	1.意识到个人的才能、动机、价值观 2.客观地估计个人职业锚对自己前途的影响 3.为前途作出选择 4.围绕选择与家人达成共识
职业后期 (40岁至退休)	骨干管理人员贡献者	1.成为一名良师,学会发挥影响,指导、指挥别人,对他人承担责任 2.发展、提升技能或者增长才干,以承担更大范围、更重要的责任 3.如果求安稳,就此停滞,则要接受和正式自己影响力和挑战能力的下降	1.保持技术上的竞争力,以经验、经理和智慧代替直接的技术能力 2.发展人际交往的能力 3.发展管理和监督能力 4.学会在某种政治环境中制定有效决策 5.以积极态度对待"后起之秀" 6.积极看待中年危机和家庭"空巢现象" 7.为高级领导角色做准备
	领导 总经理 官员 企业家 高级合伙人	1.整合别人的努力扩大影响力,不要事必躬亲 2.选拔和发展骨干成员 3.客观估计组织在社会中的作用,从长计议 4.学会推销观点	1.从关心自我到为组织的福利承担责任 2.对组织机密和资源负有责任 3.学会使用权力和承担责任,而不是意气用事,软弱无力
衰退和离职(40岁至退休)	导师	1.学会接受权力、责任、地位的下降 2.承认竞争力和进取心下降,要学会接受和发展新的角色 3.学会管理除工作之外丰富的文娱生活	1.在业余爱好、家庭、社交和社区活动等方面寻求新的满足 2.学会如何与配偶亲密生活 3.评估完整的职业过程,准备退休
退休	新角色	1.保持一种认同感,适应角色、生活方式和生活标准的急剧变化 2.运用自己积累的经验和智慧,以各种资源角色对他人进行"传帮带"	1.在失去长期工作或组织角色之后,保持一种积极态度 2.在某些活动中尽职尽责 3.运用自己的智慧和经验 4.对自己的一生感到满足

四、职业锚理论

(一)职业锚的产生

职业锚(又称职业定位)是由美国的施恩教授提出的。这一概念最初产生于美国麻省理工学院斯隆研究院的专门小组,是从斯隆研究院毕业生的纵向研究中演绎成的。1961年、1962年、1963年,斯隆学院44名毕业生自愿形成了一个专门小组,愿意配合和接受施恩所进行的关于个人职业发展和组织职业管理的研究与调查,并且在1973年返回麻省理工学院,就他们的职业与生活接受面谈和调查。

施恩在对他们的跟踪调查和对许多公司、个人及团队的调查中,形成了自己的一些看法,他认为职业规划实际上是一个持续不断的探索过程。在这一过程中,每个人都在根据自己的天资、能力、动机、需要、态度和价值观等慢慢地形成较为明晰的与职业有关的自我概念。随着一个人对自己越来越了解,这个人就会越来越明显地形成一个占主要地位的职业锚。施恩说:"设计这个概念是为了解释,当我们在更多的生活经验的基础上发展了更深入的自我洞察时,我们的生命中成长的更加稳定的部分。"

(二)职业锚的概念

所谓职业锚就是指当一个人不得不做出选择的时候,他无论如何都不会放弃的职业中的那种至关重要的东西或价值观。正如职业锚这一名词中"锚"的含义一样,职业锚实际上就是人们选择和发展自己的职业时所围绕的中心。一个人对自己的天资和能力、动机和需要以及态度和价值观有了清楚的了解之后,就会意识到自己的职业锚到底是什么。施恩根据自己在麻省理工学院的研究指出,要想对职业锚提前进行预测是很困难的,这是因为一个人的职业锚是在不断发生着变化的,它实际上是一个不断探索过程所产生的动态结果。

了解职业锚的概念,要注意以下几方面:

(1)职业锚以雇员的工作经验为基础。职业锚发生于早期职业阶段,新雇员已经工作若干年,习得工作经验后,方能够选定自己稳定的长期贡献区。个人在面临各种各样的实际工作生活情境之前,不可能真切地了解自己的能力、动机和价值观事实上将如何作用,以及在多大程度上适应可行的职业选择。因此,新雇员的工作经验,产生、演变和发展了职业锚。换言之,职业锚在某种程度上由雇员实际工作经验所决定,而不只是取决于潜在的才干和动机。

(2)职业锚不是根据各种测试出来的能力、才干或者作业动机、价值观所做的预测,而是新雇员在工作实践中,依据已被证明的才干、动机、需要和价值观,现实的选择和准确的职业定位。

(3)职业锚是雇员自我观中的动机、需要、价值观、能力相互作用和逐步整合的结果。在实际工作中,新雇员重新审视自我动机、需要、价值观及能力,逐步明确个人需要与价值观,明确自己的擅长所在及其发展的重点,并且针对符合个人需要和价值观的工作,以及适合于个人特质的工作,自觉地改善、增强和发展自身才干,达到自我满足和补偿。经过这种整合,新雇员寻找到自己长期稳定的职业定位。

(4)雇员个人及其职业锚不是固定不变的。职业锚周边是个人稳定的职业贡献区和成长区。但是,这并不意味着个人将停止变化和发展。雇员以职业锚为其稳定源,可以获得该职业工作的进一步发展,以及个人生物社会生命周期和家庭生命周期的成长、变化。此外,职业锚本身也可能变化，雇员在职业生涯的中、后期可能会根据变化了的情况，重新选定自己的职业锚。

有些人也许一直都不知道自己的职业锚是什么，直到他们不得不做出某种重大选择的时候，一个人过去的所有工作经历、兴趣、资质、性向等才会集合成一个富有意义的模式（或职业锚），这个模式或职业锚会告诉此人，对他个人来说，到底什么东西是最重要的。

（三）职业锚的类型

经过几十年的发展，职业锚已经成为职业发展、职业设计的必选工具。国外许多大公司均将职业锚作为员工职业发展、职业生涯规划的主要参考点。自1992年以后，麻省理工学院斯隆研究院管理学院将职业锚拓展为8种锚位。

1. 技术/职能型

技术/职能型的人，追求在技术/职能领域的成长和技能的不断提高，以及应用这种技术/职能的机会。他们对自己的认可来自他们的专业水平，喜欢面对来自专业领域的挑战。他们一般不喜欢从事管理工作，因为这将意味着他们放弃在技术/职能领域的成就。

2. 管理型

管理型的人追求并致力于工作晋升，倾心于全面管理，独自负责一个部分，可以跨部门整合其他人的努力成果，他们想去承担整个部分的责任，并将公司的成功与否看成是自己的工作。具体的技术/职能工作被看作是通向更高、更全面管理层的必经之路。

3. 自主/独立型

自主/独立型的人希望随心所欲地安排自己的工作方式、工作习惯和生活方式，追求能施展个人能力的工作环境，最大限度地摆脱组织的限制和制约。他们宁愿放弃提升和工作扩展的机会，也不愿意放弃自由与独立。

4. 安全/稳定型

安全/稳定型的人追求工作中的安全和稳定感。他们会因为预测将来的成功而感到放松，他们关心财务安全，例如退休金和退休计划。稳定感包括诚信、忠诚以及完成上司交代的工作。尽管有时他们可以达到更高的位置，但他们并不关心具体的职位和具体的工作内容。

5. 创业型

这类型的人希望利用自己的能力去创造属于自己的公司或创建完全属于自己的产品（或服务），而且愿意去冒险，并克服面临的障碍。他们想向世界证明公司是他们靠自己的努力创建的。他们可能正在别人的公司工作，但同时他们在学习并评估将来可能出现的机会，一旦他们感觉时机到了，便会走出去创建自己的事业。

6. 服务型

这类型的人一直追求自己认可的核心价值，例如：帮助他人、改善人们的生活、通过新的药品消除疾病。他们一直追寻这种机会，即使改变职业，他们也不会改变这种价值观。

7. 挑战型

挑战型的人喜欢解决看上去无法解决的问题，战胜强硬的对手，克服无法克服的困难等。对他们而言，参加工作的原因是工作允许他们去战胜各种不可能、新奇、变化的困难是他们的终极目标。

8. 生活型

生活型的人喜欢结合个人需要、家庭需要和职业需要的工作环境。他们喜欢将生活的各个主要方面整合为一体，他们需要一个能够提供足够的弹性让他们实现这一目标的职业环境。他们认为自己在如何生活、哪里居住、如何处理家庭事务等方面与众不同。

（四）职业锚的作用

在个人的工作生命周期中，在组织的事业发展过程中，职业锚发挥着重要的功能作用。

1. 识别个人职业抱负模式和职业成功标准

职业锚是个人经过搜索所确定的长期职业贡献区或职业定位。这一搜索定位过程要依循着个人的需要、动机和价值观进行。所以，职业锚清楚地反映出个人职业追求与抱负。某雇员选定的是技术职能能力锚，显现出其志向和抱负在于专业技术方面的事业有成，有所贡献。与此同时，从职业锚可以判断雇员达到职业成功的标准。职业成功，无一致的定义，亦无统一标准，因人而异，因职业锚而不同。对于抛锚于管理型的雇员来讲，其职业成功在于升迁至高职位，获得全面管理越多人的机会和越大的管理权力。而对于安全型职业锚的雇员来讲，求得一个稳定地位和收入不低的工作，有着优雅的工作环境和轻松的工作节奏，便是其职业成功的标志了。

2. 促进预期心理契约得以发展，有利于个人与组织稳固的相互接纳

职业锚准确地反映个人职业需要及其所追求的职业工作环境，反映个人的价值观和抱负。透过职业锚，组织获得雇员个人正确信息的反馈，这样，组织才可能有针对性的对雇员职业发展设置可行的、有效的、顺畅的职业通道；个人则因为组织有效的职业管理，自身的职业需要得以满足，必然深化对组织的情感认同与服从。于是，组织与个人双方相互深化了解，互相交融，达到深度而稳定的相互接纳。

3. 增长职业工作经验，增强个人职业技能，提高劳动生产率和工作效率

职业锚是个人职业工作的定位，是长贡献区。相对稳定的长期从事某项职业，必然增长工作经验；经验的丰富和积累，既使个人知识扩增，也使个人职业技能不断增强，直接产生提高工作效率或劳动生产率的明显效益。

4. 早期职业锚可为雇员做好中后期的职业工作奠定基础

在具有工作经验之前，"锚"是不存在的。通过工作经验的积累产生的职业锚，清晰地反映出当个人进入成年期的潜在需要和动机，它也反映了这一雇员价值观，反映了被发现的才干。雇员个人抛锚于某一种职业工作过程，就是他自我认知过程，认识自己具有什么样的能力、怎样的能力、还需要什么、价值系统是什么、自己属于哪种类型的人。把职业工作与完整的自我观相整合的过程，开始决定了成年期的主要生活和职业选择。所以，职业锚是中后期职业工作的基础，换言之，中后期职业发展和早期职业锚连接在一起。

（五）职业锚对大学毕业生职业规划的启示

首先，职业生涯规划要进行自我定位。自我分析、自我定位是职业生涯规划的首要环节，它决定着个人职业生涯的方向，也决定着职业生涯规划的成败。求职之前先要进行职业生涯规划，进行职业生涯规划之前先要进行准确的自我定位。先要弄清自己想要干什么、能干什么，自己的兴趣、才能、学识适合干什么。可通过自我分析与可靠的量表工具的测量，评估自己的职业倾向、能力倾向和职业价值观，这是职业生涯规划的基础。

其次，职业生涯规划是一个动态变化过程。当今社会处于激烈的变化过程中，大学毕业生的就业观念也要相应地改变，打破传统的"一业定终身"的理念，就业、再就业是大趋势，职业生涯规划也随之根据各种变化来调整。所以环境的变化导致自我观念的变化，反映到职

业生涯规划上来，就不能一次把终生的职业生涯的每一个具体细节都确定下来。

再者，大学毕业生职业生涯规划的重点内容是职业准备、职业选择与职业适应。

从职业生涯发展过程来看，职业生涯发展经历了不同时期，有一种观点认为职业生涯的阶段主要可分为：①职业准备期：职业准备期是形成了较为明确的职业意向后，从事职业的心理、知识、技能的准备以及等待就业机会。每个择业者都有选择一份理想职业的愿望与要求，准备充分的能够很快地找到自己理想的职业，顺利地进入职业角色。②职业选择期：这是实际选择职业的时期，也是由潜在的劳动者变为现实劳动者的关键时期。职业选择不仅仅是个人挑选职业的过程，也是社会挑选劳动者的过程，只有个人与社会成功结合、相互认可，职业选择才会成功。③职业适应期：择业者刚刚踏上工作岗位，存在一个适应过程，要完成从一个择业者到一个职业工作者的角色转换。要尽快适应新的角色、新的工作环境、工作方式、人际关系等。④职业稳定期：这一时期，个人的职业活动能力处于最旺盛时期，是创造业绩、成就事业的黄金时期。当然职业稳定是相对的，在科学技术发展迅速、人才流动加快的今天，就业单位与职业岗位发生变化是很正常的。⑤职业结束：由于年龄或身体状况原因，逐渐减弱职业活动能力与职业兴趣，从而结束职业生涯。

大学毕业生职业生涯规划的侧重点在职业准备、职业选择、职业适应三个阶段。大学生要对职业进行物质、心理、知识、技能等各方面充分的准备，还要根据各方面的分析与自己的职业锚合理客观地对职业做出选择。对即将踏入的职业活动要有一定的合理的心理预期，包括工作的性质、劳动强度、工作时间、工作方式、同事以及上下级关系都要快速适应，迅速成为一个成功的职业者。当然，施恩教授也指出："自我概念"中最重要的是"自我对自身才能的感知"，是真正有了职业经历、工作体验后，才能准确、清晰地估测出自己的职业锚。

【案例评析】

请分析下列资料涉及的人属于职业锚的那种类型？

1. 李彦宏简介：1991年毕业于北京大学信息管理专业，随后赴美国留学完成计算机硕士学位。1999年，他回国和徐勇创办了百度，一年后，百度成为全球最大的中文搜索引擎技术公司。2003年第二季度，百度宣布全面盈利。"我放弃攻读博士学位来进行创业，不是为了钱，而是真的出于对这个行业的热爱，我始终相信：在今天这个社会中，只要你给了社会好的产品，社会一定会给你更大的回报。"

2. 俄罗斯"数学隐士"拒绝接受菲尔茨奖。2006年8月22日国际数学家大会将有着数学界诺贝尔奖之称的菲尔茨奖，授予俄罗斯数学家佩雷尔曼等三人，但这位"数学隐士"似乎并不领情，没有到场领奖。在他的学术生涯中曾多次拒绝荣誉或奖项。他曾拒绝斯坦福大学、普林斯顿高等数学研究院等著名学府的聘请，而宁可"在圣彼得堡附近的森林中找蘑菇"。

现年40岁的他在证明庞加莱猜想的过程中作出了奠基性贡献。然而，颇有隐者风范的他，自从在因特网上发表了三篇庞加莱猜想的关键论文后，便销声匿迹了。

3. 霍华德修斯无疑是世界航空史上的一个传奇，他自负蛮横，热爱冒险，是一位典型的美国冒险家，曾驾驶飞机创造了世界纪录，还投资拍摄了不少电影，是美国人崇拜的英雄。

第三节　职业生涯规划基本步骤

一、树立正确的职业理想

职业理想指人们对未来职业表现出来的一种强烈的追求和向往，是人们对未来职业生活的构想和规划。

任何人的职业理想必然要受到社会环境、社会现实的制约。社会发展的需要是职业理想的客观依据，凡是符合社会发展需要和人民利益的职业理想，都是高尚、正确的，并具有现实的可行性，大学生的职业理想更应把个人志向与社会需要有机地结合起来。

职业理想在人们职业生涯设计过程中起着调节和指南作用。一个人选择什么样的职业，以及为什么选择某种职业，通常都是以其职业理想为出发点的。大学生树立职业理想的过程，便是在心中进行职业生涯设计的过程。一旦在心目中有了自己理想的目标，便要去规划自己的学习和实践，并为获得自己认为理想的职业而去做各种准备。

职业理想形成后，每个人都会确立明确的职业目标，在职业生涯中，人生的职业目标有短期目标和长期目标，以及近期目标和长远目标之分，而且在一定时期还有可能对职业目标提出一定的调整。职业生涯设计是根据一定的职业目标而进行的，是为了实现这个目标而做的设想和打算。所以，大学生应当尽快确定自己的职业目标，例如打算成为哪方面的人才、打算在哪个领域成才等。对这些问题的答案不仅会影响个人职业生涯的设计，也会影响个人成功的机会。

二、正确评估自我

自我评估就是对自己做全面分析，通过各种方式进行自我分析、认识自己、了解自己，也就是职业生涯规划要素中的"知己"。

只有正确、全面认识自我，才能对自己的职业生涯目标做出最佳选择。在职业生涯规划这个过程中，大学生正确评估自我是不可缺少的一个步骤，是职业生涯规划的基础，关系到职业生涯的成功与否。

一个有效的职业生涯设计，必须是在充分且正确地认识自身的条件与相关环境的基础上进行的。对自我及环境的了解越透彻，越能做好职业生涯设计。因为职业生涯设计的目的不只是协助你实现个人目标，更重要的是帮助真正了解自己。

在自我评估中，要通过科学认知的方法和手段，对自己的职业兴趣、气质、性格、能力等进行全面认识，清楚自己的优势与特长、劣势与不足。自我分析要客观、冷静，不能以点代面，既要看到自己的优点，又要面对自己的缺点，只有这样，才能避免设计中的盲目性，达到设计高度适宜。

（一）自我评估的内容

自我评估的内容包括自己的性格、兴趣、特长、学识、技能、思维、道德水准以及社会中的自我评估等。主要包括生理自我、心理自我、理性自我和社会自我这 4 个部分：

（1）生理自我，评估的内容主要包括自己的相貌、身体、穿着打扮等。

（2）心理自我，评估的内容主要包括自我的性格、气质、意志、情感、能力等方面的优缺点。

（3）理性自我，评估的内容主要包括自我的思维方式和方法、知识水平、价值观、道德水平等因素。

（4）社会自我，评估的内容主要包括对自己在社会上所扮演的角色，在社会中的责任、权力、义务、名誉，他人对自己的态度以及自己对他人的态度等方面。

通过回答以下问题也许可以更清楚地了解自己：

①你现在的年龄多大？现在处在求职期间还是职业发展时期？你的心态如何？

②你有什么需要？哪种需要占主流？是追求有更多的发展机会还是追求取得更多的收入？是追求工作的舒适，还是追求竞争中成功的成就感？什么样的工作能满足你的这种需要？

③你的兴趣爱好是什么？你是喜欢与人还是与事物打交道？是喜欢管理工作还是技术工作？

④你的智力水平如何？你有什么样的特殊能力？这些能力比较适合什么样的工作？

⑤你的性格属于哪种类型？这种类型又适合干什么样的工作？

⑥你的气质属于哪种类型？这种类型又适合什么样的工作？

⑦你的专业是什么？这专业与哪些工作对口？

⑧家庭对你的职业生涯有怎样的影响？如何避免负面影响，利用正面因素？

⑨你的人际关系如何？求职时能否用上？

（二）自我评估的方法

认识自我并不是一件易事，所以我们必须借助一定的方法，下面对 360 度评估法、橱窗分析法、自我测验法和计算机测试法进行介绍。

1. 360 度评估法

"360 度评估法"是进行自我认知的常见工具和方法，又称为多渠道评估法，是指通过收集与受评者有密切关系的、来自不同层面人员的评估信息，来全方位地评估受评者。通过评估反馈，可以获得来自多层面人员对受评者素质、能力等评估意见，比较全面、客观地了解有关受评者个人特质、优缺点等信息，作为受评者进行职业生涯规划及能力发展的参考（如图 2 - 2 所示）。

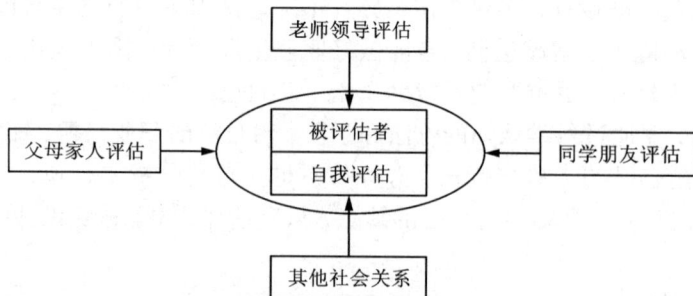

图 2 - 2   360 度评估法

2. 橱窗分析法

心理学家把对个人的了解比作橱窗，具体如图 2 - 3 所示。图中的横轴正向表示别人知道的部分，负向表示别人不知道的部分；图中的纵轴正向表示自己知道的部分，负向表示自己不知道的部分。这样，人对自我的认识就划分为了 4 个部分：

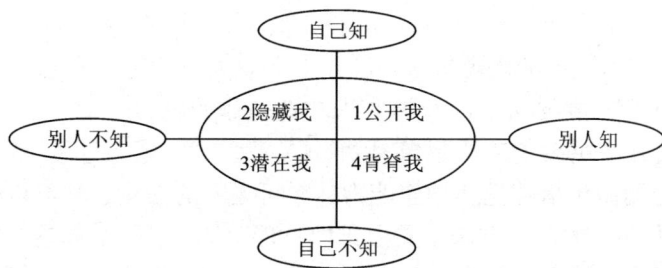

图 2 - 3　橱窗分析法

橱窗 1 为自己知道，别人也知道的部分，称为"公开我"，属于个人展现在外、无所隐藏的部分。

橱窗 2 为自己知道，别人不知道的部分，称为"隐藏我"，属于个人内在的私有秘密部分。

橱窗 3 为自己不知道，别人也不知道的部分，称为"潜在我"，是有待开发的部分。

橱窗 4 为自己不知道，别人知道的部分，称为"背脊我"，就如一个人的背部，自己看不到，别人却看得很清楚。

在进行自我分析的时候，重点要了解橱窗 3 和橱窗 4 这两部分。

"潜在我"是影响一个人未来发展的重要因素，许多研究表明，人类平常只发挥了极小部分的大脑功能。

"背脊我"是准确对自己进行评价的重要方面，如果你诚恳地真心实意地对待他人的意见和看法，就不难了解"背脊我"。

3. 自我测试法

只有通过测试手段了解自身的素质、潜能，才能够正确地做好职业生涯规划，自我测试法正是一种了解自我的工具。

自我测试法是通过回答有关问题来认识自己、了解自己的一种方法。测试题目由心理学家们经过精心研究设定，只要如实回答，就能大概了解自己的有关情况。这是一种比较简便经济的自我剖析方法，在回答问题时需要注意的是，不要为了寻找标准答案而去回答问题，应该是自己怎么想、怎么认识就怎么回答，这样的测试结果才有意义。有关自测的内容五花八门，常见的包括性格测试、人格测试、性情测试、气质测试、记忆力测试、应变力测试、想象力测试、智能测试、技能测试、分析能力测试、行动能力测试、管理能力测试、情绪测试、人际关系测试等。

4. 计算机测试法

计算机测试法是一种了解自己、认识自己的有效的现代测试手段。这种方法的科学性和准确性相对于自我测验法更高。由于计算机的发展和普及，各种认识自我的测试软件纷纷出台，为我们了解自己提供了便利，国内外比较常见的测试方法有：

（1）人格测试。人格测试方法有明尼苏达多项人格测验（MMPI）、卡特尔人格测验、艾森克人格问卷以及瑟斯顿人格测验等。

（2）智力测验。智力具有隐蔽性和抽象性的特点，很难直观地把握，因此有必要了解些智力测验的方法,以便于我们开发与选择合适的智力测验工具,提高自我剖析的水平。目前较常用的智力测试有司丹福—比内智力量表、韦克期勒智力量表和瑞文推理量表、威斯曼人员分类测验(PCT)、基本成就测验(FAS)、高级人员测验(APT)等。

(3)能力测验。能力测验的内容较多,可分为文职人员能力与机械能力两种。文职人员是指工作地点在办公室,主要从事创造力要求较低工作的脑力劳动者,如出纳、秘书、干事等,这类人员的测试方法主要有:明尼苏达办事员测验、一般办事员测验、简短雇佣测验(SET)等。机械能力测验包括感觉和动作能力、空间关系的知觉、学习机械事务的能力以及理解机械关系的能力等。测验的方法主要由贝内特理解测验,明尼苏达拼版测验等。

(4)职业倾向测验。职业能力的大小及其发展,与任职者对职业的倾向与兴趣有很大关系。主要的测验手段有:爱丁堡职业倾向问卷、男性职业兴趣问卷、库德职业偏好记录、明尼苏达职业兴趣问卷表等。

【自我评估练习】

活动(目标):

第1步:我现在处于什么位置?(了解目前职业现状)

思考一下你的过去、现在和未来。画一张时间表,列出重大事件。

第2步:我是谁?(考察自己担当的不同角色)

利用3~5卡片,在每张卡片上写下"我是谁"的答案。

第3步:我喜欢去哪儿?我喜欢做什么?(这有利于未来的目标设置)

思考你目前和未来的生活。写一份自传来回答三个问题:你觉得已经获得了哪些成就?你未来想要得到什么?你希望人们对你有什么样的印象?

第4步:未来理想的一年(明确所需要的资源)

考虑下一年的计划。如果你有无限的资源,你会做什么?理想的环境应是什么样的?理想的环境是否与第三步吻合?

第5步:一份理想的工作(明确所需要的资源)

现在,思考一下通过可利用资源来获得一份理想工作。考虑你的角色,资源,所需的培训和教育。

第6步:通过自我总结来规划职业发展(总结目前状况)

是什么让你每天感到心情愉悦?

你擅长做什么?人们对你有什么印象?

未达到目标,你需要什么?

在向目标进军的过程中,你会遇上什么阻碍?

你目前该做什么,才能迈向你的目标?

你的长期职业生涯目标是什么?

三、生涯机会评估

生涯机会评估主要对内、外环境进行分析,确定这些因素对自身职业生涯发展的影响。在制定个人的职业生涯规划时,要分析环境条件的特点、环境发展变化情况、自己与环境的关系、自己在这个环境中的位置、环境对自身的要求、环境给自身带来的利弊等,以此来确定生涯机会的大小，使生涯规划更具有实际意义。

对生涯机会的评估，主要从组织环境和社会环境两方面进行考察，一般来说，短期的职业生涯规划更注重对组织环境的分析，长期的职业生涯规划更注重对社会环境的分析。

（一）对组织环境的了解

组织环境对个人的职业生涯有着很大的影响，当组织环境适合个人发展时，个人更易取得职业上的成功，从组织环境的内容上来看，对组织环境的了解主要包括以下 5 个方面。

1. 组织特征

包括企业的行业属性、产品的组合结构、生产的自动化程度、产品的销售方式等，它们决定了这个企业内员工的发展空间。此外，对企业的类型应给予关注：该企业是资本密集型的还是劳动密集型？自己在这样的环境中有多大的发展空间？该企业所需要的是纯技术人才还是技术创新人员或管理人员？自己是否适合这种需要？

2. 组织发展战略

每个企业都有自己的发展目标，企业的活动都是围绕着企业发展这个目标而进行的，因此，对人才的需求也体现在这个方面。如果企业处在新领域的开发期，他对这个新领域的人才的需求就会增加，如果企业进行结构调整，则这个机会对某类人来说是一个难得的机遇，大学生在求职时，如果能了解到有关组织的发展战略，对选择职业是再好不过了。

3. 组织文化

企业的文化是否适合自身的价值观？自己经过调整能否适应？

4. 组织人力资源状况

企业中职工的年龄状况、企业的晋升制度、绩效考核制度、薪酬制度、培训制度等等，这些都是职业生涯规划时应考虑的。

5. 组织的人力资源规划

大型企业的人力资源规划能使人预测到组织的人力资源需求总量和人力资源供给总量，从而能使求职者或在职员工知道自己在企业内，是否有机会或有什么样的机会，从而制定合理的职业生涯规划。

（二）SWOT 分析法在大学生职业选择中的运用

1. 构建 SWOT 矩阵

大学生通过与他人的比较，考察自己周围的职业环境，认清自身的优势和劣势，以及周围职业环境的机会和威胁，并根据这些因素构建个体的 SWOT（Strengths Weaknesses Opportunities Threats）矩阵。通过矩阵，可以看到自身的竞争力和发展机会，同时也能认识到自己的不足和外在威胁。

大学生在进行 SWOT 分析时，可以采取多种方法来确定自己的优势和劣势、机会与威胁。特别是个体自身的优势和劣势，这两个因素是影响和决定个人职业生涯的关键性因素，因此必须要认真、客观地对自己进行分析。一个刚毕业的大学生，其优势可能包括：①主要经历和体验。如曾经参与学校活动、社会实践、获得过的荣誉等。②教育背景。自身受教育或培训状况、在校期间有哪些专业课程方面的积累、除了专业方面的学习以外还有何种特长、参加过什么样的学校组织与学校活动、担任过何种职务等。③最成功的事件分析。通过对过去成功事件的分析，可以发现自我性格优越的一面，如坚强、果断等。

个人的劣势可能有很多方面，但最主要的两方面包括：①性格缺陷。必须对自身重要的性格缺陷有正确的认识。②以往失败的经验或能力的缺陷。在分析过程中，将那些对你的人生选择和长远发展有直接的、重要的、很多的、迫切的、长期的影响因素优先排列出来，而将那些间接的、次要的、少许的、不急的、短暂的影响因素排列在后面。

　　将以上调查和分析得出的各种因素根据轻重缓急或影响程度等排列方式，构建 SWOT 矩阵（见表 2 - 5）。

表 2 - 5　个体职业决策中的 SWOT 矩阵

	优　势	劣　势
内部因素	指个体可控并可利用的内在积极因素： · 工作经验 · 教育背景 · 丰富的专业知识和技能 · 特定的可转移技巧（如沟通、职业道德、团队合作、领导能力等） · 人格特性（如职业道德、自我约束、承受工作压力的能力、创造性、乐观等） · 广泛的个人关系网络 · 在专业组织中的影响力	指个体可控并努力改善的内在消极因素： · 缺乏工作经验 · 学习成绩差或一般 · 缺乏目标，且对自我的认识不足 · 较差的领导能力、人际交往能力、沟通能力和团队合作能力 · 较差的寻找工作的能力 · 负面的人格特性（如职业道德较差、缺乏自律、缺少工作动机、害羞、性格暴躁等）
	机　会	威　胁
外部因素	指个体不可控但可以利用的外部积极因素： · 就业机会增加 · 专业领域急需人才 · 专业晋升的机会 · 职业道路选择带来的独特机会 · 地理位置的优势 · 强大的关系网络	指个体不可控但可以使其弱化的外部消极因素： · 就业机会减少 · 由同专业的大学毕业生带来的竞争 · 具有丰富技能、经验、知识的竞争者 · 名校毕业的竞争者 · 专业领域发展有限

2. 制定策略

　　在完成内外因素分析和 SWOT 矩阵的构造后，便可以制定出相应的策略，以发挥优势因素、克服劣势因素、利用机会因素、化解威胁因素。运用系统分析的综合分析方法，将排列的各种环境因素相互匹配起来加以组合，得出一系列适合自己的可选择对策。这些因素包括：

　　（1）WT（Weakness Threat）策略，即考虑劣势和威胁因素，目的是使这些因素都趋于最小。比如成绩不好，就有必要在以后更加努力学习；社交能力不强，就要多参加社会活动。

　　（2）WO（Weakness Opportunity）策略，即考虑劣势和机会因素，目的是努力使弱点趋于最小，使机会趋于最大。比如说虽然所在学校一般、专业偏冷，但是目前就业市场上对于复合型人才需求旺盛，如果你的综合素质足够好的话，这方面的因素对你的影响就会很小。

　　（3）ST（Strength Threat）策略，即考虑优势和威胁因素，目的是努力使优势因素趋于最大，使威胁因素趋于最小。

　　（4）SO（Strength Opportunity）策略，即考虑优势和机会因素，目的在于努力使这两个因素都趋于最大。比如说你的英语基础很好，就可以在今后继续加强这方面的优势，使它成为你各项素质中最具竞争力的要素。这应该是 4 个策略中最重要的,因为很多劣势是很难弥补的,与其着重于加长短板,还不如突出优势。

3.SWOT 分析结果的实际运用

在明确自身的优势和劣势、外在威胁和机会,并制定一系列的策略之后,就可以根据这些因素确定个体的职业发展道路。

【案例评析】

以下是一名人力资源管理专业本科生小李(女)职业生涯规划中的 SWOT 分析,我们以此为案例,来详细阐述如何在个人职业生涯决策中运用 SWOT 分析结果。

原为某校专科生的小李,经过专升本考试考上了原校本科生,在校期间专业和英语成绩优秀,多次获得学校奖学金,且一直在校担任学生会主要干部,还曾多次获得校内外各种活动奖项。性格外向,交际能力较强,但容易情绪化,考虑问题不够全面,没有相关的工作经历。她的目标是在企业谋取一份人力资源管理部门的工作。

分析:根据 SWOT 分析法,我们首先对个案进行自身优、劣势分析,以及周围职业环境的机会、威胁分析,然后在这些分析结果的基础上制定出各种相关策略,整合后最终确定小李同学应该谋取一份在大中型企业(重点考虑外资企业)人力资源管理部门的工作(见表 2-6)。

表 2-6　个体职业决策过程中 SWOT 结果的实际运用

外部环境分析(OT) 内部环境分析(SW)	机会(Opportunity)	威胁(Threat)
	· 人力资源管理逐渐受到企业的重视 · 外资企业进入,导致人力资源管理人才需求量增大	· 人力资源管理在很多企业中仍然处于起步阶段,其运作很不规范 · 企业人事管理工作本身对从业人员素质的高要求 · 随着社会分工的细化,部分企业把人事管理交给专业人力资源公司进行管理
优势(Strength)	优势机会策略(SO)	优势威胁策略(ST)
· 专业对口,成绩优秀,学习能力较强 · 丰富的学生干部管理经历 · 思维活跃,学识较广博 · 善于与人沟通 · 英语成绩优秀	· 发挥担任学生干部的管理特长 · 发挥交际能力的特长 · 继续加强英语方面的优势,考取必要的证书	· 强调自身对口专业的优势 · 强调学生管理工作的经历对实际工作的帮助 · 强调较强的学习能力和适应能力
劣势(Weakness)	劣势机会策略(WO)	劣势威胁策略(WT)
· 学历水平不算高 · 没有相关的实际工作经验 · 比较情绪化,易受外界影响,考虑问题不够全面	· 利用较强的学习能力 · 继续加强自己的专业学习,特别针对人力资源管理中某一领域的深入学习	· 考取人力资源管理专业研究生,提高学历 · 积极寻找重视员工潜能的企业 · 努力克制情绪化的影响

4. 使用 SWOT 分析法应注意的问题

由于 SWOT 分析法是通过对某一时段个体的内在与外在因素的分析而作出的决策，而分析中的各个要素是动态变化的，并非一成不变。这就要求大学生在使用 SWOT 分析法时要重视信息的及时反馈，密切注意市场环境的变化，以获取最新的就业趋势信息，注意到各个因素未来的发展，并根据各种变化及时修正和调整自身的 SWOT 矩阵，从而作出更准确的职业决策。

四、确定职业生涯目标

确立目标是制定职业生涯规划的关键，有效的生涯设计需要切实可行的目标，以便排除不必要的干扰，全心致力于目标的实现。如果没有切实可行的目标作驱动力 的话，人们是很容易对现状妥协的。

自我评估和职业生涯的评估为我们选择职业生涯目标提供了基础。在此基础上，我们能够根据自己的最佳才能、最优性格、最大兴趣、最有利的环境等信息，找出满意的方案，确定自己的职业生涯目标。

大学生如何确定职业生涯的目标呢，可以从一生的发展目标写起；然后分别制定 10 年、5 年、3 年、1 年计划，以及制定出一月一周一日的计划；在制定好职业生涯规划目标后，再从一日计划、一周计划、一月计划……实行下去，直到实现你的人生目标（见表 2 - 7）。

表 2 - 6　职业生涯目标制定举例

目标	内容
人生目标	你想成为什么样的人？ 你想做哪些大事或哪几件大事？ 你想成为哪一领域的佼佼者？ 你想发挥自己哪些方面的优势和特长？ 今后十年你想成为什么样子？ 事业上有什么成就？
10 年计划	你的家庭及健康水平如何？ 你的生活状态怎样，社会地位怎样？
5 年计划	将下年计划进一步具体，把目标进一步分解
3 年计划	使五年计划更具体，制定出自己的行动准则
明年计划	制定实现明年计划的步骤、方法和时间表，并确保这些是切实可行的
下月计划	包括下个月计划做的工作、应完成的任务、质和量的方面的要求。财务上的收支、学习计划、结识新朋友的计划等等
下周计划	在每周末提前制定好下周的行动计划，把下月的计划中的一部分分解在下周
明日计划	明天要做哪几件事，分清楚轻重缓急，制定出执行的顺序和相应事情对应的时间

五、选择职业生涯路线

职业生涯路线指一个人是确定向专业技术方向发展还是向行政管理方向发展，或其他发展方向。发展路线的不同，对个人的要求也不一样，即使在同一个职业，也分为不同的岗位。有的人适合做行政，可以向这个方向努力，成为一名优秀的管理者；有的人适合做研究，专心钻研的话可以在技术或学术上有重大突破；有的人适合经营，可以遨游商海。如果一个人错误地选择了与自身不相符合的职业生涯路线，那么，在他的职业生涯中更容易遭遇坎坷，成功难度更大。

典型的职业生涯路线是一个"V字形"图。假定23岁大学毕业，从这个起点开始，我们通过对自己的能力、性格、兴趣、价值取向、特长等因素的分析，对自己的职业目标定位会将是多种多样的。比如有些定位于做工程技术、有些定位在职业经理、有些定位当老板等。在做了职业定位后，还要对自己的职业的发展定出一个路线图。图2-4模拟了一位毕业生的职业路线图。

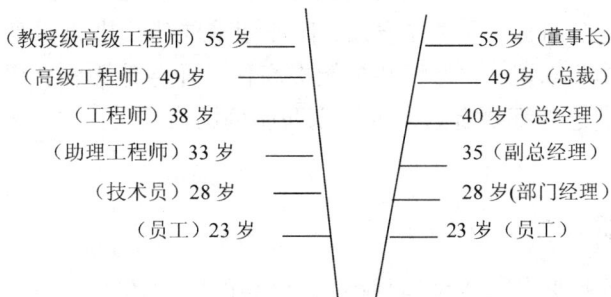

```
（教授级高级工程师）55 岁 ——        —— 55 岁（董事长）
（高级工程师）49 岁 ——              —— 49 岁（总裁）
（工程师）38 岁 ——                  —— 40 岁（总经理）
（助理工程师）33 岁 ——              —— 35（副总经理）
（技术员）28 岁 ——                  —— 28 岁（部门经理）
（员工）23 岁 ——                    —— 23 岁（员工）
```

图 2-4　职业生涯"V字形"图

职业生涯的选择可能不是从一而终的，中间也许会有变动，但无论如何选择均应朝向自己的职业生涯目标前进。例如，你可把你的职业生涯路线设计如下：在大学学习技术与管理知识——在政府部门锻炼自己的人际交往能力——到大企业担任中层管理员——到小公司担任高层管理员——成为大公司的高层管理员。

具体来说，选择路线应把握4条原则，择己所爱、择己所能、择己所需、择己所利，在保证前3个原则的基础上，追求就业收益最大化。在此基础上，考虑以下3个问题：

我想往哪一路线发展？

我能往哪一路线发展？

我可以往哪一路线发展？

回答以上3个问题，进行综合分析，以此确定自己的最佳职业生涯路线。

六、选择职业

职业的选择是人生事业的起点，直接关系到职业生涯的成功与失败。下面，我们谈谈大学生职业选择应考虑的要素。

Who(人)："我是谁""我具备什么物质与能力""我喜欢的生活方式是什么""我的专长何

在""父母对我有什么期望"等,考虑清楚这些有助于充分地认识自我,这是职业选择的基础。

What(事):做决定时,要清楚"我有哪些选择""我的问题在什么地方""我的决定会有什么影响"。

When(时):考虑时间的长短与事情的急迫性如"我的计划容许我有多少时间""缓冲期有多长""我预计完成的时间"等。

Where(地):即空间的因素。在我的职业目标中,"我向往什么样的工作环境与生活空间""居住地域与工作地点的距离多远""我应该住在什么地方"。

Why(为什么):思考"我为什么偏好这个而排斥那个""我职业选择的初衷是什么"。

How(如何):决定完毕后"怎样行动""如何取舍""如何达到目标""如何找工作""如何安排时间""如何运用时间"等。

七、制定行动计划与措施

在确定了职业生涯目标后,行动便成了关键的环节。没有目标的行动,也就谈不上事业的成功。这里所指的行动,是指落实目标的具体措施,主要包括工作、训练、教育、轮岗等方面的措施。例如,为达到目标,在工作方面,你计划采取什么措施提高你的工作效率? 在业务方面,你计划学习哪些知识、掌握哪些技能提高你的业务能力? 在潜能开发方面,采取什么措施开发你的潜能? 这些都要有具体的计划与明确的措施。而且这些计划要特别具体,以便于定时检查。

八、评估与反馈

俗话说"计划赶不上变化",影响职业生涯规划的因素诸多,有的变化因素是可以预测的,而有的变化因素难以预测。在变化的状况下,要使职业生涯规划行之有效,就须不断地对职业生涯规划进行评估与修订。修订的内容包括:职业的重新选择、职业生涯路线的选择、人生目标的修正、实施措施与计划的变更等。

(一)评估

生涯计划是大学生生活与职业发展的蓝图。虽然在制定职业规划的过程中,对内在和外在、主观和客观的因素考虑了很多,但是随着时间的推移这些因素会发生变化。因此,为了确保规划的可行性和有效性,必须随时对生涯规划的内容和成效加以评估。此外,在实施的过程中,也会发现当初作规划时未曾想到的问题与执行时的困难。为保证生涯规划的效果,在每实施一段时间后,有必要对计划执行的方法作一次评估。

(二)反馈与修订计划

实施生涯规划时,必须为日后可能的计划修改预留余地,修订的依据是每次成效评估后反馈回来的信息。至于计划修订的时机,必须考虑下列3点:

(1)定期检测预定目标的达成进度。

(2)每一阶段目标达成之时,要依据实际效果修订未来阶段目标可采用的策略。

(3)客观环境改变影响到计划的执行。

最后,还要不断地反省修正生涯目标,反省方案是否恰当,能否适应环境的改变,同时可以作为下轮生涯规划参考的依据。

【案例评析】

案例一：中南林业科技大学 2012 届毕业生小张，直到次年 3 月份还未落实工作单位。学校老师要去参加国家医药管理局的供需见面协调会，顺便将他的应聘材料带去帮他落实单位。刚好有一家制药厂要他，专业对口，又是家乡的企业。然而他本人的择业意向却要求单位地点必须在昆明市，至于到昆明的什么单位、具体做什么工作都无关紧要，除此以外，什么单位都不考虑。在这种心态下，结果自然难以如愿。

分析：小张的思想在当前毕业生的择业过程中具有一定的代表性。不少毕业生过于向往经济发达地区，尤其是沿海地区的中心城市，最低的期望也是回自己家乡所在省份的中心城市。他们只注重经济文化发达、工作环境优越的一面，而忽视了人力资源相对过剩的一面，择业期望值居高不下，甚至还有逐年上升的趋势，从而导致主观愿望与现实需求之间的巨大落差。

像小张这样过分看重单位所在地的毕业生不在少数。根据我们对中南林业科技大学 2008 届毕业生的抽样问卷调查，在衡量单位是否符合自己的标准时，有近 70% 的毕业生要选择国有企事业、机关等单位，有 60% 的毕业生要求单位地处大中型城市，愿意到急需人才的边远地区和艰苦行业的毕业生仅占 2%。

案例二：小王，男，2010 年毕业于某航空航天大学，所学专业是航空电器，先后转战了两家企业，一直从事电子工程方面的工作。大学选择工科不是他的本意，毕业后当了好几年的电子工程师，似乎注定这一辈子就要与技术工作打交道了。然而性格比较外向的他，更希望拥有比较开放的工作环境和发展空间。

由于对工作没兴趣，所以工作中他常常走神。技术工作需要极大的耐心，长时间跟机器打交道，与人交往较少。而这与小王希望与人交往的外向性格大相径庭，有时到了休息日，需要交际时，他感觉自己话都说不利落了。一次在工作中，由于疏忽，他把电容的正负两极接错了，使得电容内部爆炸，把脸都炸黑了，他当时的想法就是，难道还要继续从事这个不感兴趣的职业吗？

不愿一辈子都在不喜欢的工作中度过的他便萌生了换行业的想法。一次在招聘网站上，他看到一家公司正在招聘拓展培训师，开放式的工作环境、需要乐观和多与人接触的工作性质使他对这份工作一见钟情。虽然过了招聘截止日，但他还是满怀希望地写了一封热情洋溢的信并附上简历，表明了自己对这个职位的热切渴望。终于，热情打动了公司，当他收到面试通知时，他感到自己的希望来了。

通过第一轮面试后，所有面试者要一起感受拓展训练，并进行二次淘汰，时间定于 15：30 半在公司集合。而由于非常激动，他 14：00 就赶到了公司。在对方热情的招待之后，他便坐在一旁看起了报纸，不时地还能乐出声来。小王当时非常开心，心里想着，这正是我想要的工作环境。每进来一个面试者，他就主动与他们打招呼，并与他们攀谈。到拓展训练选队长时，由于大家都认识他，所以就一致推选了他，这也给了他更多的表现机会。后来，其他面试者告诉他，刚进来时还以为他是公司的接待人员呢。终于到了最后的决胜阶段，需要到北京进行最后一轮的竞争，小王也必须面临一次重要的选择。小王当时在一家法国公司度过实习期刚站住脚，并受到了领导的认可。而到北京参加最后一轮竞争至少需要半个月时间，公司绝对不可能给他这么长的假期，也就意味着想要竞争这个职位就要放弃现在待遇较好的工作，去竞争一个不一定能成功的职位，也许会赔了夫人又折兵。是安于现状选择使生活有所保障的职业，还是铤而走险辞职到北京一搏？选择只在一念之间，在犹豫了几天之后，还是拓展培训师的职业吸引了他，对兴趣的渴望胜过了一切。而当他把这个决定告诉那家法国公司的老板时，老板感到非常意外，在劝过他之后，只留下一句话：如果你什么时候想通了，这里随时欢迎你回来。

拓展培训师是个需要体力的工作。小王从大学开始每逢周末就外出登山、野营，上班前下班后也总是坚持长跑和运动，为这次竞聘打下了良好的基础。而且在大学时他就感觉自己不可能一辈子只做技术，所以非常注重培养自己的管理能力，积极加入学生会，并担任了秘书长一职。在组织学校活动的过程中体会到了管理的乐趣，并开始阅读管理方面的书籍，在许多人在为恋爱忙碌的时候，小王却经常在图书馆埋头苦读一整天。他也曾想过自己现在看的书与以后的工作毫无关系，是不是浪费时间，但兴趣让他坚持了下来，最终他的努力在此次竞聘中有了用武之地。

分析：最优秀的可能不一定是最合适的，企业需要的是最合适的人才。此次招聘培训师的工作职责是负责培训课程的教学实施和参与部分培训课程的开发与设计。职位要求正直诚信、善于沟通、富有亲和力和感染力、向往健康阳光的生活方式、热爱培训事业、学习能力强、勇于接受挑战、组织能力强、富于团队精神、思维敏捷、有良好的口头表达能力和应变能力、心理素质优秀、能在压力下高质量地完成工作。小王的求职过程表现出他对这一职业有强烈的热情，并可以展现他的协作能力和沟通能力与拓展培训师一职非常匹配，而这也是求职者特别是大学生在找工作时应该注意的，考虑自己的特质与这个岗位是不是匹配的，而不是盲目地选择。另外，小王的自我培养，可以使求职者得到非常重要的一点启示是：在今后的职业生涯发展过程中应该根据兴趣来塑造自己，发挥自己的长处，这样才能培养出核心竞争力，找到合适的岗位。

第三章　自我探索

　　职业选择的正确与否，直接关系到人生事业的成功与失败。职业选择的前提是个体差异和社会职业的多样性。心理学的研究表明，人与人之间的差异最主要表现在身体素质、智力和个性特征上。个体差异的存在决定了不同个体对于某种职业的适应性不同。而现代社会职业种类繁多、千差万别，不同的时代背景和社会环境下，每种职业因其自身性质和内容等差异，对求职者的要求也有所不同。充分了解自己的个性特征，科学地判断所处的外部环境，从而选择适合自己的职业，这是事业成功的前提。一般说来，大学在职业选择过程中，要充分考虑兴趣与职业的匹配、性格与职业的匹配、气质与职业的匹配、能力与职业的匹配和职业价值观与职业的匹配。

第一节　兴趣探索

一、兴趣的含义及发展阶段

（一）兴趣的含义

　　兴趣是一个人力求认识、掌握某种事物和社会的兴趣。兴趣可分为物质兴趣、精神兴趣、社会兴趣。物质兴趣表现为对物质的迷恋和追求，与人的需要相关联，例如收藏的兴趣；精神兴趣主要指对文化、科学、艺术的迷恋和追求，例如写作、绘画、书法、摄影、发明创造等兴趣；社会兴趣主要指对社会工作的组织活动等。

　　兴趣还可分为直接兴趣和间接兴趣。某人喜欢跳舞、打球，可能是因为这些活动本身对他有吸引力，通过这些活动会使其获得愉快和满足，这种对活动本身的兴趣就是直接兴趣；也有人可能感到学外语是一件很枯燥的事情，但对他仍然兴趣很浓，这并不是学外语本身会给他带来轻松愉快，而是学外语可以继续攻读学位，可以直接了解国外最新专业信息，可以找到称心如意的工作，可以出国学习或交流等，是这些结果在吸引他学习。这种对活动结果的兴趣就是间接兴趣。直接兴趣和间接兴趣是可以相互转化的，也是可以相互结合的，从而更有效地调动人的积极性。

（二）兴趣的发展阶段

　　从兴趣地发生和发展来看，一般要经历3个过程：有趣—乐趣—志趣。

　　有趣是第一阶段，也是兴趣发展的低级水平，它往往易起易落，转瞬即逝，非常不稳定。处于这一阶段的兴趣常常与人们对某一事物的新奇感相联系，随着这种新奇感的消失，兴趣也会自然的逝去。

　　乐趣是第二阶段，乐趣又称为爱好。它是在有趣定性发展的基础上形成，是兴趣发展的中级水平。在这一阶段或水平上，人们的兴趣会向专一、深入的方向发展。如一个人对无线电很有乐趣，他不但会学习这方面的知识，还会亲自装配和修理，并参加有关的兴趣小组活动。

志趣是第三阶段，当乐趣同一个人的社会责任感、理想、奋斗目标结合起来时，乐趣便转化为志趣，它是兴趣发展的高级水平。志趣是取得成就的根本动力，是成功的重要保证，具有社会性、自觉性和方向性3个特点。

二、兴趣在职业活动中的作用

获得诺贝尔物理奖的华人丁肇中曾经说过："兴趣比天才重要。"

（一）兴趣是成功的起点

如果一个人选择的职业与自己的兴趣相吻合，那么他的主动性将会得到充分发挥，就会产生一种动力，自动工作、自动学习、自动钻研，即使十分疲倦和辛劳，也总是兴致勃勃，心情愉快；即使困难重重也绝不灰心丧气，而是能想尽办法，百折不挠地去克服它，甚至废寝忘食，如醉如痴，并有可能收获意外的惊人发现。如果一个兴趣与职业不相符合，那么他的工作始终是被动的，有些是应付的心态，当然也就不会有所建树。

古今中外的著名科学家、文学家、艺术家，往往是在强烈的兴趣推动下，经过探索和追求而取得成功的。爱迪生就是个很好的例子，他几乎每天都在实验室里辛苦工作十几小时，在那里吃饭、睡觉，但丝毫不以为苦，"我一生中从未间断过一天的工作"。他宣称："我每天其乐无穷"。达尔文、爱因斯坦、李四光、陈景润等著名科学家获得巨大成就的最初动力也来自兴趣。可以说，谁找到自己感兴趣的职业，谁就有可能踏上成功的道路。

（二）兴趣可以开发人的智力和能力，激发人们积极地进行探索和创造

兴趣是一种强大的精神力量，它可以使人们全神贯注的获得知识，积极热情、富有创造性地开展工作。当一个人对某事物感兴趣时，就会激发起他对该事物的求知欲和探索热情，促使他充分调动整个身心的积极性，使情绪饱满，智能和体能进入最佳状态，最大限度地施展才华，挖掘潜力，发挥他的主动性和创造性。反之，"牛不喝水强按头"是不会取得好的效果的，当然也就不可能充分发挥一个人的聪明才智。

（三）兴趣可以增强人的职业适应性

兴趣可以通过工作动机促进能力的发挥，兴趣和能力的合理结合可以大大提高工作效率。研究资料表明，如果一个人对工作有兴趣，就能发挥全部才能的80%～90%，且能长时间的保持高效率而不感到疲劳；相反，如果对工作不感兴趣，就只能发挥其全部才能的20%～30%，也容易感到疲劳、厌倦。

三、兴趣与职业的匹配

兴趣是最好的老师，也是最初的源动力。从事一项自己喜欢的职业，职业生涯就会变得更有趣、更有意义，也更容易获得职业满意与成功，很多成功的事例都证明了这一点。被世人视为球王的贝利曾说过："我热爱足球，足球就是我的生命！"正是对足球的热爱才使贝利步入足坛，把踢球作为他终身的职业目标，也正是足球给他带来了无穷的乐趣、荣誉和财富。因此，在选择职业时，大学生应该明确自己的兴趣类型，寻找与此兴趣类型相匹配的职业。表3-1列出了12种兴趣类型以及与之相适应的职业供参考。

表 3－1 兴趣类型与相适应的职业

序号	兴趣类型	特点	相适应的职业
1	喜欢与工具打交道	这类人喜欢使用工具、器具进行劳动的活动，而不喜欢从事与人或动物打交道的职业	修理工、木匠、建筑工、裁缝等
2	喜欢与人接触	这类人喜欢与他人接触的工作，他喜欢销售、采访、传递信息一类的活动	记者、营业员、邮递员、推销员等
3	喜欢从事文字符号类工作	这类人喜欢与文字数学表格等打交道的职业	会计、出纳、校对员、打字员、档案管理员、图书管理员
4	喜欢地理地质类的职业	这类人喜欢在野外工作	勘探工、钻井工、地质勘探人员
5	喜欢生物、化学和农业类职业	这类人喜欢实验性的工作	农技员、化验员、饲养员
6	喜欢从事社会福利和助人的工作	这类人乐于助人，试图改善他人的状况，喜欢独自与人接触	医生、律师、教师、护士、咨询人员
7	喜欢行政和管理的工作	这类人喜欢管理人员的工作，愿意作别人的思想工作，他们在各个行业中起着重要的作用	辅导员、行政管理人员等
8	喜欢研究人的行为	这类人喜欢谈论涉及到人的主题，他们喜欢研究人的行为举止和心理状态	心理学工作者，哲学、人类学研究者
9	喜欢从事科学技术事业	这类人喜欢科技工作类活动	建筑师、工程技术人员
10	喜欢从事想象的和创造性的工作	这类人喜欢需要有想象力和创造力的工作，喜欢创造新的式样和方法	演员、作家、创造人员、设计人员、画家等
11	喜欢从事操作机器的技术工作	这类人喜欢运用一定的技术，制造产品或完成其他任务	驾驶员、飞行员、海员、机床工等
12	喜欢从事具体的工作	这类人喜欢制作能看得见，摸得着的产品，希望很快看到自己的成果，他们从完成的产品中得到自我满足	厨师、园林工、农民、理发师等

根据分类，一种兴趣类型可以对应许多种职业，同时绝大多数的职业也都与几种兴趣类型的特点相近，而每个人往往又同时具有其中几种类型的特点。假如你要成为一名护士，那你就应有愿与人打交道（类型2）、愿热心助人（类型6）、愿做具体工作（类型12）这3方面的兴趣类型；如果你对其中的某一方面缺乏兴趣，那就应努力培养和发展这方面的兴趣，以适应护士职业的要求，否则，还是选择更适合你兴趣类型的职业为好。

第二节 能力探索

一、能力的概念

所谓能力，是指顺利完成某一活动所必需的主观条件。能力是直接影响活动效率，并使活动顺利完成的个性心理特征。能力总是和人完成一定的活动联系在一起，离开了具体活动既不能表现人的能力，也不能发展人的能力。能力的发展随年龄增长而变化，具有一定的规律性。能力的分类方法很多，按照其表现范围可分为一般能力和特殊能力。

一般能力是指从事任何活动所必须具备的能力，如观察能力、记忆能力、抽象概括能力、想象能力、创造能力、注意能力等，通常也叫智力，是能力中最主要的部分。体现于职业活动中的一般能力主要有：言语能力、数学能力、逻辑推理能力、空间关系能力、机械能力等。

特殊能力是指在完成某种特殊职业或专业活动所必须具备的能力，如数学计算能力、音乐绘画能力等能力均属于特殊能力。人们从事任何一项专业性活动及需要一般能力，也需要某些特殊能力。特殊能力以一般能力为基础，但又不同于一般能力，是某些职业的必备能力。如高水平画家、服装设计师等就需要特殊的色彩选择与搭配能力。

二、能力的分类

在日常生活中，我们也许会把技能与能力混淆，但在心理学角度，这两者是有区别的。技能是指经过后天学习和练习培养而形成的能力，如阅读能力、人际交往能力、表达能力等。现实生活中，个人的能力水平往往是能力和技能两方面的结果。对个人技能的认识，建立在对技能分类的了解上。辛迪·梵和理查德·鲍尔斯（Sidney Fine & Richard Bolles）将技能分为以下 3 种类型。

（一）知识技能

知识技能是指那些需要通过教育或者培训才能获得的特别的知识或技能，也就是个人所学习的科目、所获得的知识，知识技能不可迁移。

知识技能并非只有通过正式的专业教育才能获得，除了学校课程外，课外培训、专业会议、讲座、研讨会、自学、资格认证考试等都可以帮助个人获得知识技能，此外，很多公司也为新员工提供相关的上岗培训。

（二）自我管理技能

自我管理技能常被看作是个性品质而非技能，因为它们被用来描述或说明人具有的某些特性。例如，是勇于创新还是循规蹈矩、是认真还是敷衍了事、是否对工作有热情、是否自信等。

各种人格特质或特征可以有自我管理技能可适用。这些技能常常被看作是正面的、积极的，因为你利用它来建设性的应对周围的环境。自我管理技能无论是一个人先天具有的还是后天习得的，都需要练习。他们可以从非工作（生活）领域迁移转换到工作领域，也就是说，耐心、负责、热情、敏捷这些并不是通过专门课程学习的，而是在日常生活中随时随地培养的。我们在描述个人的自我管理技能时通常是以形容词或副词的形式出现的，如学术性强的、活跃的、胆大的、考虑周到的、深思熟虑的等。

（三）可迁移技能

可迁移技能（或称通用技能）就是一个人会做的事，比如教学、组织、说服、设计、安装、帮助、计算、考查、分析等。可迁移技能也是个人最能持续运用和最能够依靠的技能。

随着信息时代的到来，新技术的发展日新月异，知识的更新换代不断加快，意味着个体需要不断学习新知识才能跟上时代的发展。正因如此，当今的时代越来越强调"终身学习"。学习能力（可迁移技能）已经比拿到某个专业的硕士文凭（知识技能）更为重要。

三、能力与职业的匹配

能力是求职者开启职业大门的钥匙。我国近代职业教育的倡导者黄炎培先生说："一个人职业和才能相当不相当，相差很大。用经济眼光看，要是相当，不晓得增加多少效能，要是不相当，不晓得埋没了多少人才。就个人而论，相当，不晓得有多少快乐；不相当，不晓得有多少怨苦。"大学生只有选准了与自己能力倾向相吻合的职业才能如鱼得水，否则，就会影响职业活动的效率。

（一）能力与职业能力

能力是指一个人顺利完成某种活动所必须具备的心理特征。人与人之间存在着能力类型差异和水平差异。能力类型差异表现在个体能力发展方向的差异、能力发展早晚的差异。能力水平差异指能力有4级：能力低下、能力一般、才能、天才。

职业能力是在职业活动中发展起来的，直接影响职业活动效率，使职业活动得以顺利完成的心理特征。职业能力一方面要在职业活动中形成和发展，并在职业活动中表现出来；另一方面，从事某种职业又必须以一定的能力为前提。社会分工的发展，使得人们从事的职业领域日益扩大，因而具体的职业能力模式是非常丰富的。

美国的一般能力倾向测验（GABT）鉴定了9种能力。分别为：一般学习能力、言语能力、数理能力、判断能力、图形知觉能力、符号知觉能力、运动协调能力、手指灵活度、手腕灵巧度。该测验可帮助确定在8大类32小类职业领域内的职业能力，被认为是职业指导中较好的测验。

而加拿大《职业人类词典》则把职业能力分为11个方面。包括智力和10个基本的特殊能力，其中前9种能力可以看出很明显地受美国GABT的影响。这11种能力都与一定的职业类型相适应。

（二）职业能力与相关职业

职业能力分为一般职业能力和特殊职业能力。

一般职业能力指人们从事不同职业活动所必需的共有能力（智力、智慧）。一般职业能力包括观察能力、记忆能力、想象能力、思维能力、注意能力等。

特殊职业能力指从事某种特殊职业所必须具备的能力（特长、专业能力）。特殊职业能力包括一般学习能力、言语能力、计算能力、空间判断能力、形态知觉能力等。

一般学习能力又称智力，它是指人的认识、理解客观事物并运用知识、经验等解决问题的能力。包括记忆能力、观察能力、注意能力，其核心是逻辑思维能力。一般学习能力是人在学习、工作、日常生活中必须具备、广泛使用的能力，职业或专业的水平越高，对人的一般学习能力的要求越高。

（1）语言表达能力，是指对词及其含义的理解和使用能力，对词、句子、段落、篇章的理解能力，以及善于清楚而正确地表达自己的观点和向别人介绍信息的能力。包括语言文字的理解能力和口头表达能力。不同的职业对人的语言能力要求不相同。例如，教师、营销员、公关人员等必须具备较好的语言表达能力。

（2）算术能力，是指迅速而准确地运算的能力。大部分职业都要求工作者有一定的算术能力，但不同的职业对人的算术能力要求的程度不同。例如会计、出纳、统计、建筑师等职业，对工作者的计算能力要求较高；而法官、律师、护士等职业对人的计算能力要求则一般。对于演员、话务员、厨师、理发师等工作来说对算术的能力要求相对就较低了。

（3）空间判断能力，是指能看懂几何图形、识别物体在空间运动中的联系、解决几何问题的能力。如果一个人爱好平面几何及立体几何并且学得很好，通常这个人的空间判断能力就比较强；与图纸、工程、建筑有关的职业，牙科医生、内外科医生等职业，对空间判断能力的要求较高；对裁缝、电工、无线电修理等工作来说，也要求具有一定的空间判断能力才能胜任。

（4）形态知觉能力，是指对物体或图像的有关细节的知觉能力。如对于图形的阴暗、线的长宽做出视觉的区别和比较，能看出其细微的差异。对于生物学家、建筑师测量员、制图员、农业技术员、医生、药剂师、画家等来说，需要较强的形态知觉能力；而对于历史学家、政治家、社会服务工作者、普通办公室职员来说，形态知觉能力的要求不高。

（5）事务能力，是指对言语或表格式的材料的细节的知觉能力，发现错字或正确地校对数字的能力等。像设计、经济、记账、出纳、办公室、打字等工作，都必须具备一定的事务能力。

（6）动作协调能力，是指能迅速准确和协调地做出精确的动作和运动反应的能力。对于驾驶员、飞行员、牙科医生、外科医生、雕刻家、运动员、舞蹈家来说，这种能力是非常重要的。

（7）颜色分辨能力，是指观察或识别相似或相异色彩，或对相同色彩明暗效果的感知能力。包括识别特殊色彩、识别调和色或对比色以及正确配色的能力。

（三）如何实现能力与职业的匹配

不同的职业对能力有不同的要求，每个人都有自己的优势和劣势。首先应注意的是能力类型与职业相匹配。如有的人擅长形象思维，有的人擅长逻辑思维，还有的人擅长具体行动思维。如果根据思维能力类型来选择职业，形象思维的人比较适合从事文学艺术方面的工作，逻辑思维的人比较适合从事哲学、数学等理论性强的工作，具体行动思维的人比较适合从事机械修理方面的工作。如果不考虑能力类型，而让其从事职业与能力不匹配的工作，效果就不会好。

随着生产力的日益提高，社会分工越来越细，各种职业都对人们提出了越来越高的要求。例如，想成为一名营销策划师，必须具有以下能力：

①主动性，旺盛的求知欲和强烈的好奇心；

②存疑性，对一切现存的事情不盲从，敢怀疑；

③洞察力，富有直觉，对环境有敏锐的感受力，对信息有准确的判断力；

④变通性，思路通畅，善于举一反三，闻一知十，触类旁通；

⑤独立性，较少的依赖性，不轻易附和他人，使自己的创意成功实施；

⑥独创性，不管有多少现成的好方法，策划人都必须有独出心裁的见解，与众不同的方法，要勇于弃旧图新，别开生面，要永远相信答案总比问题多；

⑦自信心，深信自己所做的事情的价值，一往无前，不达目的誓不罢休；

⑧坚持力，创意的完成需要百折不挠，锲而不舍的毅力和意志；确定目标后，就向着它坚定地走下去；

⑨兼容并包，策划人必须理解别人提出的创意，领会其创新的地方，并加以借鉴，以激活自己的思维，开发出更新更有效的方案和构想；

⑩想象力，它有利于揭开创造的序幕，缺乏想象力的人是当不了策划家的；

⑪严密性，需要严格的逻辑分析能力，才能使灵感的火花变成现实的财富；

⑫勇气，从事各类策划，尤其是营销策划，经常需要不惜冒险犯难。在营销策划过程中，所面对的往往是常人无法忍受的市场困境，要有大无畏的勇气。

从以上这些条件可以看出，现在职业对人的要求越来越高，一个人要想在各方面都有很强的能力，是不太可能的。因此在选择职业时，大学生应该充分了解自己的优势所在，选择能运用其优势能力的职业。大学生在了解了自己能力大小，并知道了这种能力在哪方面表现得更突出之后，再做出选择，往往会避免大的失误，这就是我们所说的扬长避短。

职业能力是一个人能否胜任工作的基本条件，强大的职业能力，是职业生活的有力支柱。一个只知道用微笑取悦顾客、缺少高水平的服务技能的服务员，不是一个好服务员；一个虽然爱学生，但不能卓有成效地向学生传授知识的教师，不是一个好教师；一个徒有救人之心、而无救人之术的医生，不是一个好医生。在今日校园中，外语热、电脑热此起彼伏，目的都是提高职业能力，为敲开职业大门做准备。"不怕无人用，只怕艺不精"，良好的职业能力，使大学生大有用武之地。

第三节 个性探索

个性是一个人区别于他人的，在不同环境中表现出来的、相对稳定的、影响人的外显和内隐性行为模式的心理特征的总和，个性主要包括气质和性格等。每个人都有与众不同的特性，个性与职业的最佳匹配使得我们成为更有效的工作者。因此，大学毕业生在择业时正确认识自己的个性类型是十分重要的。

一、气质的概念及其类型

（一）气质的概念

气质是指人们心理活动的速度、强度、稳定性和灵活性等方面的心理特征，是神经类型特征在人的行为上的表现。

（二）气质的类型

单一类型的人极少，大多数人属于混合型，但有所侧重。气质对人的职业有一定的影响，正确认识和对待气质，发挥某种气质的积极作用，避免消极作用，对选择职业、胜任工作和取得成就都有很大的帮助。气质的特点，将在很大程度上反映出一个人是否适宜从事某种职业，如果大学生了解自己的气质特点，将为他们选择职业提供重要参考。希波克拉底(Hip-pocrates)将气质分为4类：

(1)胆汁质的人属兴奋型，精力旺盛，为人热忱，态度直率，在克服困难上有不可遏制和坚韧不拔的劲头。但往往考虑不周全、性急、易于爆发狂热而不能自制。其工作特点带有明显的周期性，能以极大的热情投入工作，克服前进中的困难，他们很适宜从事开拓性的工作。但如果对工作失去信心，情绪顿转为沮丧，疲惫不堪。具有这种气质的人适合从事困难较大的工作。如导游、推销员、主持人、演讲者、外事接待人员、演员、督察等等。

(2)多血质的人有很高的灵活性，善于交际，很易适应新环境，在集体中容易处事，朝气蓬勃，机智敏锐，对新鲜事物敏感，他们宜从事反应迅速而敏捷的工作和多样化、多变的工作。这种人对什么都感兴趣，但情感易变，如果事业上不顺利，其热情可能烟消云散，由于这种人机智敏感，在从事多样化和多变的工作时，成绩卓越。他们很适应作反应迅速而敏感的工作，而且适合的工作最广，如：外交官、驾驶员、纺织工人、服务人员、医生、律师、运动员、新闻记者、演员、检票员、军人、公安干警等。

(3)粘液质的人是安详、平稳、坚定和顽强的实际劳动者。他们埋头苦干，不被无关的事情所分心，态度持重，交际适度。其不足是有些事情不够灵活，不善于转移自己的注意力。惰性使他因遁守旧。这种气质的人最适宜从事有条理的、冷静的和持久的工作，如外科医生、法官、管理人员、出纳员、播音员、话务员、会计、调解员等。

(4)抑郁质的人孤僻、敏感、多愁善感，犹豫不决、优柔寡断是其缺点，但优点是细心、谨慎、感受能力强，在友好团结的集体中，他们能与人融洽相处。这种人比较适合做要求细致的工作，如文字处理、排版、检验员、登录员、化验员、雕刻工作者、刺绣工作者、保管员、机要秘书等。

需要说明的是，气质并无好坏之分，任何一种气质都有其积极和消极的方面，气质并不决定一个人的社会价值和成就的大小。据有关专家研究，俄国四位著名的文学家就分别属于4种气质类型：如普希金属于热情、奔放的胆汁质型，赫尔岑属于活泼好动的多血质型，克雷洛夫属于稳重、寡言的黏液质型，果戈理则属于深沉、孤独的抑郁质型。现实生活中，纯粹属于某一气质类型的人也不多，多数人是几种气质兼而有之混合型。决定人行为的实际能力是性格特点，而性格是后天形成的，是可以锻炼改造的，只要扬长避短，每一种气质类型的人都可以在大部分职业中有所作为。所以，在选择职业时，大学生就要根据自己的气质特点来选择合适的职业。

二、气质与职业选择

气质特别表现在情绪产生的快慢，情绪体验的强弱，情绪心态的稳定性和持久性，情绪变化的幅度以及言语、动作的速度等方面。它使人的全部活动都染上某种特殊的色彩。具有某种气质的人，常常在不同内容的活动中，都会表现出相同方式的心理活动特点。因此，为了指导职业选择，将职业气质分为12种类型(见表3-2)。这12种气质类型及相应的职业分别是：

表3－2 气质类型与职业匹配表

气质类型	描述	适应的职业
变化型	这类人在新的、意外的活动或工作环境中感到愉快，他们喜欢工作内容经常有些变化，在有压力的情况下仓促工作往往很出色，追求多样化的工作，善于将注意力从一件事情转移到另一件事情上	记者推销员，采购员，演员、公安司法人员等
重复型	这类人适合反复做同样的工作，他们喜欢按照一个机械的、别人安排好的计划或进度办事，爱好重复的、有计划的、有标准的工作	纺织工、印刷工、装配工、电影放映员、机床工等
服从型	这类人喜欢按别人的指示办事，不愿自己独立做出决策，而喜欢让他人对自己工作负责任	秘书、办公室职员、打字员、翻译人员等
独立型	这类人喜欢计划自己的活动和指导别人的活动，他们在独立地负有职责的工作中感到愉快，喜欢对将来发生的事情做出决定	厂长、经理、各种管理人员、律师、医生、电影制片人等
协作型	这类人在与人协作工作时感到愉快，善于让别人按他们的意愿来办事，想得到同事的喜欢	社会工作者、咨询人员等
劝说型	这类人喜欢设法使别人同意他的观点，一般通过谈话或写作来达到目的。他们对别人的反应有较强大判断力，且善于影响他人的态度、观点和判断	思想政治工作者、宣传工作者、作家、教师等
机智型	这类人在紧张危险的情况下能很好地执行任务，面对突发事件，能主动控制局面、镇定自如	驾驶员、飞行员、消防员、救生员、潜水员等
经验决策型	这类人喜欢根据自己的经验作出判断。当别人犹豫不决时，他们能当机立断做出决定。他们喜欢那些服从直接经验或知觉的事情。必要时，他们会用直接经验和直觉来解决问题	采购员、股票经纪人、个体摊贩等
事实决策型	这类人喜欢根据事实做出判断，喜欢根据充分的证据来下结论，喜欢用调查、测验、统计数据说明问题	自然科学研究者、大学教师，化验员、检验员等
自我表现型	这类人在能表现自己和个性的工作环境中感到愉快。他们根据自己的感情做出选择，通过自己的工作表达自己的理想	演员、诗人、音乐家、画家等艺术、文艺工作者
孤独型	这类人喜欢单独工作，不愿与人接触	杂志编辑、校对、排版、雕刻等
严谨型	这类人喜欢注意细节的精确，他们按一套规则和步骤将工作尽可能做得完善。他们倾向于严格、认真地工作，以便保质保量地完成任务	会计、记账员、出纳员、统计员、档案管理员等

值得注意的是气质和职业之间是有一定的适应性关系的，而在现实中大学生的气质类型不一定能恰好符合职业要求，这时候该考虑的不是改变气质或改变职业，而是应当调整自己，使自己的气质与职业更加协调。

三、性格的概念及其特征

（一）性格的概念

性格是一个人独特的心理特征的总和。性格这个词最早是由著名的古希腊哲学家提奥夫拉斯塔首先提出来的，指的是人的特征、标志、属性、特性等。现代心理学家对性格的定义各不相同，其中比较一致的看法是："性格是一个人相对稳定的对现实的态度以及与之相应的习惯化的行为方式。"性格是个性的主要组成部分。近年来，国外用人单位在选人时出现一种新观念，即认为性格比能力重要，如果一个人能力不足，可通过培训提高，一年不行两年、两年不行三年，总可以培养出来。但一个人的性格不好，却很难改变，正所谓"山能移，性难改"。所以，这些单位在招聘新人时，将性格的测试放在首位，当性格与职业相吻合时，再对其能力进行考查。

（二）性格的特征

日常生活中的人群，性格特征千差万别，有人沉稳、谦逊、自信；有人活泼、好动、易冲动；有人直率、善交际；有人果断、勇敢、有韧性；有人孤傲、羞怯、不善言辞。在人际交往过程中有内向的，也有外向的；在情绪特征中上，有稳定型的，也有激动型的；在适应工作方面上，有的人积极进取，也有消极被动；在意志表现上有果断和优柔寡断之分。

要想认识自己的性格，就必须把握自己性格的基本特征，一般可以从4个方面来考察：

1. 性格的态度特征

性格的特征首先表现个体对社会、对集体、对他人以及对自己的态度上。包括富于同情心、善交际、为人正直、直率、谦虚、自信，或者与此相对立的冷漠、孤僻、自傲、拘谨、虚伪、自卑、羞怯等；在对劳动和工作的态度方面，相对立的有勤劳和懒惰、有无责任心、认真仔细或粗心马虎、有创新精神和墨守成规。

2. 性格的意志特征

即人在自己行为的自觉调节方式和水平方面的个人特点。如独立性、目的性、组织性、纪律性与冲动性、盲目性、散漫性；主动性、自制力、坚韧性、恒心与见异思迁、虎头蛇尾；镇定、果断、勇敢、顽强与优柔寡断、鲁莽、怯懦等。

3. 性格的情绪特征

性格的情绪特征是个体依据客观事物对人的不同意义而产生对该事物的不同态度，包括坚定性、乐观性，情绪的内外倾向性和波动性。一个人的情绪特征会影响他的全部活动。当情绪对个体活动的影响或个体对情绪的控制有某种稳定的、经常表现的特点时，就构成性格的情绪周期。

4. 性格的理智特征

个体表现在感知、记忆、思维和想象等方面的特点和个体差异叫做性格的理智特征。这些差异表现在感知特点上，可以分为被动直觉型和主动观察型、或详细罗列型和概括型、或粗略型和精细型。在记忆方面可表现为直观形象性或抽象形象性。在思维方面则可表现为思想深刻或肤浅、思维的稳定或不稳定型、善于独立思考或回避问题。在想象方面则可表现为现实感或脱离实际，内容广阔或狭窄等。

四、性格与职业选择

职业心理学研究表明，性格影响着一个人对职业的适应性，一定的性格适合从事一定的职业，同时，不同的职业对人也有不同的性格要求。因此，大学毕业生在考虑或选择职业时，应根据自己的性格来选择与个人性格相适应的职业，对组织而言，则应该根据职业要求挑选相应性格的人。人们通常将人的性格分为外向型和内向型。一般来说，外向型的人更适应与人接触的职业，比如管理人员、记者、教师、政治家、推销员等；内向型的人更适合有计划、稳定且与人接触少的职业，比如会计师、统计员、资料管理员、技术人员、科学家等。

（一）12 种典型性格

（1）刚毅型。刚毅性格的人大都锋芒毕露，喜欢独自决断。他们的优点是意志坚定、行为果断、勇猛顽强、敢于冒险，办事效率高，处理问题果断泼辣，善于在逆境中顽强拼搏。他们有魄力，敢说别人不敢说的话，敢做别人不敢做的事，阻力越大，个人的力量和智慧就越能发挥得淋漓尽致。遇事通常自己做主，不依赖他人，不迷信权威、长者，喜欢独立思考、独立工作。因此他们适合开拓性和决策性的职业，具有这种性格的人适合在政治、军事等领域发展。他们目标明确，行为方式积极主动、坚决果断，故多适合从事如政治家、社会活动家、行政管理、群众团体组织者等职业。

（2）温顺型。温顺型性格的人逆来顺受，随波逐流，缺乏主见，缺乏果断，常常因优柔寡断而痛失良机。但是，这种性格的人又有性情温和柔顺、慈祥善良、亲切和蔼、不摆架子、处事平和稳重的优点，他们能够照顾到各个方面，待人仁厚忠恕，有宽容之德。更重要的是，这种人有丰富的内心世界和敏锐的观察力，他们在艺术领域常常会如鱼得水。同时他们还擅长技能型、服务型工作，如秘书、护士、办公室职员、翻译人员、会计师、税务或专家型工作，如咨询人员、幼儿教师等。

（3）固执型。固执性格的人擅长独立和负有职责的工作，他们擅长于理性思考，办事踏实稳重，兴趣持久而专注。固执型的人在思想、道德、饮食、衣着上往往不追逐社会潮流，有保守的倾向，死抱住自己认为正确的东西，不肯向对方低头，不善于变通。但这种人又有立场坚定、直言敢说、倔强执著的优点。他们做事踏实、稳重，兴趣持久而专注；善于忍耐，沉默寡言，情绪不轻易外露；具有较强的自我克制能力，特别适合科研、技术、财务等工作。

（4）韬略型。韬略性格的人适合去做一些挑战性的工作，却不适合从事细致单调，环境过于安静的职业。这种人机智多谋而又深藏不露，思维缜密。心中城府深如丘壑，善于权变，反应也快，能够自制自律，临危而不惧，临阵而不乱。缺点是诡智多变，因而不容易控制，不宜选派这种人掌管财务、后勤供应等事。他们适宜从事具有关键作用和推动作用的工作。典型的职业有政府部门负责人、企业高中层领导、新闻发言人等。

（5）开朗型。开朗性格的人交友广阔，待人热情，生性活泼好动，处世圆滑，能赢得各方朋友的好感和信任。另外，兴趣容易变换，比较适宜从事商业贸易、文体、新闻、服务等职业。这些职业能够充分发挥出他们的性格优势。美国商业巨子艾柯卡就属于这种性格的人，他最喜欢说的一句话就是："追求你的热情，而不是你的养老金！"

（6）勇敢型。具有这种性格的人敢作敢当，富于冒险精神，意气风发，勇敢果断，有临危不惧的勇气。对自己衷心佩服的人能言听计从，忠心耿耿。适应能力强，在新的环境中能应付自如，反应迅速而灵活。勇敢是警察、企业家、领导者、消防员、军人、保安、检察官、救生员、潜水员等不可缺少的性格。

（7）谨慎型。性格谨慎的人思维缜密，办事精细、周全，讲究章法、井井有条；他们考虑问题既全面又深入，一旦他们找对了职业，经常会成为长盛不衰的人。谨慎性格的人生活比较有规律，不愿随便打破平稳的节奏；他们注意细节的精确，能按部就班完美地完成工作，适合做办公室和后勤等突变性少的工作，喜欢有规则的具体劳动和需要基本操作技能的工作。典型的职业有高级管理者、秘书、参谋、会计、银行职员、法官、统计、研究人员、行政和档案管理，以及与图纸、工程等打交道的工作。

（8）急躁型。有这种性格的人喜欢工作内容经常有些变化，喜欢追求工作中的新奇感和成就感，能对每一次挑战都全力以赴地去应付，并付出百般的热情。在有压力的情况下，他们的工作往往很出色，但在职场中，妨碍他们成功的危险源于追求事业成功的急迫心理。急于求成，往往事与愿违。他们追求多样化的活动，善于将注意力从一件事情转移到另一件事情上。他们适合做刺激性大而富于挑战的工作，典型的职业有记者、推销员、采购员、消防员、导游、节目主持人、演员、模特等。

（9）狂放型。对于性格狂放的人来说，行为狂放，桀骜不驯，自负自傲；为人豪放、豪爽，不拘小节，不阿谀奉承，常常凭借本性办事，做事好冲动，好跟着感觉走。一般具有想象力强、冲动、情绪化、理想化、有创意、不重实际等性格特征。这些人喜欢表现自己的爱好和个性，根据自己的感情来作出抉择，通过自己的工作来表达自己的理想。典型职业有创造型工作，如演员、诗人、音乐家、剧作家、画家、导演、摄影师、作曲家，或者是创意型工作，如策划、设计等。因此，他们在文学、音乐、绘画等领域往往会有惊人的成就，在那个天地中他们可以尽情地实现自己的理想和抱负。

（10）沉静型。性格沉静的人内心沉静、沉稳，沉得住气，办事不声不响。工作作风细致入微，认真勤恳，有锲而不舍的钻研精神，因此往往能成为某一个领域的专家和能手。他们感情细腻，做事小心谨慎，善于察觉到别人观察不到的微小细节；喜欢探索和分析自己的内心世界。一般来说，性格较为孤僻，容易过分地全神贯注于自己的内心体验，在别人看来，他可能显得冷漠寡言，不喜欢社交。这种人喜欢按照一个机械的、别人安排好的计划和进度办事，爱好重复的、有计划的、有标准的工作。适合从事稳定的、不需与人过多交往的技能性或技术性职业。典型的职业有医生、校对、装配工、工程师、播音员、出纳、机械师及教师、研究人员等。

（11）耿直型。具有这种性格的人胸怀坦荡，性情质朴敦厚，没有心机，有质朴无私的优点。情感反应比较强烈和丰富，坦白真诚，为人处世大大咧咧，心中藏不住事，大口没遮拦，有什么说什么，显山露水，城府不深。做事往往毛手毛脚、马马虎虎、风风火火。同时，因性情耿直、脾气暴躁、不善变通，有时会一味蛮干，不听劝阻，该说的说，不该说的也说，常常会给自己招来麻烦。具有这种性格的人适合从事具有冒险性、探索性或独立性比较强的职业，比如演员、运动员、航海、航天、科学考察、野外勘测、文学艺术等。

（12）善辩型。善辩性格的人有较强的社交能力，勤于独立思考，知识面广，脑子转得快，主意多，是出谋划策的好手。他们不愿循着前人的路子，因此多有标新立异的见解；能言善辩，能说会道；口才好，富有鼓动性、煽动性，与人交谈或演讲时往往旁征博引，滔滔不绝，常让一般人大开眼界；具有友善、善社交、善言谈、洞察力强等性格特征。适合从事公关、营销、广告、演讲、调解员、技术推广员、推销员、心理咨询师、经纪人、代理人等与外界广泛接触的职业。

以下是兰德公司经常使用的一套性格心理测试题，共包括15道题，同学们可以模拟测试一下，并将测试结果对照结果解释，看看自己具有什么样的性格特征。

【测试】

兰德公司性格心理测试题

本心理测试是由中国现代心理研究所以著名的美国兰德公司（战略研究所）拟制的一套经典心理测试题为蓝本，根据中国人心理特点加以适当改造后形成的心理测试题，目前已被一些著名公司，如联想、长虹、海尔等公司作为对员工心理测试的重要辅助试卷。

职业测试须注意：单选题，将第一反应作为最终的答案。把相应答案的分值加在一起即为你的得分。

1. 你更喜欢吃哪种水果？

A. 草莓 2 分　　　　B. 苹果 3 分　　　　C. 西瓜 5 分　　　　D. 菠萝 10 分

E. 橘子 15 分

2. 你平时休闲经常去的地方？

A. 郊外 2 分　　　　B. 电影院 3 分　　　C. 公园 5 分　　　　D. 商场 10 分

E. 酒吧 15 分　　　F. 练歌房 20 分

3. 你认为容易吸引你的人是？

A. 有才气的人 2 分　B. 依赖你的人 3 分　C. 优雅的人 5 分　　D. 善良的人 10 分

E. 性情豪放的人 15 分

4. 如果你可以成为一种动物，你希望自己是哪种？

A. 猫 2 分　　　　　B. 马 3 分　　　　　C. 大象 5 分　　　　D. 猴子 10 分

E. 狗 15 分　　　　F. 狮子 20 分

5. 天气很热，你更愿意选择什么方式解暑？

A. 游泳 5 分　　　　B. 喝冷饮 10 分　　C. 开空调 15 分

6. 如果必须与一个你讨厌的动物或昆虫在一起生活，你能容忍哪一个？

A. 蛇 2 分　　　　　B. 猪 5 分　　　　　C. 老鼠 10 分　　　D. 苍蝇 15 分

7. 你喜欢看哪类电影、电视剧？

A. 悬疑推理类 2 分　B. 童话神话类 3 分　C. 自然科学类 5 分　D. 伦理道德类 10 分

E. 战争枪战类 15 分

8. 以下哪个是你身边必带的物品？

A. 打火机 2 分　　　B. 口红 2 分　　　　C. 记事本 3 分　　　D. 纸巾 5 分

E. 手机 10 分

9. 你出行时喜欢坐什么交通工具？

A. 火车 2 分　　　　B. 自行车 3 分　　　C. 汽车 5 分　　　　D. 飞机 10 分

E. 步行 15 分

10. 以下颜色你更喜欢哪种？

A. 紫 2 分　　　　　B. 黑 3 分　　　　　C. 蓝 5 分　　　　　D. 白 8 分

E. 黄 12 分　　　　F. 红 15 分

11. 下列运动中挑选一个你最喜欢的（不一定擅长）？

A. 瑜珈 2 分　　　　B. 自行车 3 分　　　C. 乒乓球 5 分　　　D. 拳击 8 分

E. 足球 10 分   F. 蹦极 15 分

12. 如果你拥有一座别墅, 你认为它应当建立在哪里?

A. 湖边 2 分   B. 草原 3 分   C. 海边 5 分   D. 森林 10 分

E. 城中区 15 分

13. 你更喜欢以下哪种天气现象?

A. 雪 2 分   B. 风 3 分   C. 雨 5 分   D. 雾 10 分

E. 雷电 15 分

14. 你希望自己的窗口在一座 30 层大楼的第几层?

A. 7 层 2 分   B. 1 层 3 分   C. 23 层 5 分   D. 18 层 10 分

E. 30 层 15 分

15. 你认为自己更喜欢在以下哪一个城市中生活?

A. 丽江 1 分   B. 拉萨 3 分   C. 昆明 5 分   D. 西安 8 分

E. 杭州 10 分   F. 北京 15 分

评价:

180 分以上:

意志力强, 头脑冷静, 有较强的领导欲, 事业心强, 不达目的不罢休。外表和善, 内心自傲, 对有利于自己的人际关系比较看重, 有时显得性格急躁, 咄咄逼人, 得理不饶人, 不利于自己时顽强抗争, 不轻易认输。思维理性, 对爱情和婚姻的看法很现实, 对金钱的欲望一般。

140~179 分:

聪明, 性格活泼, 人缘好, 善于交朋友, 心机较深。事业心强, 渴望成功。思维较理性, 崇尚爱情, 但当爱情与婚姻发生冲突时会选择有利于自己的婚姻。对金钱欲望强烈。

100~139 分:

爱幻想, 思维较感性, 以是否与自己投缘为标准来选择朋友。性格显得较孤傲, 有时较急躁, 有时优柔寡断。事业心较强, 喜欢有创造性的工作, 不喜欢按常规办事。性格倔强, 言语犀利, 不善于妥协。崇尚浪漫的爱情, 但想法往往不切合实际。对金钱欲望一般。

70~99 分:

好奇心强, 喜欢冒险, 人缘较好。事业心一般, 对待工作, 随遇而安, 善于妥协。善于发现有趣的事情, 但耐心较差, 敢于冒险, 但有时较胆小。渴望浪漫的爱情, 但对婚姻的要求比较现实。不善理财。

40~69 分:

性情温良, 重友谊, 性格踏实稳重, 但有时也比较狡黠。事业心一般, 对本职工作能认真对待, 但对自己专业以外事物没有太大兴趣, 喜欢有规律的工作和生活, 不喜欢冒险, 家庭观念强, 比较善于理财。

40 分以下:

散漫, 爱玩, 富于幻想。聪明机灵, 待人热情, 爱交朋友, 但对朋友没有严格的选择标准。事业心较差, 更善于享受生活, 意志力和耐心都较差, 我行我素。有较好的异性缘, 但对爱情不够坚持认真, 容易妥协。没有财产观念。

第四节 职业价值观探索

一、职业价值观的概念和分类

（一）职业价值观的概念

职业价值观是指一个人对各种职业价值的基本认识和基本态度。在很大程度上决定了人们的政治和经济地位的明显差别。所以人们对某种社会地位的仰慕，也就是对这一社会地位所占有的职业的仰慕。由此产生了人们对社会不同职业的评价，也相应地形成了个人对待职业的态度，产生了职业价值观。

（二）职业价值观的分类

根据不同的划分标准，人们对职业价值观的种类划分也不同。美国心理学家洛特克（Milton Rokeach）在其所著《人类价值观的本质》一书中，提出 13 种价值观：成就感、审美追求、挑战、健康、收入与财富、独立性、爱、家庭与人际关系、道德感、欢乐、权利、安全感、自我成长和社会交往。我国学者阚雅玲将职业价值观分为如下 12 类：

（1）收入与财富。工作能够明显有效地改变自己的财务状况，将薪酬作为选择工作的重要依据。工作的目的或动力主要来源于对收入和财富的追求，并以此改善生活质量，显示自己的身份和地位。

（2）兴趣特长。以自己的兴趣和特长作为选择职业最重要的因素，能够扬长避短、趋利避害、择我所爱、爱我所选，可以从工作中得到乐趣、得到成就感。在很多时候，会拒绝做自己不喜欢、不擅长的工作。

（3）权力地位。有较高的权力欲望，希望能够影响或控制他人，使他人照着自己的意思去行动；认为有较高的权力地位会受到他人尊重，从中可以得到较强的成就感和满足感。

（4）自由独立。在工作中能有弹性，不想受太多的约束，可以充分掌握自己的时间和行动，自由度高，不想与太多人发生工作关系，既不想治人也不想被治于人。

（5）自我成长。工作能够给予受培训和锻炼的机会，使自己的经验与阅历能够在一定的时间内得以丰富和提高。

（6）自我实现。工作能够提供平台和机会，使自己的专业和能力得以全面运用和施展，实现自身价值。

（7）人际关系。将工作单位的人际关系看得非常重要，渴望能够在一个和谐、友好甚至被关爱的环境工作。

（8）身心健康。工作能够免于危险、过度劳累，免于焦虑、紧张和恐惧，使自己的身心健康不受影响。

（9）环境舒适。工作环境舒适宜人。

（10）工作稳定。工作相对稳定，不必担心经常出现裁员和辞退现象，免于经常奔波找工作。

（11）社会需要。能够根据组织和社会的需要响应某一号召，为集体和社会作出贡献。

（12）追求新意。希望工作的内容经常变换，使工作和生活显得丰富多彩，不单调枯燥。

二、当代大学生职业价值观的特点

（一）职业价值主体意识自我化，同时积极寻求自我发展与社会发展的协调统一

当代大学生在注重自我价值的实现和看重经济待遇的同时，非常关注生存条件，期望有一个"人际关系融洽""领导开明""轻松自由"的工作环境，以施展自己的才能和抱负。地理环境因素和单位发展前途大也成为大学生考虑的一个重要因素。这些说明大学生在择业时将对用人单位各方面的情况进行综合考虑，符合个人的特长、单位发展前景广阔、工作单位人与人和睦相处，都是影响其工作积极性的重要方面。同时，反映了他们在寻求自我发展与社会发展相统一的价值观念，也表明了个人价值并非一定由经济待遇来体现的观念正在形成。

（二）职业价值评价标准趋向现实和具体化

当代大学生的职业价值评价标准正在由以往抽象的理想主义变为明显增强的务实主义，功利与个性发展成为主导职业评价标准是职业价值观的核心。大学生在职业评价标准上重视发挥个人能力，实现自我价值和经济收入，而对职业的"社会声望""社会贡献"则考虑很少。可见，当代大学生对职业的选取在个人利益上更为实际，首要考虑的是个人发展和经济利益。当代大学生的职业价值评价标准越发务实和具体。

（三）职业价值取向的多样化、复杂化和矛盾性

当前，我国社会正经历从传统社会转向现代社会的转型中，传统的思想观正在迅速地瓦解，各种新思想、新观念不断形成、演变，但却又没有确立一种主导的、能为人们所普遍接受的人生观、价值观。大学生择业价值取向正反映了当代大学生在转型时期的这一种困惑与矛盾心态：一是道德认识与道德实践的反差，大学生既崇尚真善美的精神境界和高尚人格，又注重现实，讲求实惠和实际，注重物质利益和生活目标。二是校园内外的反差，学校在提倡高水平的道德规范，而社会上某些人低水平的道德行为和道德意识甚至"恶德恶行"也在蔓延。三是理想教育与社会现实的反差，当代大学生是在求新与守旧、优越与自卑、求异与从众、贡献与索取、个人与集体等价值冲突中形成自己的观念与行为。

（四）职业期望呈现多元化趋势，职业价值目标的短期化、功利化

大学生择业传统的三大热点已有所改变，即从政、经商、做学问不再是人生道路的必然选择。就业热点虽带有普遍的倾向性，但分散性与多元性也日益突出。相当比例的大学生看好三资企业与自主创业，自主创业虽然是近几年才兴起，但是大学生自主创业的意识有了进一步增强，这种从就业到创业，既是当代大学生就业观念的一个根本性转变，也是传统职业价值观的一个根本性转变。

三、价值观与职业选择

当前大学生职业价值观教育的核心应坚持个人自我价值的实现与社会价值的统一。为实现这一目标应从制度因素、社会主导文化、政策和就业市场、学校和家庭教育等方面对大学生进行正确引导。

（一）制度因素导向

一是政府要为营造良好的职业价值观教育的社会氛围提供制度保证。二是要进一步加强就业监督和法制建设，要完善就业法规建设，将就业工作纳入到规范化、法制化的轨道。要加大用人机制、单位编制等制度的改革，扩大机关、事业、企业单位的用人自主权，使用人单

位真正做到有用的人能进，无用的人能出，真正做到优材优用。三是实施高等教育调控机制。高等学校办学应该根据经济社会发展的趋势，以及经济结构、产业结构和就业市场对高校毕业生的思想品德、创业精神、实践能力的需求，改革大学教育体制和管理模式，调整专业结构和改革传统的教育观念与方式，审定办学目标和提高办学效率，使学生形成适应社会的职业价值观。

（二）社会主导文化导向

在择业价值观的导向上，主导文化的核心内容必须坚持。作为当代中国社会主导文化的导向，应该体现社会主义生产方式变革的要求，包括社会主义市场经济带来的大学生职业价值取向上的合理变化。在对大学生择业价值观的引导上，在坚持爱国主义、集体主义、社会主义这一最基本的价值导向前提下，要处理好以下几个关系：一是要坚持个人与社会统一，以社会为本位。二是要坚持义与利统一，以义统利。三是要坚持艰苦创业与物质享受统一。在大学生择业价值观的导向上，应旗帜鲜明地倡导艰苦创业和奉献精神，积极开展以艰苦奋斗为荣的思想教育。

（三）政策的提供与导向以及就业市场的建设与完善

一是深化户籍改革，放宽户籍控制，加大毕业生择业在地域上的自由度。二是简化就业程序，减少就业限制，保障就业渠道的畅通，同时用法律手段解决靠关系谋职等，保证大学生就业的公平竞争。三是出台优惠政策，推动大学生创业机制的建立。

（四）学校和家庭教育导向

在学校教育导向上：一是要努力实现德育现代化，为价值导向一元化的实施提供保障。二是要不断丰富大学生职业价值观教育的载体。高校必须充分利用校园文化、管理和服务、社会实践活动等载体和运用网络载体对大学生进行职业价值观教育。突出正面引导的作用，帮助青年树立正确的世界观、人生观、价值观，正确地认识问题和处理问题。三是要从政策、思想、信息和技术4个方面加强就业指导，特别是加强职业和职业价值观教育，提高毕业生的综合素质、竞争意识、市场意识和适应社会的能力。

在家庭教育导向上：一是要培养子女的"五自"精神，即"自学、自强、自理、自律、自护"，其目的就是培养孩子从小要养成良好的个性和独立的人格。二是家长也要努力提高自身各方面的素质，尽可能修养身心，完善自我。要从社会对人才的需求出发，教育和引导子女树立适应市场经济下的职业价值观念，并积极配合学校和社区，使三者达到最大合力，共同推动职业价值观的教育。

随着就业结构由传统型向现代型转变，大学生的就业行为将日趋理智与成熟。寻求自我价值实现与社会发展的协调统一，兼顾个人发展与经济收入将成为当代大学生职业价值观的主流。

第四章　职业探索

职业是一种社会历史现象，是人类社会发展到一定阶段的产物。现代意义上的职业，是社会分工的产物，是一种专业化的社会劳动岗位。对于求职者来说，职业是其实现理想的桥梁，对职业的了解和准确认知，将直接影响到大学生职业理想的规划和求职标准的制定。

第一节　职业与职业分类

一、职业

职业是参与社会分工，利用专门的知识和技能，为社会创造物质财富和精神财富，通过工作换取物质保障和财富分配，获得社会地位及认可的一种劳动方式和渠道。具体地讲，职业具有如下 5 种基本性质：

（1）经济性。人们需要生存，需要用自己的劳动来换取报酬，从而获得生存与发展的资源，这种特性称为职业的经济性。如果一个人从事志愿者活动，无偿为社会服务，而从其他方面得到生活来源，那么这种志愿者活动就不成为职业，这种获得经济报酬的特性称为职业的经济性。

（2）伦理性。人们所从事的职业要对社会发展有贡献，对他人有益处，能够为社会服务，这种特性称为职业的社会性。如果一个人通过偷窃或者抢劫活动来获得生活来源，对于社会发展并无益处，那么这种活动不能成为职业。

（3）技术性。教师需要掌握所教科目的专业知识，还需要掌握教学技能以及帮助学生的技能；律师需要掌握法律知识、沟通技能、书面和口头表达技能；设计师需要具备良好的空间思维能力、数学能力以及绘画技能等；即便是清洁工，也需要掌握一定的工作流程和公共卫生方面的知识。不同的职业其技术性程度不同，技术性越高的职业，职前需要学习的内容就越多，在劳动力市场上的不可替代性就越高，职业的特征就越明显。从这个角度上来说，职业就是工作内容相近、具有相似技术性的工作人员的集合。在不同的行业、不同的组织中存在工作内容相近的员工，比如会计、网络管理员等。

（4）社会性。指职业是社会分工的体现，每个人专注地完成属于自己的工作职责，使得整个社会保持稳定、高效的社会生产。社会分工是社会发展进步的产物，社会越发达，分工越精细。例如，在古代要制作一把剪刀，铁匠需要掌握从铸铁到完成剪刀的全部工艺，而现在，设计、生产等流程由很多人分工完成，每个人都不必从头做到尾，从而保证每道工序都是尽可能完美的。社会分工的不同，其回报方式不同。有些职业的报酬很高，但风险较大，比如企业家；有的职业报酬不高，但很稳定，比如教师。职业报酬的高低，很大程度上取决于服务社会方式的质量和稀缺程度。比如优秀企业家对社会的贡献要高于一般企业家，因此他所获得的回报也自然多一些；大多数情况下，律师的收入远高于保洁员，是由于律师服务社会、服务他人的活动比打扫卫生的活动更稀缺。

（5）连续性。指人们在职业中所从事的劳动是相对稳定的，工作内容和工作方法都具有一定的连续性。

二、职业分类

经济学家萨·莱维坦（Sar Levitan）和克利福德·约翰逊（Clifford Johnson）认为，职业产生于公众对商品和服务的需要。当人们渴望乘坐汽车时，汽车业诞生了，由此也带来了钢铁业、石油业的蓬勃发展，很多新兴的职业随之产生。当人们需要在家里也能方便地使用电脑时，PC业产生了，个人电脑提供商会雇佣更多的工人来生产。随着网页的发展，很多单位都需要专门的人才管理内部网络，这个新兴的职业将容纳更多的劳动者。也有一些职业随着人们的需求的变化而消失，比如在30年前，补锅补碗匠还普遍的活跃于城市和农村，但今天已经基本消失了——除了在文物修复领域里。从职业的历史发展来看，职业的数量越来越多，这是由于人类社会的发展与进步，导致人们的需求越来越多样。

1939年，美国的《职业名典》第一版问世的时候，就收录了17500个职业，到今天，职业的个数就更多了。如此众多的职业，必须根据某些共同特征进行分组和分类，才有助于我们了解职业，进而在此基础上对职业进行选择。

职业分类，就是根据一定的分类原则、标准和方法，对各种社会职业进行全面、系统的划分和归类，一方面是根据职业活动工作特征的相异程度进行职业的划分；另一方面是根据职业或职业特征的相同程度进行职业的归类。

所以，职业是根据工作的内在属性——职业活动的工作特征来确定的，当从事某一新类型职业活动的人达到一定数量后，换句话说，当社会对某种类型的产品或服务达到一定数量时，我们就可以给这个类型命名为一个新职业。一个人可能不从属于某个组织，比如自由职业者，但他一定属于某个职业。因此，职业属性是一份工作的第一属性，所在单位才是第二属性。

我国在职业分类领域虽然尚处于起步阶段，与发达国家相比有一定的差距，但发展速度很快。1995年2月，劳动部、国家统计局、国家技术监督局联合成立了"国家职业分类大典和职业资格工作委员会"，组织了上千名专家学者，历时近4年，于1998年底完成了《中华人民共和国职业分类大典》（以下简称《分类大典》）的编写，1999年正式颁布。《分类大典》将我国职业的总体结构分为大类、中类、小类和细类（职业）4个层次，依次体现由粗到细的职业类别。细类作为我国职业分类结构中最基本的类别，即职业。根据我国国民经济发展的现状，借鉴国际标准职业分类体系，将我国职业划分为8个大系：①"国家机关、党群组织、企事业单位负责人"；②"各类专业、技术人员"；③"办事人员及有关人员"；④"商业及服务业人员"；⑤"农林牧渔水利业生产人员"；⑥"生产、运输人员及有关人员"；⑦"军人"；⑧"不便分类的其他人员"。《分类大典》中确定的8个大类包含66个中类、413个小类和1838个职业。

然而，职业分类不是一成不变的，它将随着社会经济的发展而不断变化。随着时间的推移、产业结构的调整和技术的进步，我国的职业结构也发生了相应的变化，各种新职业（如电子商务师、项目管理师等）如雨后春笋般的涌现，从2004年起，国家根据社会经济发展需要，建立了新职业定期发布制度。到目前为止，已经发布了11批114个新职业信息。2008年5月28日，人力资源和社会保障部在广州市召开了"第十一批新职业信息发布会"，正式向社会发布了动车组司机、动车组机械师、燃气轮机运行值班员、加氢精加工、干法熄焦工、带温带压堵漏工、设备点检员、燃气具安装维修工8个新职业信息。

【案例评析】

案例1：公务员职业并非人人适合

又是一年国家公务员招考，"铁饭碗"的强劲魅力一如既往吸引了数十万"粉丝"投身到报考的热潮中。虽然这其中能顺利过关斩将笑到最后的人只是千分之一甚至是万分之一，但仍不乏一些人在失败后矢志不渝地继续复习以待下一次的报考。

分析：在大多数人心目中，公务员是个好职业，工作环境好、体面、收入稳定，有助于建立较好的人际关系。某些具有一定实权部门的公务员，还能够为自己或亲朋办理某些事情带来很大的方便。因此，报考公务员常常成为许多即将大学毕业的学生的第一选择。然而，大部分学生没有切实的思考一下，自己的兴趣、爱好、价值观、能力等，是否与公务员的职业发展现状及职业要求相吻合，没有认认真真地问过自己，自己究竟是否适合做公务员呢？

案例2：跨专业就业也能闯出一片广阔天地

张华在大学学的是财会专业，在一个招聘摊位前，他看中了一家国内著名的太阳能热水器代理公司提供的职位——营销员，但公司要求应聘者是市场营销专业毕业。张华决定碰碰运气，他问招聘人员公司为何只招聘市场营销专业的学生。招聘人员告诉他，公司要扩大业务，需要有市场开拓能力的学生。张华随即表示自己具备市场开拓能力，并列举了自己曾在某电动车厂实习时，参与开拓市场并取得不俗成绩的经历。张华的自我介绍和专业水准使招聘人员对他很满意。最后他顺利通过了面试，谋到了这个理想的职位。

分析：在应聘过程中，很多应届大学毕业生一看到和自己专业不对口的职业岗位，往往扭头就走。在观念开放、人才流动频繁的现代社会，跨行求职已不是什么新鲜事，就业的压力迫使越来越多的大学生分析职业特点与自己的兴趣爱好，选择跨专业求职，从事与自己所学专业不相关的工作。

第二节　单位、行业与劳动力市场

前一节中提到，我们所从事的每个职位，都是职业与单位两个维度的交集，上一节重点分析了职业方面的情况，本节主要分析单位的特性以及单位所构成的行业、由行业所构成的产业以及由产业而决定的劳动力市场的基本结构。

一、单位

单位，也称组织，是为了达到特定的目标而特意建构的社会单位。公司、军队、学校、医院、教会、监狱都属于组织；部族、班级、民族、家庭不属于组织。我国的单位一般可以分为以下4种类型：

1.企业单位

从事生产经营和社会服务等经济活动，具有法人资格，实行独立核算的营利性组织，是国民经济的基本单位。企业单位尽管有着多种多样的目标，比如承担社会责任、保障员工的安全与福利、顾客的肯定等，但所有企业都有着一个核心的目标，那就是合法地获取盈利。

一个不盈利的企业没有生存的意义。无论是提供有形的产品，还是无形的服务，企业都是为了追求更高的利润。

在我国，根据所有制性质，可以将企业分为 5 类：全民所有制企业、集体所有制企业、私营（个体）企业、混合所有制企业（中外合资经营企业、中外合作经营企业）和外商独资企业。

2. 事业单位

不以营利为主要目的，接受国家财政支持，但不履行行政管理职能，不从事独立经营，提供社会服务的单位。随着改革的深入，事业单位的经营管理模式也在不断变化，接受财政支持的程度也有较大差异，有些事业单位已经实行企业化管理，完全靠自收自立维持活动。可根据国家拨款占经费来源比例将其分为 3 类：全额拨款类，比如科学研究、基础教育等部门；差额补贴类，比如医疗卫生、高等教育等部门；自收自支类，比如一些文化艺术组织等。

3. 社会团体

是社会上各种群众性组织的总称，包括工会、团委、妇联、青联、科协、各类学会、行业协会、各类公益性组织如红十字会、环保组织"地球村"等。社会团体不以营利为目的，而是专注于为社会提供某种特定内容的服务，或者专注于维护本组织成员的共同利益。

4. 政府单位

泛指各级党委和政府行政管理机构，不仅包括各级政府，还包括中央和地方各级党委、人大、政协、法院、检察院等管理机构。政府单位的目的也在于提供服务，但它不同于社会团体的作用，政府的目的在于为全社会成员提供更为普遍和基础的公共产品和公共服务，如基础建设、安全保障、教育环境、就业环境等。在我国，政府更重要的职能是制定社会、经济的发展目标和规划，采取措施保障国民经济健康、有效地运行，保障社会和谐、科学地发展。

（一）单位组织结构

了解组织结构，可以从组织结构的复杂性、规范性和集权程度 3 个角度来考察。

1. 复杂性

复杂性是新员工对单位的第一个感受：不同的专业分工、职位名称、很多的部门、很多的层级、很多的领导等。人们常常会从两个方面来考察复杂性，水平层面的部门数和垂直方向的层级数。水平层面的部门是指单位内部的专门的职能部门，比如说人力资源部、营销部、宣传部、法律部等，职能部门越多，单位就越复杂。以学校为例，一所高中，一般只设教务处、学生（德育）处、后勤处等几个部门，而一所高校，则会有教务处、学生处、财务处、科研处、人事处、资产处、后勤处、保卫处等多个部门，因此，高校的组织结构要比中学复杂。垂直方向的层级是指从单位的最高决策层到普通员工，一共有多少个管理层级。单位的层级数与单位员工的数量有关，但不是绝对的。有些单位人员并不多，但管理层级不少，也有些单位员工很多，但是层级很少——以自我管理团队为基础组织形式的单位。

2. 规范性

在许多方面，规范性对于个人都是关键的结构变量，因为规范性程度对个人的行为有很大影响。个人的谨慎程度与组织对个人行为规定的详细程度成正比。

单位的规范性程度显示了决策者对组织成员的看法。如果决策者认为组织成员有能力做判断、有能力进行自我控制，那么规范性程度就会较低；如果决策者认为组织成员没有自我决策能力，他们的行为需要大量的规则来指导，那么规范性程度就会提高。规范性程度设计出单位对成员个人的控制，比如不同的单位以及同一单位不同部门对人们何时上班的规定会大不相同。在规范性程度高的单位，最规范的表现是规定员工必须在上午 8 点或 9 点钟坐在办公桌旁，否则扣除一定的工资，相反，则是不要求员工什么时候必须在岗，只要完成任务就行。

规范性程度高对单位更有利还是规范性程度低更有利，这是一个程度的问题。如果单位给员工的自由过少，员工会感到受压抑、异化和"官僚化"，会为遵守规则而遵守规则，长期下来，单位会缺乏活力，降低应对危机的能力，如很多政府官员为避免犯错误而不作为；但如果给予员工过多的自由，员工的行为可能会变得反复无常、与组织意图无关，甚至违法乱纪。一般说来，研发部门的规范性程度较低，而生产部门和财务部门的规范性程度较高；等级越高，规范性程度越低。

3. 集权程度

集权指组织内部权力的配置，组织中央参与决策的群体数目越大，层次越多，集权程度就越低。单位的集权程度某种程度上反映了组织对其员工的人性假设：高度集权表明组织认为应该对员工严密控制，低度集权则表明组织认为员工可以自己管理自己。

（二）组织文化及类型

很多学生对组织文化感到迷茫和不可捉摸，不知道如何去了解一家单位的组织文化，或者以为那些钉在墙上的制度、被装裱起来的"企业组织文化介绍"就是组织文化。

通俗地说，组织文化是指由单位的战略目标所决定的，被广大员工内心认同的价值观，并在行为上表现出来的行为方式。比如麦当劳要长期保持自己在快餐领域的领头羊地位，需要给客人以品质稳定、高效、清洁、热情、友好的消费体验，因此，所有的员工都要自觉严格遵循标准化的操作流程、保持热情友好的服务态度、不停歇地清理地面、桌面和用具。那种由多数管理者和员工都认同价值观和遵循类似行为方式的文化称为强文化，只有少部分人认同价值观并遵循类似行为方式的文化称为弱文化。一般来说，拥有强文化的组织拥有更为强大的战斗力和生命力，因为大家都认同一致的目标，拥有一致的行动，可能产生整合的力量，匹配这种文化的员工在其中会感觉如鱼得水，对组织产生很强的承诺感；而与此种文化相冲突的员工则会感觉格格不入，最后要么自己改变适应文化，要么离开。

根据组织的关注点和控制倾向，可以将组织文化分为 4 类：

1. 科层官僚文化

这里的官僚文化并非贬义词，而是重视正式化、规则、标准操作程序和等级协调的组织文化，关注单位所提供的产品或服务的可靠性、高效率和稳定性，这一般是政府机构应持有的组织文化类型。这种组织文化里，各种行为规则一般都是正式的，员工的任务、职责、工作流程和方法都有较为明确的定义，要按"规定"办事。

2. 团队型文化

每个员工都高度认同单位和同事，有较高的自我管理水平，能自愿为同事和单位付出额外劳动，相信自己对单位的忠诚一定会得到单位的长期肯定，对单位有很强的自豪感和归属感。而单位也能以员工为本，照顾员工的长期发展，也关心员工的工作外生活，为员工提供全面、优质的福利待遇。

3. 创新型文化

高度的冒险、富有动力和创造力是创新型文化的特征。每个员工的首创性、新变革性都会受到赞扬和鼓励，墨守成规、怕犯错误、谨小慎微是被这种文化所拒绝的。这要求新员工有积极乐观的品质、进取精神和开拓精神。很多中小企业或者高科技企业拥有此类组织文化。

4.市场型文化

在基础的目标这种文化里，员工和单位的关系是契约关系，员工被赋予一个具体可测量的目标，比如以财会或市场为基础的目标——销售额、利润率、市场占有率等，单位要在这些目标完成后给予相应的回报。单位并不承诺契约之外的回报，如长期雇用或者晋升，员工也对单位表示忠诚。双方的关系就是市场关系。

二、行业与产业

大家在了解了单位后，还应当更深一步，了解该单位所属的行业和产业。不同的行业在我国有着不同的发展前景，有些是朝阳行业，有些是支柱行业，了解行业的发展前景是大学生职业探索的重要内容。

(一)行业

行业是指从事相同性质活动的所有单位集合，如各级各类学校构成了教育行业，各种软件公司、网络公司构成了IT行业，各个建筑公司构成了建筑行业等。

我国于1984年颁布的《国民经济行业分类和代码》，把我国国民经济分为13个门类，1994年进行了修订，2002年颁布了新的《国民经济行业分类》国家标准。新标准将国民经济行业划分为门类、大类、中类和小类4级，共有20个行业门类，95个大类，396个中类，913个小类。下面列出20个行业门类。

①农林牧渔业；②采矿业；③制造业；④电力、燃气及水的生产和供应业；⑤建筑业；⑥交通运输、仓储和邮政业；⑦信息传输、计算机服务和软件业；⑧批发、零售业；⑨住宿和餐饮业；⑩金融业；⑪房地产业；⑫租赁和商务服务业；⑬科学研究、技术服务和地质勘察业；⑭水利环境和公共设施管理业；⑮环境管理业；⑯居民服务和其他服务业；⑰教育；⑱卫生、社会保障和社会福利业；⑲文化、体育和娱乐业；⑳公共管理和社会组织。

(二)产业

产业是行业的集合，是对经济活动最基本的描述。产业是根据社会生产活动发生的顺序对其进行划分，一般分为3个大类：第一产业、第二产业、第三产业。产品直接取自自然界的部门称为第一产业，初级产品进行再加工的部门称为第二产业，为生产和消费提供各种服务的部门称为第三产业。虽然三类产业的划分是国际通用方式，但三类产业的范围却不尽相同，随着经济的发展，各国的划分也在不断变化。2003年，我国对产业范围的划分进行了调整，三类产业划分的具体范围是：第一产业包括农、林、牧、渔业；第二产业包括采矿业，制造业，电力、燃气及水的生产和供应业，建筑业；第三产业包括除第一、二以外的其他行业。

在我国，第三产业在整个经济结构中的比重远低于发达国家，我国作为"世界工厂"，制造业仍旧是支柱产业，但长期来看，第三产业的发展将是我国经济发展的中心所在，将是未来劳动力需求最大的产业。

三、劳动力市场

我们了解行业和产业，原因在于只有行业和产业的发展才能产生对劳动力的需求，才能够使各类劳动力，如高中毕业生、大学毕业生、下岗再就业人员等，获得就业的机会。这几类人员构成了劳动力供给的一方，行业和产业的发展构成了劳动力需求的一方，两方面通过劳动力市场进行交换，从而形成了社会的就业现状。因此，我们要对劳动力市场进行了解和分析。

（一）什么是劳动力市场

要了解什么是劳动力市场，需要先知道什么是劳动力。简单来说，劳动力就是个体作为一个劳动者所具备的劳动能力，是个体的体能、知识、技能、品德、性格、态度等多方面特性的综合。所谓劳动力市场就是在符合相关法律要求的前提下，劳动力的提供者和需求者自由、自愿地对劳动力进行买卖，实现劳动力资源合理配置的机制。

劳动力市场是市场经济的重要组成部分，因此，和其他类型的市场一样，某类型劳动力的稀少情况也就是供求状况决定了某类型劳动力的价值。比如说，在改革开放之初，英语人才非常稀缺，而各行各业对精通英语人才的需求却十分旺盛，这就导致了英语能力在市场上有很高的价值。改革开放30多年以来，英语人才的培养呈几何倍数增加，掌握英语逐渐成为每个大学毕业生的基本要求，在这种情况下，英语人才的市场价值就逐年降低。

（二）我国劳动力市场的现状与存在的问题

目前，我国劳动力市场上构成现实供给的主要有3部分：每年的新增劳动力、现有的下岗失业人员、农村的剩余劳动力。"十二五"以来，这3部分的总和每年都在2500万人左右；每年新增劳动力大约1000万人，其中包括大学毕业生和研究生500～600万人，初中和高中毕业生400～500万人，下岗失业人员将近800万人，农村转移劳动力将近700万人左右。

劳动力需求方面，传统产业如农业、采掘业的就业人数大幅度下降，而第三产业的就业人数大幅度提高。改革开放以来，我国逐渐成为"世界工厂"，东南沿海地区制造业吸纳了大量农村转移劳动力，不过，由于国有制造业企业很多都破产或萎缩，又产生了很多劳动力供给。而服务业平均每年新增就业人口697万人，服务业已成为国家吸纳就业的主渠道。

从劳动力结构来看，2014年末，全国就业人员中初中及以下受教育程度的劳动力为79.4%，高中程度为13.4%，高等教育程度仅为7.2%。另外，我国的教育体制不能紧跟经济发展的需要，人才的技能培训远远落后于实际工作需要，高级技能人才成为劳动力市场上最短缺的。因此，一方面是总体的供给大于需求，另一方面，就是这些有限的需求也没有得到完全满足，"有人没活干和有活没人干的"的现象同时存在，反映了就业的结构性矛盾突出，并对我国的教育体制提出了挑战。

（三）影响劳动力市场发展变化的因素

能够对劳动力市场产生影响的因素很多，政策方面包括人口方面的政策，经济政策，户籍管理政策等，教育方面包括教育机构的数量、结构和水平，国家、地区整体经济形势，科技的发展，文化传统的影响，以及经济全球化等。

1. 政策方面的影响

人口政策是最重要的因素之一。20世纪70年代计划生育政策在城乡全面执行以来，中国的人口情况发生了重大转变，不仅极大地控制了人口总量，还使得未来的20年内，15～64岁劳动年龄人口的比重保持很高的水准，为经济的高速增长提供了劳动力基础。

经济政策和户籍管理政策也会直接对劳动力市场的供求产生影响。1992年海南开始建设中国最大的经济特区，吸引了全国成千上万的劳动者前往，经济政策对劳动力市场的影响可见一斑。

2. 教育、培训的影响

教育能够对劳动力市场产生重大影响。劳动力供给不仅体现在数量上，还体现在劳动者的素质上。一个国家和地区的教育和培训水平对劳动力市场的影响主要体现在改变劳动者的结构上。如果一个地区，其支柱产业是科技含量较高的制造业，而当地的劳动力更多是传统的制造业者，不能满足行业发展的需要，那么建设一所符合要求的高级职业学校，有针对性地培养这些劳动者，更新他们的知识结构，提升他们的工作技能，劳动力市场的供给将会随之改变。北京、上海、西安、武汉等地由于有着众多的高校，能够培养大量高知识、高技能的劳动者，使得这些城市发展知识型经济成为可能。根据目前的经济形势和未来的趋势，我国应该大力发展职业教育，通过良好的职业技能培训，提高劳动者的知识、能力素质，来改变劳动力供给的结构。

并非教育培训一定能够有助于劳动力供给结构的改善。如果不考虑现实的需要，一味增加某类技能人才的培养，则无助于劳动力市场的发展。这几年来，由于法律、财会行业发展迅猛，有很大的人才需求，所以很多高校都一拥而上，纷纷开设法律、财会、国际金融、国际贸易等专业，结果造成这些专业的人才过量，人为造成结构性失业。

3. 科技对劳动力市场的影响

在今天，科技能够改变一切。相比 100 年前，人们的生存方式因为科技而发生了翻天覆地的变化，普通人都可以享受原来皇帝都无法享受的空调、飞机、电视和网络。科技还改变了人们的工作方式。联合收割机代替了人来收割庄稼，流水线代替了手工作坊。阿里巴巴旗下网站为全世界做生意的人们提供了便捷的交易平台，谷歌使我们生活的空间扩大到整个地球。

毫无疑问，科技业深刻地影响了劳动力市场。互联网的出现，直接带来了传统行业的巨大生存危机，却也提供了对于网络人才的大量需求。农业机械化、自动化的发展，极大地将农民从束缚他们的土地上解放出来，成为城市劳动力市场上的重要组成部分。科技的发展使寻呼业迅速蓬勃发展又迅速凋零；数码照相技术已经全面取代胶片照相；原有的感光材料行业面临着自诞生以来最大的挑战，这对于整个行业的从业人员来说都不是一个好消息。对于我们的邻国印度，软件业和相关的服务业成为国家的支柱产业之一，吸纳了大量高层次的劳动力，这不能不说是科技所带来的影响。

科技对劳动力市场的影响还体现在就业服务上。互联网目前已经成为求职就业最重要的信息途径，智联招聘、中华英才网等企业的良好发展显示，使用先进的科技来为劳动力市场服务已经成为一个产业。视频会议使得招聘双方可以在异地进行面试；职业选拔人员使用计算机系统来测评和匹配求职者与雇主；很多国家都开发出基于计算机和网络的职业了解与选择辅助系统，能够对各个行业和各个职位进行准确、全面和动态的描述。

4. 经济全球化对劳动力市场的影响

包括我国在内的全球 100 多个国家都加入 WTO，所在国家的企业按照规定的贸易规则在全球内做生意。从工业革命到今天，我们所在的地球逐渐变成了一个村庄，各种贸易壁垒逐渐被打破，资金、人员、技术从美国流到中国，从西欧流到南美，就像村庄的东边移到西边一样容易。这意味着某地的劳动力市场不再是一个封闭的小市场，而是一个在全球化背景下的开放市场。

劳动力在全球范围内的转移在制造业上体现得最明显。我国如今大量吸引外资，其中相当大的比重在制造业。

江苏的沙钢集团是我国的一家民营钢铁公司，它于 2001 年购买了世界第九大钢铁公司蒂森克虏伯公司位于德国多特蒙特的"凤凰"钢厂，花了两年的时间将它原样复制到江苏省，这次搬迁工作被视为"欧洲战后历史上最大的工业搬迁"。在拆迁的庆祝仪式上，中国人用踩气球的方式庆祝开工，而德国人却颇为伤感，在多特蒙特的赫尔德和威斯特法伦区，数代人都靠钢厂谋生，近200年来，工厂一直在炼钢，现在，工厂即将远赴东方，"凤凰"工厂的经理在演讲中热泪盈眶，因为全球化的经济浪潮，多特蒙特的劳动力市场上减少了钢铁工人的需求，而中国增加了对此的需求。

2006年，两家中国汽车公司上海汽车集团、南京汽车集团关于MG－罗孚遗留资产的竞购正在吸引全球的目光，最终南京汽车集团得到了制造设备以及MG品牌，而上海汽车集团买走了核心知识产权，MG－罗孚那150名研发人员的多数也被上海汽车集团预订，如今，上海汽车集团公司内融合了包括英国、中国、韩国在内的三地工程师，多达数千人的研发力量构成了一个研发的高级多国部队。

5.经济形势对劳动力市场的影响

短期内对劳动力市场影响最大的因素是经济形势。经济繁荣则失业率低，劳动力需求旺盛，价格也相对较高；经济萧条则失业率高，社会上有大量无业失业人员，劳动力供给过剩，价格低廉。另外，产业升级或者支柱产业转型也会对劳动力市场带来结构性的改变。例如，我国有很多城市属于资源型城市，像大庆、阜新、大同等，这些城市原有的经济结构中，能源的开采以及与此高度相关产业的比重较大，也吸纳了60%甚至更多的劳动力。随着资源的逐渐枯竭，这些产业慢慢萎缩，"释放"出了越来越多的下岗失业人员，劳动力市场发生了深刻的变化。

第三节　职位信息的分析

职业信息的数量和质量对于我们大学生的就业政策来说具有非常重要的意义。"天下三百六十行，总有一行适合你"，可是怎么知道哪一行适合自己呢？有很多学生对于将来从事什么职业感到很迷茫，原因就在于他们对于职业毫无概念。因此，我们需要了解一些有关职业的基本信息。

一、职位信息的内容

（一）工作内容

工作内容是最为关键的部分。在进入某个职位后，我该做什么（对象、任务）、怎么做（工作时独立、连续还是协作完成的，采用什么设备）、做到什么程度（责任），这些都是需要明确知道的（见表4－1）。

以某单位的信息技术主管为例，这个职位的主要任务包括4点：

（1）了解单位的业务需求，同时与信息技术的发展保持同步。

（2）了解硬件需求及在设备安装方面指导下属。

（3）与各部门经理召开会议，了解他们及其下属在软件解决设计方案方面的需求。

（4）为所有员工准备和进行信息技术培训。

不同的职位工作内容各不相同，如果对自己所在的职位的工作内容都知之甚少，那根本无法胜任这份工作，更不用提将来的发展了。

表4-1　职位工作内容

工作内容	工作对象			该职位工作的直接对象以及为了完成岗位职责所需的其他活动对象
	任务、责任			该职位工作需要做什么、达到什么状态
	所用设备			该职位工作所借助的仪器、工具等
	工作强度	工作时间	上下班	该职位工作的上下班时间
			加班	该职位工作平均每周需要加班的时间或频率
			节假日	该职位工作影响节假日休息的程度
			出差	该职位工作需要出差的频率和时间长度
		工作量		该职位工作任务的饱满程度

（二）工作环境

工作环境包括物理环境和社会环境两部分。对于大学生而言，工作环境，尤其是社会环境的好坏，直接影响到工作去留的问题（见表4-2）。社会环境包括人际关系、工作气氛、学习氛围以及上级的管理方式与风格等。比如欧美企业一向以宽松的工作气氛而著称，而日资企业和我国的台资企业则相反，上下等级相当分明。对自己性格的审视有助于我们进一步了解自己适合什么样的工作环境，比如外倾型的个体比内倾型的个体更适合积极主动的工作氛围，而富有想象力和创造力的员工在自由宽松的管理方式下更有可能发挥他的优势和长处。在职场中，性格和工作环境的匹配越来越受人重视。我们大学生在求职路上尤其需要仔细考虑这两者的匹配关系，以期求得较大的工作满意度。

表4-2　工作环境

工作环境	物理环境	工作设施	该职位工作场所的办公设备、办公用品、设施等
		工作空间	该职位工作场所的照明、空气、温度以及户外作业所占的时间比例等
	社会环境	人际关系	该职位工作场所的人际氛围、同事间的关系等
		工作气氛	该职位工作场所员工的工作积极性、主动性、配合度等
		学习氛围	该职位工作场所员工的学习主动性，谋求再培训、再发展的积极性
		上级的管理方式与风格	该职位上级的领导风格、管理方式及严格程度等

（三）入职条件

不同的职位都有其特定的条件要求，比如说麻醉医师不仅要求医生执照，还有对麻醉专科的职业技能要求。一个职位所要求的条件，一般受到以下3方面因素影响。

（1）教育程度。即从事该工作所必须具备的学历和专业水平。比如说你将来的志向是在高校从事教学科研工作，那么你应当具备硕士以上的学历。

（2）资格、水平及经验。有些职业除了要求正式的学位学历外，还要求具备一定的职业资格，获得能够证明专业水平的证书，或者具备一定的工作经验。

（3）性格和能力要求。一个羞于在人前发表意见的人可能并不胜任推销员职位，但可能是个很好的文职人员。不同的职位有不同的性格和能力方面的要求，这对于我们大学生在选择职业和求职过程中也是一个需要参考的方面。值得一提的是聘用过程中专业技能可能更被看中，因为如果连从事领域的专门技能都不具备，那么无法胜任这份工作，落聘的可能性很大。但是随着工作的长期发展，个人的一般能力和内在素质将会起到举足轻重的作用。比如说外科医生如果不具备有关解剖等外科手术的专业技能就无法担任这份工作，但是，一般能力，比如说手指的灵巧性和手臂的稳定性，在很大程度上决定了这位医生将来能否成为一位优秀的外科专家。

（四）工作报酬

关注工作报酬无可厚非，但不少大学生由于不了解报酬系统的构成，使得自己的关注点往往仅限于薪酬，片面地将薪酬等同于报酬，等同于工作的全部回报，容易使得自己对关乎切身利益的因素做出片面的判断。因此，作为职位信息的一个重要组成部分，我们首先需要了解有关工作报酬的基本知识。

报酬是指员工用时间、劳动努力获得的一切回报。主要来讲包括物质报酬和非物质报酬。就物质形式而言（见表4-3）。

表 4 - 3　物质报酬内容

类型	组成方式	具体内容
货币报酬	工资	基本工资、计时工资、计件工资、职务工资
	奖金	超时奖、绩效奖、建议奖、特殊贡献奖、佣金、红利、职务奖、节约奖等
	津贴	住房津贴等
非货币报酬	生活福利	法律顾问、心理咨询、托儿所、子女教育费、搬迁津贴等
	个人福利	养老金、储蓄、辞退金、住房津贴、交通费、工作午餐等
	社会福利	医疗保险、失业保险、养老保险、伤残保险、生育保险等
	有偿假期	培训、病假、事假、公休、节假日、工作间休息、旅游等

而非物质报酬包括了乐趣、自信和成就感内容。现代人越来越重视非物质报酬。经济学有一个著名的"雷诺尔雪山效应"，就是非物质报酬的典型。"雷诺尔雪山效应"指的是这样一种现象：在美国各地大学教授的收入逐步趋同的形势下，只有一个地方例外，平均比别的地区低20%。究其原因，就在于附近有座雷诺尔雪山，气候宜人，风景秀丽，在这儿工作生活的价值就相当于其工资收入的20%。又比如说，如果有一份薪酬不高但成就感强的工作和另一份薪酬丰厚但缺乏挑战的工作摆在眼前任你挑选，你会选择什么？对于不同的职业价值选项，你愿意出的最高价格分别是多少？仔细思考一下，这代表了你的职业价值观——你真正想从工作中得到什么。如果你想要的是成就感，那么在进行工作选择的时候就要寻找一份有一定成长空间的职业，而不是盲目地随大流，用薪资报酬判断一切。

职业信息从获得方式来说，可以分为两大类，一类是间接信息，这些信息存在于各种媒体中，可以通过各种媒体来获得；另一类是直接信息，就是通过直接与该职业建立关系，亲身感受，获得第一手资料。

二、职业信息的评估

经过漫长的搜索，当我们终于收集到有关职业的所有相关信息之后，我们怎么对这些信息进行评估？对职业信息的评估可以分为对客观信息的评估和对主观体验的评估两方面。我们在评估职业信息的时候要综合两方面的考虑，做出理性决策。

（一）客观信息——P. L. A. C. E 法

P：职位或职务（Position），包括该职位的经常性任务、所需担负的责任、工作层次等。

L：工作地点（Location），包括地理位置、环境状况、室内或户外、都市或乡村、工作地点的变化、安全性等。

A：升迁状况（Advancement），包括工作的升迁路径、升迁速度、工作稳定性、工作保障等。

C：雇用条件（Condition of Employment），包括薪水、福利、进修机会、工作时间、休假情形及特殊雇用规定等。

E：雇用要求（Entry Requirements），包括所需的教育程度、专业认证、培训、经验、能力、人格特质、品德修养等。

（二）主观体验

对于职业的评估，不仅要有许多客观的标准来衡量，也要考虑到自己的一些主观标准，比如自己目前的状况、个人的主观感受等。

1. 个人从工作中获得的满意感

个体的目前状况，包括个人的基本技能水平、学历层次、工作经验、各种能力素质程度等，也包括个人目前的工作和机会。每种工作都会有优点和缺点，对每个人来说也一定有其利弊。在职业的搜索中，我们需要理智地将自己和各种职业加以对比和分析，作出清醒的选择，避免简单的喜新厌旧。因此，客观地衡量职业，就需要全面地看到它与个人目前状况的利弊关系。问一问：我的情况适不适合选择这个职业？目前的时机是否适合我选择这个职业？我的选择会给我带来什么？我的适应期限多长时间是 可以接受的等。

2. 身边重要的人的感受

除了我们个人的特点和需求对职业的评估起作用之外，我们身边的重要的人也是我们衡量职业的不可忽视的标准。这里的重要他人是指和你的生活联系密切，对你心灵和精力影响巨大的人。他们往往是你最近的亲人，比如说父母、夫妻、孩子。

作为生活的重要组成部分，他们在你的生命中有着不可替代的角色。正因为这种重要，你的任何选择也必须包含对他们的考虑。因此，在评估一项职业时，你需要考虑到你身边的重要的人会如何看这个职业，这个职业会不会影响你与他们的相处时间或相互关系，这个职业会不会给他们的正常生活带来压力（比如演员）。对这些问题的充分思考将有力地降低你在未来职业中的焦虑。

（三）评估职业信息的标准

如何判断所寻找的职业信息是"好"信息呢？我们可以通过以下标准进行评估。

1. 信息的及时性

进入 21 世纪，我们发现，不变的真理就是"变化"，而且变化速度之快常常超出人们的想象。在这样快速变化的世界中，我们所要寻找的有关职业的信息必须是最新的信息。当我们关注那些提供职业信息的网站时，一定要注意了解网站是否及时更新，对那些不能及时更新信息的网站所提供的信息要在心中画一个问号。你还要关注各个行业部门的年度报告、政府的相关政策和法规，电视和报纸新闻也是帮助我们获得适时性信息的重要途径。

2. 信息的客观性和全面性

用人单位的招聘信息通常是用人单位自己拟订的。相对而言，这样的信息常常对企业优势的方面强调会比较多，以便可以获得高水平的人才。因此，只看用人单位的广告是远远不够的。通过访谈从事某个职业的个人所获得的信息也比较带有人为的色彩，如果一个人在自己的工作中感觉良好，可能会夸大该职业的有利方面，而忽视不利的方面。如果是对自己的职业不满意，则可能出现相反的情况，夸大职业中不利的方面。为克服这种认识的偏见，最好访谈两个以上从事某种职业不同年限的人，对于他们所提供的各种信息进行综合判定。

为保证所获得信息的相对客观，应该注意多渠道、多途径收集信息，不仅从招聘广告中寻找信息，访谈相关的人员，还可以注意有关的报道及相应的研究。了解职业信息的时候，还要注意信息的不同方面，切忌只了解自己想知道的方面，而忽略了其他方面。比如，只了解某个职业薪水的高低和升迁的状况，而不了解该职业所要承担的责任、经常性的任务、工作环境及可能的生活方式。

3. 信息的准确性与可靠性

判断信息的准确性与可靠性是一个非常艰巨的任务，或者说是不太容易完成的任务。准确的信息应该是全面、客观的信息，而且是适时的信息。同时，信息的发布要来自比较权威性的机构。

【案例评析】

大四上学期，小胡要在外地实习并完成毕业论文，而此时正是用人单位发布就业信息、陆续来学校招聘的高峰期，如何才能保证两个月的实习期中不错过招聘信息？

小胡首先去了班主任老师家里，拜托班主任如有合适单位，请帮忙推荐，并留下了两份就业推荐表。然后专门到了辅导员老师的办公室，谈了自己的求职想法，留下了自己的简历和联系方式。接着，他又走访了要好的低年级朋友，拜托师弟留意学校就业信息，将有关重要信息及时告诉他。他还在学校就业网等网站上查询了有关政策和各地招聘会的情况，并做好记录。这样，小胡才安心地到外地实习去了。实习期间，班主任老师向用人单位投送了小胡的材料，并较详细的介绍了他的基本情况；院系的老师也积极向用人单位推荐；好友为他提供了几条重要线索；同时，根据网站的消息，他还参加了实习所在地的人才交流会。

这样，小胡尽管人在外地实习，却比有些在学校的同学消息还灵通，选择的机会颇多，做到了实习、求职两不误。

分析：案例中的小胡显然在把握就业信息上处理得非常好，虽然求职关键时期人在外地实习，但他做好了充分的准备，使信息渠道畅通无阻，赢得了很多机会。毕业生应和学校多互动，常关注就业信息网站，充分利用各种资源。

附录：职业信息的主要来源

1. 网络资源

中华人民共和国教育部(http://www.moe.gov.cn)

中华人民共和国人力资源和社会保障部(http://www.mohrss.gov.cn)

全国大学生就业公共服务立体化平台(http://www.ncss.org.cn)

国家职业资格工作网(http://www.osta.org.cn)

中国人事考试网(http://www.cpta.com.cn)

大学生志愿服务西部计划(http://xibu.youth.cn)

人事部人才市场公共信息网(http://www.chrm.gov.cn)

中国研究生招聘网(http://www.chinaedunet.com)

全国招聘会信息网(http://www.91student.com)

应届生求职网(http://www.yingjiesheng.com)

中华英才网校园招聘(http://campus.chinahr.com)

前程无忧(http://51job.com)

智联招聘网(http://www.zhaopin.com)

英才网联(http://www.800hr.com)

2. 可供参考的资料有：

(1)《中国大学生就业》是中华人民共和国教育部主管，由全国高校学生信息咨询与就业指导中心主办，全国唯一为大学生就业提供指导与服务的专业性刊物。

(2)《出国与就业》是由中国贸易促进委员会主管、中国四达国际经济技术合作公司主办，以开发、培训、交流人才资源，为大众提供就业出国留学、移民、劳务咨询，及在国外学成归来报效祖国的人才为主要宣传内容的新闻纪实性、政策指导性、服务实用性的刊物。

(3)《成功就业》杂志以内容生动、实用为特点，贴近大学生读者，内容涉及从职业生涯规划到就业形势分析，年度就业形势分析预测，及时准确的政策深层解读，地方及行业就业情况调查与研究，高校就业工作交流与理论探索，校企人才培养战略研讨等，第一时间刊登毕业生政策及其他政府就业信息，另外还有其他校园热点，比如考研、留学等前沿咨讯。

(4)《就业与保障》杂志是一份国内外公开发行的专业宣传就业与劳动保障工作的社科类期刊，力求全方位、多视角、深层次地反映劳动就业、职场人生、社会保障事业发展和改革的重大举措和最新信息，全面捕捉大就业、大保障中存在的热点、焦点问题；及时传递求职应聘最新最快信息；权威解读医疗保障改革的最新政策动态；通过典型案例分析，帮助读者维护自身合法权益。

(5)《职业》杂志是由劳动和社会保障部主管的国家级人力资源管理和求职招聘类专业刊物，内容涉及员工招聘录用、培训与开发、工作绩效考核与评估、薪酬设计与管理、福利等人力资源管理各方面。杂志通过最新政策导读以及典型案例分析，告诉求职者如何更好地面对求职和职业生涯发展中的各种困难。

(6)《成才与就业》期刊隶属于上海市教委，其宗旨是帮助读者从学校顺利走向职场。

第五章　职业生涯设计与抉择

　　大学生都渴望拥有完美的职业生涯，但现实生活并不总是尽如人意。许多人虽抱有满腔的热忱，但没有科学的方法，不能正确地规划好自己的职业生涯，因此遗憾不已。科学的职业生涯规划是在相应的理论指导下，利用有效的职业生涯规划方法完成的。

第一节　大学生职业生涯规划原则与要素

一、职业生涯规划原则

　　正确的职业生涯规划能使大学生走向成功，而错误的职业生涯规划则有可能使人误入歧途。因此，职业生涯规划必须遵循一定的原则和方法。

　　对于大学生而言，良好的职业生涯规划，既要有利于个人职业生涯活动有出色的表现，又要有利于个人整体发展和家庭生活质量的提高。所以，在进行职业生涯规划时，要充分考虑到个人的特性，对影响职业生涯的因素进行总结分析，确定个人的人生发展目标，选择实现这一目标的职业并做出具体的安排，具体来说，在职业生涯规划时应遵循下列原则。

　　(一)全程性原则

　　全程性原则也称系统性原则，即对职业生涯发展的整个历程作全程考虑，同时将职业生涯计划实施当成一个系统工程，并纳入到个人的发展战略之中。也就是说，拟定职业生涯规划时应该考虑到自身职业生涯发展的整个历程，从整体的角度全盘考虑。

　　(二)阶段性原则

　　所谓阶段性原则，主要指在进行职业生涯设计时，要充分考虑自身所处的不同发展阶段，有目的、有步骤、有计划地调整和安排各个不同阶段的职业生涯计划。职业生涯设计的阶段主要划分为短期、中期、长期3个阶段。

　　(1)短期规划，一般为3年，这一阶段职业生涯计划主要是确定近期目标和明确这一期间需要完成的任务。

　　(2)中期规划，一般为5年，这一阶段职业生涯计划的重点是要规划出3~5年内的职业生涯的目标与任务以及具体实现途径。

　　(3)长期规划，一般为5~10年，这一阶段的职业生涯计划重点是要设定较长远的目标。

　　(三)挑战性原则

　　规划要在可行性的基础上具有一定的挑战性，完成规划要付出一定努力，成功之时才有较大的成就感。

　　(四)持续性原则

　　人生每个发展阶段应能持续连贯衔接，各具体规划与人生总体规划一致，不能摇摆不定，浪费自己的时间和精力。

（五）发展性原则

发展性原则，主要指在制定和采取职业生涯的具体实施措施时，要充分考虑变化与发展性因素。如目标或措施是否能依环境及组织、个体的变化作调整；调整的幅度及范围有多大，目标或措施是否有弹性或缓冲性。

（六）清晰性原则

规划应该清晰、明确，能够把它转化成一个个可以实行的行动，人生各阶段的线路划分与安排一定要具体可行。

（七）实际性原则

一份职业生涯规划不管表面上有多么的诱人，都得经过实践的考验。一份好的职业生涯规划除了遵循以上原则外，还应该遵循实际性原则。在实际性原则里，我们应该考虑目标是否符合自己的性格、兴趣和特长，是否对自己有挑战性，能否在规定的时间内完成，实现目标的途径是否能在自己的特质、社会环境、组织环境等范围内执行，可行性有多大。同时，职业规划是否具体，在执行职业生涯规划的过程中，自己能否随时掌握执行的情况，能否进行评估等等。

二、职业生涯规划的要素

职业生涯规划的 5 大要素是：知己、知彼、抉择、目标、行动。

（1）知己。知己就是自我认识与自我了解，向内看，看自己的兴趣、能力、价值观、个性，以及父母的教育、学校与社会教育对个人产生的影响等。

（2）知彼。知彼就是熟悉周围的环境，探索外在的世界，特别是与生涯发展有关的工作世界。主要了解职业的特性、所需的能力、就业渠道、工作内容、工作发展前景、行业及职业的薪资待遇等。

（3）抉择。抉择包括抉择技巧、抉择风格，以及抉择可能面临的冲突、阻力、助力等。

（4）目标。抉择之后就是确定目标，考虑自己职业生涯的前景，确定切合实际的目标，指导行动。

（5）行动。行动是极及重要的一个环节，即使前面的所有工作都做得很好，但如果没有行动去实现，这些规划只不过是空中楼阁而已。

以上 5 个要素是相互关联的，知己是了解自己本身的特性，知彼是了解工作舞台的特性。做到知己知彼，可以使确定的个人职业生涯目标符合现实，而不是一厢情愿，自己对所从事的职业很感兴趣，不是被动地去工作，在所从事的工作中发挥自身的特长，利用自己的优势，使得自己能适应工作环境，游刃有余，做到知己知彼后，做出职业抉择，行动方案才有现实的基础，这样才能制定出好的职业生涯规划。

三、大学生职业生涯规划的注意事项

对在校大学生来说，在制定职业生涯规划时，还应结合自身的特点，考虑大学生的特殊情况，为职业生涯做好充分的准备。

（一）职业生涯规划与社会需要相结合

大学生只有将个人的成才与社会需要紧密结合起来，满足社会需要，才能成为受社会欢迎的人。选择职业作为一种社会活动必定受一定的社会制约，任何人选择职业的自由都是相对的，有条件的。如果择业脱离社会需要，他将很难被社会接纳。所以，大学生求职时应把社会需求与个人利益统一起来，社会需要与个人愿望有机结合。应积极把握社会人才需求的动向，把社会需要作为出发点和归宿点，以社会对个人的要求为准绳，既要看到眼前的利益，又要考虑长远的发展，既要考虑个人的因素，也要自觉服从社会需要。

（二）职业生涯规划与所学专业相结合

大学生都经过一定的专业训练，具有某一专业的知识和技能，这是每个人的优势所在。大学生所学的每个专业都有一定的培养目标和就业方向，这就是大学生职业生涯设计的基本依据。用人单位对毕业生的需求，一般首先选择的是大学生某专业方面的特长，大学生迈入社会后的贡献，主要靠运用所学的知识来实现。如果职业生涯设计离开了所学专业，无形当中增加了许多补课的负担，个人的价值就难以实现。需要强调的是，大学生对所学的专业知识要精深、广博，除了要掌握宽厚的基础知识和精深的专业知识外，还要拓宽专业知识面，掌握或了解本专业相关，相近的若干专业知识和技术。

（三）职业生涯规划与兴趣，能力相结合

职业的选择要与自己的性格、气质、兴趣、能力特长等方面相结合，充分发挥自己的优势，扬长避短，体现人尽其才，才尽其用的要求。

（四）职业生涯规划与身心素质相结合

千变万化的社会要求大学生要有健康的体魄和良好的心理素质。古希腊哲学家赫拉克利特（Heraclitus）曾指出："如果没有健康，智慧就难以实现，文化无从施展，力量不能战斗，财富变成废物，知识也无法利用。"对大学生来讲，健康更是学业成就、事业发展、生活快乐的基础。在德智体全面发展的职业生涯规划中，体是基础，智是条件，德是方向。21 世纪劳动者的身体和体能，要能适应快节奏、多变化的生活，就必须积极参加体育运动，增强自身体质。

良好的心理素质，有利于大学生充分开发潜能，陶冶情操，坚定信念，为自己的心安设一盏希望的明灯，在人生选择与实现的过程中，应培养和锻炼自己对挫折的承受能力和情绪调控能力，增加生活的体验，以正确的人生态度对待困难。

第二节　大学生职业生涯抉择方法及其应用

一、大学生职业生涯抉择方法

现代科学技术的发展使大量的管理决策方法出现，如决策树、现值分析、收益矩阵、博弈论、边际分析、风险分析、优选理论和人工智能等，大学生生涯规划的方法可以根据需要将这些决策方法运用到自己的生涯抉择中。在此，介绍几种常用的生涯抉择方法。

（一）头脑风暴法

又称专家决策法，是指依靠一定数量的专家的创造性思维来对决策对象未来的发展趋势及其状况作出集体的判断。头脑风暴法分为直接头脑风暴法和质疑头脑风暴法。

1. 直接头脑风暴法

又称为畅谈会法或智力激励法。它由美国著名工程学家奥斯本于 1939 年首创，最早被用于广告的创作，后来发展为人们自由发表意见的一种会议形式。在会议上，成员可以无拘无束、自由奔放地思考问题，畅所欲言地发表自己的意见或看法，不需有任何顾虑。

这种方法实质上是专家集体智能结构效能的发挥。会上成员通过相互启发和信息交流，产生思想共振，以致引发更多创造性设想。其原则是：第一，在会上，对别人提出的意见不许进行反驳或下结论；第二，欢迎和鼓励个人进行独立思考、广开言路、集思广益；第三，会上所提建议或意见越多越好，不必害怕彼此间相互矛盾；第四，寻求意见的改进与联合，可以补充、发展和完善相同的意见，从而使某一方案更加完善。

2. 质疑头脑风暴法

它也是一种集体产生设想的方法。与直接头脑风暴法不同的是，该方法需要召开两个会议，第一个会议是完全遵从直接头脑风暴法的原则进行，第二个会议是对第一个会议提出的已经系统化的设想进行质疑。

（二）决策树法

即决策问题的图形表达，对多个阶段的决策问题十分见效，它指明了未来的决策点和可能发生的偶然事件，并用记号表明各种不确定事件可能发生的概率，它把可行方案、所冒风险及可能的结果直观地表达出来，使决策者准确及时作出选择。

（三）多品质效用决策模型

该决策模型应用在那些有几种选择、每一选择都使用量化标准进行评估的各种决策问题上，它为确定相关标准，收集有关信息，按一定意义对信息进行组织，在同一方式下为所有选择进行评价提供了工具。它的基本步骤如下：①确定和列出相关标准和约束；②确定和列出相关品质；③确定每一品质的各级效用；④确定各标准的相对的重要性或权重比例；⑤确定各品质的权重比例；⑥确定约束和划去不能接受的选择；⑦对可选择项目作计算，定出最佳全局效用；⑧考虑有无遗漏的标准，以及大分值的选择有无不利结果，然后最终作出抉择。

（四）平衡单法

事实上，大学生职业生涯规划过程中，以上3种决策方法是被综合运用的，目前最常用的是在这3种决策方法基础上的生涯抉择平衡单法。平衡单法进行决策的步骤如下：①对各种被选方案的优缺点进行充分的讨论；②在此基础上列出选择时的考虑因素，按照优缺点列出得失分数（1～10分）；③合计每个方案的优点总分（正分）和缺点总分（负分），两分相加得出得失差数；④按照自己对于各项的重视程度，给出权重比例（加权范围1～5）；⑤每一项原始分数乘以权重分数得出各项平衡分数；⑥将每一方案权重后的各项分数相加得出分数差数；⑦根据平衡单各备选方案的得分情况作出选择。

在使用平衡单进行生涯决策时，各项目的原始分数应根据决策者自己的想法而定；加权分数直接反映决策者对各项目的重视程度，在给出加权分数之前进行充分的讨论；当最后的分数出现后，选择结果和决策者内心有冲突时，应停下来重新考虑各项原始分数和权重比例，进一步对各项进行讨论，找出冲突的根本所在，使决策结果更加适合决策者的状况。

二、职业生涯抉择平衡单方法的运用

李某是某大学大四的学生，他有3种生涯方案可以选择：报考公务员、在国内读研究生、出国深造。李某性格外向、活泼、能力强、自主性高，对于前途的思考，他内心很矛盾，既希望工作稳定，又希望工作富有挑战性。在与同学、老师讨论后，他列出各个方案的优缺点（见表5－1）。李某根据自己的情况对3个方案的优缺点进行了充分分析，考虑到自己和他人在物质和精神上的得失，在此基础上，列出了自己的生涯抉择平衡单及其考虑项目（见表5－2、表5－3）：

表 5 - 1　劳动者类型与职业类型对应表

考虑方向	公务员	国内深造	国外深造
优点	1. 稳定性强,工作收入有保障 2. 社会地位高 3. 以后有足够的社会资源可以利用	1. 能及时了解国内相关产业发展状况,有利于将来的工作 2. 师长、朋友等人际关系的持续 3. 取得较高的文凭 4. 工作升迁容易	1. 能圆出国留学之梦 2. 增加见识,丰富阅历 3. 旅游 4. 英语能力和独立生活能力的提高 5. 工作发展前景比较好 6. 可以激发潜力
缺点	1. 工作变动性少,容易厌倦 2. 升迁压力大 3. 不很符合自己的个性	1. 学习压力大 2. 没有收入	1. 学习压力大 2. 语言、文化不适应 3. 费用高,经济压力大 4. 挑战性高
其他	1. 父母特别支持	1. 女朋友的期望	1. 自己一直想在国内 2. 父母可以在经济上资助,国外的亲戚特别希望他去

表 5 - 2　李某的生涯抉择平衡单

考虑项目(加权范围 1～5 倍)	第一方案(公务员考试)		第二方案(国内深造)		第三方案(出国深造)	
	得(＋)	失(－)	得(＋)	失(－)	得(＋)	失(－)
1. 适合自己的能力		－4	5		6	
2. 适合自己的兴趣		－3	4		8	
3. 符合自己的价值观	5		3		7	
4. 满足自己的自尊心		－2			7	
5. 较高的社会地方		－5	3		6	
6. 带给家人声望	2		1		2	
7. 符合自己理想的生活形态	3		5			－3
8. 优厚的经济待遇	7			－1		－8
9. 足够的社会资源	2		8			－1
10. 适合自己的目前处境	5		2		1	
11. 择偶以建立家庭	7		5			－5
12. 有利于将来的发展		－5	5		8	
合计	31	－19	44	－1	45	－17
总分	12		43		28	

注意事项:

1. 每一项目的得失可根据优点(得分)、缺点(失分)来回答,记分范围为 1～10 分;

2. 总计分数为合计每个方案的优点分(正)和缺点分(负),正负相加算出的客观的得失差数;

3. 在给出分数时,一定是出于自己的想法;

4. 每个方案的重要性体现在所给出的分数的不同上。

表 5 - 3　李某的生涯抉择平衡单考虑项目

考虑项目(加权范围1~5倍)	第一方案(公务员考试)		第二方案(国内深造)		第三方案(出国深造)	
	得(+)	失(-)	得(+)	失(-)	得(+)	失(-)
1. 适合自己的能力(* 5)		- 20	25		30	
2. 适合自己的兴趣(* 2)		- 6	8		16	
3. 符合自己的价值观(* 4)	20		12		28	
4. 满足自己的自尊心(* 2)		- 4	6		14	
5. 较高的社会地方(* 3)		- 15	9		18	
6. 带给家人声望(* 2)	4		2		4	
7. 符合自己理想的生活形态(* 5)	15		25			- 15
8. 优厚的经济待遇(* 3)	21			- 3		- 24
9. 足够的社会资源(* 2)	4		16			- 2
10. 适合自己的目前处境(* 5)	25		10		5	
11. 择偶以建立家庭(* 4)	28		20			- 20
12. 有利于将来的发展(* 3)		- 15	15		24	
合计	117	- 60	148	- 3	139	- 61
总分	57		145		78	
排序	3		1		2	

注意事项:

1. 每一项目的重要性因人、因事、因时、因地而不同。加权分数应根据项目的重要性与迫切性来确定,给出正整数;

2. 将原始分数乘上加权系数,最后把得失分数差计算出来得出总分;

3. 依据总分为各个方案排序。

综合分析:按照上表的得分情况来看,李某的第二方案(国内深造)的得分最高,为145分。因此,李某在此阶段进行的职业抉择不妨考虑在国内进行深造。

【案例评析】

名人的职业生涯规划

一个美国小伙子立志做一名优秀的商人,中学毕业后考入麻省理工学院,没有去读贸易专业,而是选择了工科中最普通的基础专业机械制造专业。大学毕业后,这位小伙子没有马上投身商海,而是考入芝加哥大学,攻读为期3年的经济学硕士学位。更加出人意料的是,获得硕士学位后,他还是没有从事商业活动,而是考了公务员。在政府部门工作了5年后,他辞职去了通用集团工作。又过了2年,他开办了自己的商贸公司。20年后,他的公司资产从最初的20万美元发展到2亿美元。

这位小伙子就是美国知名企业家比尔·拉福。

比尔·拉福把他的成功归功于他父亲的指导。他们共同制定了一个重要的生涯规划并选择了合适的职业生涯路线：工科学习，工学学士－经济学学习，经济学硕士－政府部门工作，锻炼处世能力，建立广泛的人际关系－大公司工作，熟悉商务环境－开公司事业成功。

第一阶段：工科学习

中学时代，比尔·拉福就立志经商。他的父亲是洛克菲勒集团的一名高级职员，他发现儿子有商业天赋，机敏果断，敢于创新，但经历的磨难太少，没有经验，更缺乏必要的知识，于是，父子俩进行了一次长谈，并描绘出职业生涯的蓝图。因此，升学时他没有像其他人一样直接去读贸易专业，而是选择了工科中最基础最普通的机械制造专业。

收获：比尔·拉福在麻省理工学院的4年，除了本专业，还广泛接触了其他课程，如化工、建筑、电子等，这些知识在他后来的商业活动中，发挥了举足轻重的作用。

工科学习不仅是知识技能的培养，而且能帮助建立一套严谨求实的思维体系。清楚的推理分析能力，脚踏实地的工作态度，这些正是经商所需要的。

第二阶段：经济学学习

大学毕业后，比尔·拉福没有立即进入商海而是考进芝加哥大学，开始了为期3年的经济学硕士课程。比尔·拉福掌握了经济学的基本知识，搞清了影响商业活动的众多因素，还认真学习了有关法律和微观经济活动的管理知识，几年下来他对会计、财务管理也较为精通，在知识上已完全具备了经商的素质。

第三阶段：政府部门工作

比尔·拉福拿到经济学硕士学位后，考取了公务员，在政府部门工作了5年，在环境的压迫下，比尔拉福养成了强烈的自我保护意识，由稚嫩的热血青年成长为老成、处变不惊的公务员，并结识了各界人士，建立起一张关系网络，为后来的发展提供大量的信息和便利条件。经商必须有很强的人际交往能力。要想在商业上获得成功，必须深知处世规则，善于与人交往，建立诚信合作关系，这种开拓人际关系的能力只有在社会工作中才能得到提高。

第四阶段：通用公司锻炼

5年政府工作结束之后，比尔·拉福完全具备了成功商人所需的各种素质，于是辞职下海，去了通用公司。在国际著名的通用公司进行锻炼，比尔·拉福不仅为实践所学的理论找到了一个强大的表现平台，而且学习到了丰富的管理经验，完成了原始的资本积累。这也是大学生创业应该借鉴的地方，除了激情还应该考虑到更多的现实。

第五阶段：自创公司，大展拳脚

2年后，比尔·拉福已熟练掌握了商情与商务技巧，便婉言谢绝了通用公司的高薪挽留，开办了拉福公司，开始了梦寐以求的商人生涯，实现多年前的计划。

比尔·拉福的准备工作，几乎考虑到了每个细节，拉福公司的成长速度出奇的快，20年后，拉福公司的资产从最初的20万美元发展为2亿美元，而比尔·拉福本人也成为一个奇迹。

分析：比尔·拉福的生涯规划脉络清晰，步骤合理，充分考虑了个人兴趣和个人素质，并着重职业技能的培养，职业生涯设计在他坚持不懈的努力下，终于变为现实。这种职业生涯路线的选择未必适合你，但可以看出，围绕着职业生涯目标选择合适的职业生涯路线是成功不可缺少的步骤。

案例来源：《工学周报》

第六章 提升就业能力

机会总是垂青于有准备的人。大学生的职业素质训练与拓展应该从跨入大学校门第一天就开始,并贯穿大学生活始终。这不是一件简单的事情,需要大学生通过认真的思考、不断的学习,努力做好知识、能力、素质等各方面的准备,这将关乎毕业择业时的自由度和就业岗位层次,重要的是可以有助于抓住人生当中更多稍纵即逝的发展机遇。

第一节 优化知识结构

21世纪是知识经济的时代。知识结构是否合理、知识水平的高低是提高大学生就业竞争力的关键。它直接关系到大学生的综合素质能否有效提升,能否找到满意的工作,能否将自己规划的职业生涯蓝图变为现实。

一、建立合理的知识结构

所谓合理的知识结构,就是既有精深的专门知识,又有广博的知识面,具有事业发展实际需要的最合理、最优化的知识体系。建立起合理的知识结构,培养科学的思维方式,提高自己的实用技能,以适应将来在社会上从事职业岗位的要求。知识结构是指一个人经过专门学习培训后所拥有的知识体系的构成情况与结合方式。合理的知识结构是担任现代社会职业岗位的必要条件,是人才成长的基础。现代社会的职业岗位,所需要的是知识结构合理、能根据当今社会发展和职业的具体要求,将自己所学到的各类知识,科学地组合起来的,适应社会要求的人才。

(一)合理的知识结构的特征

1. 有序性

合理的知识结构,一般来说必然有从低到高的、从核心到外围几个不同层次。从低到高是从基础到专业直至顶尖的目标基础知识,直至前沿科技知识,要求知识的积累由浅入深,并逐步提高;从核心到外围是指在目标确定的前提下,将那些对实现目标有决定意义的知识放在中心位置,由此构成合理的知识结构,突出核心知识的中心作用。否则知识结构杂乱无章、主次不分,很容易造成胡子眉毛一把抓,样样通、样样松,没有自己的专长,发挥不了知识的整体作用,很难在从业生涯中形成自己的优势,更谈不上成功。这里需要指出的是,我们强调知识搭配的主次有序,并不是否定外围知识作用。在具备专业特长的同时,多涉猎一些相关领域的知识,形成具有精深性和广博性的知识结构是理想的追求。

2. 整体性

一切事物都是有机的整体,知识结构与其他事物一样,是一个有机的整体,组成整体的各部分之间,都相互依赖、相互联系、相互作用、相互制约。如果知识结构只有数量的优势,而没有相互协调、配合融通,就很难产生知识结构的整体优势。知识结构本身就是发展变化的，它是动态的，而不是静止的，是随着社会的发展而发展变化的。在社会不发达的阶段，知识结构相对而言较为简单，随着社会的进步，科学技术的日新月异，人们根据社会的需要，对知识结构应经常进行调整、充实、提高。如不更新知识，就难以适应现代社会的要求。

3. 可调性

人们的知识结构应是动态的、可变的、能够根据需要经常进行定向调整，以保持最佳状态。所谓定向调整就是紧紧围绕选定的目标和积累的知识，调整自身的知识结构。爱因斯坦上大学的时候常常让同学帮助他记数学笔记而草率应付过去，没料到，他攻克广义相对论时发现自己所缺的正是数学这个武器。于是，他下苦功学习了7年数学，调整了自己的知识结构才取得了辉煌的成就。实践证明，合理的知识结构本身应该有一种转换能力，它能够根据变化了的客观世界和实际需要，从一个目标转向另一个目标而不断地对自身进行充实和调整。

(二)建立合理知识结构的基本原则

那么，怎样建立一个合理的知识结构呢？要建立一个适合自己发展的最佳知识结构并不是一件容易的事。因此，在确立自己的知识结构和学习新知识之前，应该掌握一些建立合理的知识结构的原则。这些原则不是一般意义上对学习者的要求，而是必须遵循的准则，离开这些原则的支撑和指导，要建立任何具有实际意义的知识结构都是不可能的。

1. 整体性原则

整体性原则体现的是知识内在的逻辑联系和必然性。在建立自己合理的知识结构时，必须从总体上来考虑知识的功能和效应，片面零散的知识、支离破碎的知识，不可能提高一个人的认识能力和解决问题的能力。知识的内在结构和体系，由浅入深，由个别到一般，这些原理都是符合学习知识的过程；而好高骛远、脱离实际地追求博大精深只能是一种幻想。用整体性原则指导自己建立合理的知识结构，就是从自己的实际出发，结合自己的整体目标，先从宏观上把握对自己发展起决定作用的知识，然后再从知识的内部融会贯通，完整掌握，而不能满足于浅尝辄止和一知半解。一种职业，一个岗位总是对从事它的人提出特定的知识要求，这些知识的本身总是一个个有机的整体，有其自身的规律和价值，越能从整体上把握，它的价值就越大。

2. 相关性原则

相关性原则体现的是知识的相互依赖、相互牵连的内在本质特点。所有的知识都不是孤立和分散的，一个学科、一门知识总是和他相邻的学科和知识有着或多或少、或深或浅的联系，从而构成了知识相互影响、相互促进的互动态势，比如语言学和文学之间，物理学和数学之间，气象学和生物学之间等。建立自己合理的知识结构，必须按照知识互相影响、互相依赖、互相促进的特征去组合、去建设，按照自己的人生目标、工作性质的相关要求学习掌握知识，而不是按照个人的喜好片面单纯地追求某一方面的知识。

3. 迁移渗透性原则

迁移渗透性原则体现的是知识的相互交叉、相互派生的特征。知识不是孤立分散的，相近相关的知识不仅可以互相促进，而且在一定情况下也可以相互转化和派生。尤其是随着新的科学方法和思维观念的出现，知识之间的相互渗透、相互迁移日益增多，交叉学科、边缘学科大量涌现，马克思预言的自然科学奔向社会科学的洪流已经成为现实，比如数学已经越来越多地渗透到多个学科领域。我们在掌握现有的相关知识的同时，还要善于将已有知识相互深透，将知识学活，用知识创新知识，使自己的知识结构变为一个不断向外扩张的体系。

4.动态性原则

动态性原则体现的是知识的发展规律，不能期望建立一个一劳永逸的知识结构。所谓"活到老，学到老"就是对知识动态性原则最通俗的注释。在信息时代，知识的更新更加频繁，一个人昨天建立的知识结构，如果今天不充实更新，它的价值就会降低。只有用动态性原则要求自己，不断在旧的知识结构中叠加新的内容，才能把握更多稍纵即逝的机会。

建立合理知识结构的4个原则，在具体的运用过程中并不是孤立的，是相互联系、相互作用的，是揭示了一个合理知识结构的必不可少的4个方面。因此，只有将4个原则结合起来，才能真正起到指导作用。

（三）知识结构的4种类型

1.宝塔型知识结构

这种知识结构形如宝塔，由基础理论知识、专业基础知识、专业知识、学科知识、学科前沿知识构成。基础理论知识为宝塔型底部，学科前沿知识为高峰塔顶。这种知识结构的特点是：强调基础理论的宽厚扎实和专业知识的广博精深，容易把所具备的知识集中于主攻目标上，有利于迅速接近学科前沿。如今我国高校培养出来的大多是具有这类知识结构的人才。

2.T型知识结构

这种知识结构是宽广的知识面与某一狭窄领域前沿知识的结合，宽广的知识面保证了人才具有广阔的视野，思考问题思路开阔，能够运用不同领域的基本知识和基本原理，而某领域的前沿知识保障了人才能够进入这一领域的前沿，进行非常专业的问题的深入探索，早出结果。

3.蜘蛛网型知识结构

蜘蛛网型知识结构是以所学的专业知识为中心，与其他专业相近的、有较大相互作用的知识作为网状连接，形如蜘蛛网。这种知识结构，是以自己的专业知识作为一个"中心点"，与其他相近的，作用较大的知识作为网络的"纽结"相互联结，形成一个适应性较大的，能够在较大范围内左右驰骋的知识网。这种蜘蛛网型知识结构的特点是：知识广度与深度的统一，这种知识结构呈复合型状态。随着社会生产的高速发展，这种知识结构的人才非常受社会用人单位的欢迎。

4.幕帘型知识结构

这种知识结构是指一个具体的社会组织对其组织成员在知识结构上有一个总的要求，而作为该组织的个体成员，将依其在组织中所处的层次，在知识结构上又存在一些差异。以一个企业为例，企业对其成员的整体知识结构要求是，具有财会、安全、商业、保险、管理等知识。而对企业中处于不同层次的个人来说，要求掌握上述知识的比例是截然不同的，从而组成各自不同的知识结构。这种知识结构强调个体知识结构与组织整体知识结构的有机结合，人们要根据所选岗位在组织中的位置及具体层次，来调整自己的知识结构，增强就业后的适应性。这种知识结构实际上不是在个体层次而在群体层次上探讨的，作为个体，只有在实际的工作中才能根据组织的总体要求去建立。

大学生可以根据自己所选择的职业、自己个性特征和已有基础，来选择自己应该建立的知识结构类型。例如，如果想从事综合管理性的职业，那么就应该建立的是幕帘型知识结构，成为复合型人才。如果想从事研发职业，就要进一步分析从事职业技术含量的高低，如果从事的是一种技术含量不很高，但却要集成多种技术的一类产品研发，那么应该建立蜘蛛网型知识结构；但如果将要开发的产品种类属于技术比较单一，但专业性极强，那么就应该建立 T 字型知识结构；而如果要开发的产品介于上面两种情况之间，建立宝塔型知识结构更为合适。

（四）建立和优化合理知识结构的途径

1. 用理论思维的方法建构自身的知识体系

未来人才的知识结构是由未来所需要的人才的能力结构所决定的，这是知识建构中的总的指导思想。学生应当在总的指导思想下，依照未来社会的人才能力结构特征，构建自己的知识体系。既要从近期需求的角度考虑学习对自己有用的知识，又要从长远提高角度出发，进行知识的系统构建；既要学习自己有兴趣的专业知识，又要注重学习不易引起人直观兴趣的基础类知识、横向类知识、思维方法类知识。要从理论的高度认识学习的必要性和迫切性，不断发现自身知识结构方面存在的问题，采取多种形式来弥补知识结构方面存在的缺陷和不足。

2. 强化知识结构的整体效应

20 世纪 80 年代以来，现代科学技术已日益呈现出既高度分化，又高度综合的特征。一方面，学科的划分越来越细；另一方面，不同学科之间的相互关联和相互渗透又越来越明显。通过各个部分知识之间的相互融合与沟通，使知识发挥整体优化功能，就显得更加重要。大学生要明确各类知识的多重功能、价值以及各种知识之间的内在联系，对实现专业培养目标有决定意义的知识，应务求精通，以发挥知识结构的整体效应。

3. 优化知识结构的动态调节功能

良好的知识结构是一个动态平衡系统，其组成部分要相互协调一致，并具有动态调节功能。大学生要保持自身知识结构的最佳状态，就要紧紧围绕选定的目标不断积累并更新自己的知识，以调整和完善自己的知识结构。事实证明，一个人在学校所获取的知识是很有限的，大部分知识都要在日后的工作中根据需要，通过自学而获得。这种自学能力是根据变化了的客观形势和实际需要，通过自觉地补充、更新知识，以保证最佳的知识结构。

二、职业对知识结构的要求

（一）职业对就业者知识结构的要求

职业对就业者的知识结构要求是多方面的，不同的职业有不同的要求，但亦有其共性的要求：

1. 宽厚扎实的基础知识

基础知识是知识大树之躯干，是知识结构的根基。大学毕业生无论选择何种职业，也不管要向哪个专业方向上发展，都少不了宽厚扎实的基础知识，就像万丈高楼平地起，全靠基础来支撑。特别是随着科技和经济的高速发展，社会的产业、行业、职业结构调整的速度必然加快，大学毕业生的择业、就业已经不可能再是从一而终，职业岗位随时变动不可避免，要适应这种变化，必须有扎实宽厚的基础知识。

2. 广博精深的专业知识

大学毕业生是将要从事专业性较强的高级专门人才，专业知识是知识结构的核心部分，也是科技人才知识结构的特色所在。无专业特色，也就不成其为科技人才。所谓广博精深，是指大学生对自己所要从事专业的知识和技术具有一定的深度，一定的范围，有质和量的要求，对概念体系、理论体系、研究方法、学科历史和现状、国内外最新信息等都要了解和把握。同时，对其专业邻近领域的知识也要有所了解和熟悉，善于将所学专业的领域与其他相关领域紧密联系起来。专博相济，专深博广，已成为当今人才素质的重要要求。

3. 大容量的新知识储备

现代各类职业都要求从业者的知识"程度高、内容新、实用强"。"程度高"指知识量大，面宽；"内容新"指从业者的知识结构中应以反映当今科学技术发展状况的新知识、新信息为主；"实用强"指从业者的知识在生产工作中有很强的使用价值。反映上述要求的一个很明显的例子是，目前用人单位普遍要求毕业生除了能熟练运用所学专业知识的同时还要能熟练地运用一门外语和计算机操作技术。

(二)不同的职业对就业者知识结构要求

1. 管理类职业对求职者的知识结构要求

该职业主要包括国民经济管理、企业管理、金融管理、财政管理、外贸管理、行政管理等社会工作。选择此类职业为目标的求职者，在其文化素质上除了具备上述那些共性的要求外，根据管理职业的实际需要和管理科学的发展规律，还必须很好地掌握党的方针政策知识。在其知识结构中，其管理理论和管理知识要占较大比例，应了解税务、工商、外贸的管理知识。

2. 工程类职业对求职者的知识结构要求

该类职业的范围包括各行各业中从事工程技术应用工作的职位。它要求就业者在文化素质上应具备牢固地掌握所学专业的知识，具有较新的现代专业理论，熟练地掌握并能应用于实际工作中的应用技术知识及一定的管理知识。

3. 科研类职业对求职者的知识结构要求

该类职业主要指基础理论研究、信息情报研究、学科应用技术研究等职业。该类对希望献身于这方面工作的求职者在文化素质上的要求为：具有丰富、坚实的专业基础知识，掌握严谨的研究方法并能运用于实际研究中，掌握大量的本专业的当代研究的前沿信息，熟练掌握本专业的各种实验方法和调查方法并能应用于实际工作中。

4. 教育类职业对求职者的知识结构要求

该类职业的范围包括大学教师、中学教师及各类职业教师、干部培训教师等。由教育这一特殊职业决定，选择此类职业的就业者在文化素质上要具备以下条件：掌握辩证唯物主义和历史唯物主义的基础理论和浓厚扎实的专业知识，熟悉本专业最新研究成果及趋势，了解与本专业相近的新兴边缘学科或学科的情况，具有较高的文化素养达到真正的"博学"。此外还要掌握教育科学的有关知识，包括教育学、心理学、教育心理、教材教法等。

(四)保持动态的知识结构

随着科学技术发展速度越来越快，知识更新急剧加快，传统的学科之间的界限被打破，学科之间相互交叉、相互渗透，边缘学科、新兴学科不断涌现，学科间的联系越来越密切。学科发展出现了既高度分化又高度综合的新特点，任何一个学科都不可能脱离其他学科而单独发展。社会在发展，知识在更新，现代社会要求未来人才的知识不仅知识量大，面宽，知识结构中能反映当今科学技术发展状况的新知识、新信息，而且知识在今后的生产、工作中有很强的实用价值。一定的知识结构是求知过程中经过量变积累逐步形成的。这是一个从无序到有序、从低级形式到高级形式不断发展变化的过程。同时，具有一定知识结构的人，如果这种知识结构得不到及时的充实（或长期用非所长，或长期不能充实新知识），就会向解体的方向发展，超过一定的临界点，原有结构就遭到破坏。因此，不断追求吸收新的知识对任何人都是重要的。当今社会之所以非常重视继续教育，并把它作为终生的任务，就在于防止知识的老化，而使之不断适应社会生活与工作的需要。历史发展到我们这个时代，要求对知识的掌握具有一定的深度和广度，有量和质的要求。实践证明，大学生从学校里学来的知识，只占一生需要量的 10% 左右。90% 的知识，需要到工作中继续学习、汲取。

当代大学生要学会鉴别知识（哪些是基础知识，哪些是应用知识，哪些是当今世界前沿知识），敢于抛弃知识（筛掉过时知识、垃圾知识），善于转化知识（把握知识点，形成量到质的转变），用智慧统帅知识才能在现实社会中靠自己的实力生活，用自己的能力赢得胜利。

第二节　提高综合能力

知识是能力的基础，无知必然无能。但是，知识不等于能力，知识必须转化为能力才能赢得最终的胜利。

一、大学生应具备的基本能力

一般说来，不同的学科和专业对其毕业生有着不同的能力要求，即要具有从事本专业活动的某些专门能力。但是无论什么专业的毕业生想顺利就业并尽快有所成就，都必须具备一些共同的能力。

（一）掌握现代信息知识的能力

良好信息能力的培养至少包括这样几个方面：一是个体要在心理结构上建立一个开放的、全方位的信息接受机制；二是个体从新的需要的角度对原有的信息、知识进行叠加、重组，或进一步系统化；三是通过与外界交流来保持信息的流动与更新；四是熟练运用电脑。我国的政治、经济、文化各方面的发展和人的发展都离不开信息化，整个社会更加信息化必将成为必然之势。但我国目前的信息基础薄弱，这给我国的信息化道路既带来挑战又带来机遇。挑战不言而喻，机遇则在于可以避免少走弯路而"后来居上"，与之相应，年轻人的成功也面临着巨大的机遇和挑战。机遇在于信息化社会提供了更多的成功机会，在于社会对他们的成功提出了更高的要求，能够培养信息能力是时代为他们提供的最大恩赐，也是时代对他们最严峻的考验，只有那些掌握了丰富的信息知识，在信息观念的支配下、在信息道德允许的范围内自由发挥信息素质（能力）的人，才有可能成为未来社会的栋梁之才。

（二）学习能力

我们处在一个信息化的学习社会，现代教育学理论认为，信息时代下学习的特点为：学习是个体建构的过程，个体在社会文化背景下，在与他人的互动中，主动建构自己的认识与知识。社会学大师马克斯·韦伯所说的"人类是生活在自己编织的意义网中的动物"，是对这一理论最好的解释。所以，信息社会的学习是一个充分发挥个人主动性和弥补个人思维缺陷的过程，人人都拥有难以测量的多种潜能，人的求知方法也拥有多种多样的风格，表现为各种不同的广度和深度，我们必须珍视所有这一切求知的方法，并尽可能地借助他人的力量。同时现代的信息技术为信息化的学习型社会的形成创造了条件。改变学习方法单一、被动的学习为自主的探索和合作型的学习。要培养密切关注社会、关注人生、关注科学的人生态度，要增强心理上对正在变化的环境的适应性。我们在认识事物的时候，要注重对前后流程和背景的解读、理解，创造活动来进一步掌握，同时要注意克服学习中的机械主义、绝对科学主义和任何的功利主义倾向。

（三）创新能力

创新是指思想的产生、演化、交流并应用于产品或服务中，以促使企业获得成功，其核心是科学技术的创新。创新是知识经济发展的基础。广义来说，创新还是一种对新思想、变化、风险乃至失败都抱积极态度的企业行为方式。正是由于这种创新，美国企业多年来在高科技领域保持领先。有创新意识，思维开阔的人才将在企业的知识创新机制中大展才能，为企业带来难以预料的生机和活力，因此最受青睐。

科技发展越来越快，知识经济一方面使知识价值倍增，另一方面也使知识贬值加快。企业的生存发展，在相当程度上取决于对知识更新能否快速反应。这就需要企业和人才要有很强的学习意识，随时接受新的信息，跟上科技更新，市场变化的步伐，不能因循守旧，而要适时而变。这样的人才会给企业带来持久的生命力和旺盛的活力，从而在激烈的竞争中取胜。

创新能力是在多种能力发展的基础上，利用已知信息，创造新颖独特具有社会价值的新理论、新思维、新产品的能力。它是一种综合性的、高层次的思维能力和行动能力。从社会来讲，经济的发展，科技的进步离不开发明创造。对个人来说，成功、成才依赖于发明创造。用人单位更需要具有发明创造能力的大学生。创新能力包含多方面的内容，如强烈的好奇心，细微的观察力，深刻的洞察力，大胆设想、勇于探索的精神以及提出问题、研究问题、解决问题的能力等。大学生要自觉培养这些能力，为走上工作岗位后创造性地工作打下扎实的基础。创新在 21 世纪知识经济时代中具有举足轻重的地位，它不仅是知识经济时代经济发展、财富增长的源泉，也是知识经济时代社会全面发展、文明进步的重要推进器。创新不仅具有重要的经济价值和功能，而且对社会发展与进步具有重大的意义。这就决定了 21 世纪的求职者必须是具有创新精神和创新能力的高素质人才。而健康的人生价值取向与崇高的献身精神是 21 世纪成功青年的基础，是盛世青年非常重要的一种思想品质。

还有一种提法是：创新是指敢于冲破旧思想、旧观念、旧模式的束缚，具有解决问题、获得新成果、开拓新局面的思想和主动精神，在复杂、迷茫、艰苦的情形中有所开发、有所突破。它是一种积极主动的追求，是一种内在品质的追求，是外力无法强迫的。根据马斯洛的需要层次理论理解，它是青年一种自我实现的需求，是人的最高层次的，是人真正意义上的"第一需要"。

尽管创新是一种经济行为，但是创新并非一定会有经济收益，因此，如果青年人没有敢于牺牲个人利益、敢于舍弃舒适安逸的享受的人生价值观，就不可能进行创新。敢于创新、善于创新、自觉地提高创新能力并规范创新行为，不仅是一种高度的社会责任感的体现，而且也是一种崇高的献身精神，也就是把自己的所有聪明才智、无限的创造潜能奉献于社会的全面发展，奉献于民族的振兴，奉献于人类的文明进步。

（四）团队协作能力

沟通协调能力与团队协作能力越来越为用人单位看重。大学毕业生在求职的过程当中应该做到有的放矢，针对用人单位的这种需求，更多展现自己在这些方面的经历特长。从调查反馈回来的信息来看，平时在学校参加社团、组织策划过某些项目的大学生最受用人单位的欢迎，而且"这些大学生到了新的工作环境后，上手很快，不久就能承担一些重要的工作了"。进入单位后，需与领导、同事们配合工作，一个容易与人沟通协调的求职者可以说已有一半获胜的希望。

（五）表达能力

表达能力是指运用语言阐明自己的观点、意见或抒发思想的能力。它包括口头表达能力、文字表达能力、数字表达能力、图示表达能力等几种形式。对大学毕业生来说，表达能力的重要性是不言而喻的。不仅参加工作走向社会后，会立即强烈地意识到这一点，而且在求职择业的时候就会有深切的感受。比如求职自荐信的撰写，个人材料的准备，回答招聘人员的问题，接受用人单位的面试等，哪一个环节都需要较强的表达能力。而培养表达能力，关键在于提高表达的准确性、鲜明性和生动性。准确，是对人们表达能力最基本的和最首要的要求。同时，表达又需要有人来接受。只有鲜明的、生动的表达，才能更好地排除人们接受信息时各种障碍，有利于表达目的的实现。因此，大学生在培养表达能力时要尽可能地向准确、鲜明、生动的方向努力。

（六）适应能力

适应社会和改造社会是对立统一的两个方面。五彩缤纷的现实生活使刚刚步入社会的大学毕业生眼花缭乱，很不适应。人类文明总是在继承与创新的矛盾运动中发展的。适应社会，正是为了担当社会赋予人们的职责和使命。适者生存，生存正是为了发展。大学毕业生只有注意培养自己适应社会的能力，走向社会才能尽可能缩短自己的适应期，充分发挥自己的聪明才智。一个人适应社会的能力是其素质、能力的综合反映，适应社会能力的强弱是与他的思想品德、知识技能、活动能力、创新能力、处理人际关系的能力以及健康等密切联系的。当然，对社会、环境的适应，是主动的、积极的适应，不是消极的等待和对困难的屈服，更不是对落后、消极现象的认同，甚至同流合污。适应要同发展结合起来，要同改造联系起来。

（七）动手能力

动手能力其实也就是实际操作的能力，它是人的智力转化为物质力量的基础，是专业工作者必须具备的一种实践能力。在现实生活中，尤其是教学、科研、生产第一线，大学毕业生实际操作能力的强弱，将直接影响到其作用的发挥。比如，作为一名科技人员，只懂得技术原理不行，没有操作能力，在很多情况下是不能完成技术任务的；作为一名教师，只有丰富的知识是不够的，还要有把自己的知识传授给学生的能力，如此等等。所以大学生必须重视动手能力的培养，注意克服注重理论学习、轻视实践操作的倾向。

（八）交际能力

交际能力是人际交往能力，实际上就是与他人相处的能力。社会上的人际关系远不如学校中的同学、师生关系那么简单。大学毕业生步入社会后，要与各种各样的人发生着这样和那样的关系。能否正确、有效的处理、协调好职业生活中人与人的各种关系，不仅影响一个人对环境的适应情况，而且影响着他的工作效能、心理健康、生活的愉快和事业的成败。大学毕业生在刚刚走上岗位时，由于初谙世事，阅历较浅，缺少经验，往往感叹"工作好搞，关系难处"。因此，大学生自觉地培养良好的人际交往能力非常重要。

（九）管理能力

尽管不是每个大学生毕业后都会从事管理工作，但却可以说，每个人在将来的工作中都不同程度地需要组织管理才能。现代社会表明，组织管理能力不仅领导干部、管理人员应当具备，其他专业人员都应具备。随着时代的发展，纯"书生型"的人才不能适应社会的需要。不论哪个专业的毕业生，都必须既有精深的专业知识，又有一定的组织管理能力，这不仅是顺利就业的需要，也是时代的客观需要。

（十）决策能力

决策能力就是对未来行为目标的决断和选择的能力。良好的决策能力可以实现对目标及其实现科学手段的最佳选择。有助于少走弯路、少犯错误，以较小的代价取得进步与成功。人的一生往往会碰到各种需要自己当机立断、痛下决心的事情。对于即将毕业的大学生来说，走向社会，这是人生的一大转折点。面临求职，何去何从，别人的意见和忠告各种各样，最终要自己拿主意。显然，这是对自己决策能力的一次检验。在未来的工作中，各种问题以及它们的变化进展都需要自己迅速做出反应，及时予以处理。因此训练和培养自己的决策能力是十分重要的，培养决策能力要从日常小事做起，不要事事请别人为自己拿主意，要养成多谋善断的习惯。这样日积月累，以后遇到重大事情时，才不至于无所适从。

（十一）综合运用知识的能力

随着对外经济技术交流与合作的加强，国际间的交往日趋频繁，这就需要大批的复合型和外向型的人才。首先需具备外语能力，也就是在语言沟通方面无障碍，能够与国外经济组织机构交流。需要掌握一门甚至几门外国语。其次，通晓国际经济事务运行的一般规则，并在处理国际事务中积累丰富的经验。在参与国际竞争的商务谈判和交往中，熟知国际惯例和国际间的文化背景，理解差异，促进交流。对于合同的文本、基本格式、语言规范等都要符合国际规范。

二、获得能力的方法和途径

（一）积累知识

知识是能力的基础，离开了知识的积累，能力就成了"无源之水"。知识的积累要靠勤奋的学习来实现。

（二）勤于实践

能力是在实践中形成发展，并表现出来的。实践是培养能力的重要途径。在大学期间，担任学生干部，参加一些社会活动等，都会有助于大学生实际能力的提高。只要处处留心，时时注意，大学生活中有许多锻炼机会。

（三）发展兴趣

爱因斯坦说"兴趣是最好的老师"，兴趣和爱好是能力发展的动力。兴趣爱好广泛的人，眼界宽广，思维开阔，容易从多方面得到启发，促进创造力的发展。大学生要围绕所学专业发展自己的兴趣爱好，加强知识的学习和积累，全面锻炼和发展各种实际能力。

（四）超越自我

唯有自己的超越方为正途，其余当是旁门左道，登不了大雅之堂。超越，"人生的最大敌人就是自己"。就是认识自我，敢于挑战自我、战胜自我、超越自我、超越他人而走向成功的过程。超越自己，每个人都做得到。

三、大学生就业专业技能

就业的专业技能涉及的是特定职业，是将所学的知识、技能和态度在特定的职业活动或情境中，进行类化迁移与整合所形成的，能完成一定职业任务的能力。可以看出，它是完成特定职业任务不可或缺的关键技能。职业的类别是纷繁复杂的，专业技能的种类自然也是多种多样的。就大学生来说，应从以下几个方面着手掌握专业技能。

（一）增进专业基础知识

专业基础知识是前人积累下来的宝藏，它使我们能够准确而深刻地认识、解释这个领域中的各种事物和状态。专业基础知识引领我们入门，也是日后我们专业能力发展的重要推进器。

我们的大学学习阶段，是增进专业基础知识至为重要的一个时期。所学的系统专业学科知识，使我们在毕业的时候获得了从业的准资格，并将在我们今后的职业生涯中发挥基础性的作用。

（二）深入细致地了解职业技能要求

在校期间，除了学好专业知识以外，应更多地了解专业对应的职业岗位及其对职业能力的具体要求，这些技能与所学专业课程的关系如何。个人还要根据自身职业发展的需要，选择主修和辅修的课程，去选择要参加的培训和想要取得的资格证书，合理安排学习计划，积累适应个人职业发展需要的专业技能。

（三）提升专业实践技能

专业实践技能是实际从事专业活动表现出来的一系列外部行为方式。专业基础知识可以借助书本和资料学习，但专业实践技能就必须通过我们自己的实际操作才能够获得。实践技能需要在"做"中"学"，需要经过反复操作，才能提升熟练程度，进而达到更高的技能水平，形成自己的技能经验。学校学习给我们提供了很多提升专业实践技能的机会，如实训课、实习等。我们应积投入到这些实践活动中去，切实培养操作技能。要在专业实践、生产实习中不断提高自身的专业技能，提高就业所应具备的特殊能力，这是顺利就业并获得持续的职业生涯发展所必须具备的。

（四）培养专业解决问题能力

一定的实践技能可以让我们基本胜任职业工作的一般要求。我们将来面对的职业环境不会仅仅像一条只需机械操作的生产线那样简单。在我们的专业工作中，会产生各种各样的新情况，遭遇各种各样的困难和挑战，要求我们加以解决。解决问题能力在我们当今的知识经济社会中日益重要。解决问题能力越强的人，越容易在不断变化、发展的工作世界中立于不败之地。专业解决问题能力的具体表现有：能否及时发现问题，恰当地界定问题；能否运用专业知识和技能分析问题，提出解决方案；能否恰当地选择解决方案并投入行动；能否在解决问题的行动过程中及时评估和调整解决方案，最终达到解决问题的最佳效果。

第三节　修炼职业情商

职业情商是指一个人尽快融入职业，在职业岗位中迅速成长的能力。当今社会飞速发展，全球经济一体化的不断深入，机遇与挑战并存，对人的素质有了更高的要求。大学生必须具备过硬的专业知识和技能，还应有较高的情商，才能适应未来社会的发展，人生的价值才可能在社会工作中稳健实现。根据美国一份有关失业的研究报告，失业中的90%的人不是因为不具备工作所需的专业能力，而是因为不能与同事、上司友好相处。因此，可以说，专业知识和技能学好了，并不意味着职业能力就强。要使自己的能力能充分发挥出来，就必须通过职业情商修炼，培育自我功效发挥的能力。

一、职业情商概述

大学阶段是大学生成长的重要阶段，是学习、了解和明确社会角色，学习承担责任、履行义务、行使权力的阶段。在这个过程中，加强大学生情商培养，促进大学生健全人格、培养德性、提升境界和完善感情，这是一个人成长的过程，是一个由自我意识萌发到健全人格形成的发展时段。

丹尼尔·戈尔曼在研究职业情商时，将其分为 5 个方面，每个方面又列出若干胜任特征。没有一个人是完美的，但要在工作中取得骄人的成绩，至少应具有 6 项以上的胜任优势，并且这些优势能力应分布在情商的 5 个方面：

1. 自我觉察——了解自己内心想法和倾向的能力及直觉能力

(1)情绪察觉：指了解自己的情绪，知道情绪在如何影响自己及可能产生的结果的能力。

(2)准确的自我评估：知晓自己的长处和弱点。

(3)自信心：肯定自己的能力、价值和目标的勇气。

2. 自我调控——控制自己内心世界的活动及冲动的能力

(1)自制力：控制破坏性情绪和冲动的能力。

(2)诚信：能保持诚实正派，值得信赖。

(3)职业道德：对自己的工作负责任。

(4)适应力：灵活应变的能力。

(5)创新精神：乐于接受新观点、新方法和新信息的挑战。

3. 成就动机——引导或推动达到目的的情绪倾向

(1)成就内驱力：努力提高或达到优异水平，把工作做得完美或胜人的内在动力。

(2)责任感：所做工作与群体或企业单位的目标保持一致，把公司或群体的计划目标铭记心中。

(3)主动性：随时准备抓住机会。

(4)乐观：即使经受打击挫折，仍能始终如一地追求目标。

4. 移情——觉察他人的感情与需求及关心他人事情的能力

(1)善解人意：能觉察他人情感、理解他人的观点，对他人关心的事情持友善、积极态度。

(2)服务定位：能预测、觉察、发掘和满足顾客的需要。

(3)助人发展：能觉察他人的发展需要，并培养发展他人的能力。

(4)利用多元化：能通过不同的人孕育机遇。

(5)政治敏锐力：能觉察群体的情绪倾向和力量关系，了解社会潮流和政治趋势。

5. 社交技巧——善于使他人产生自己期待的反应

(1)感召力：能卓有成效地影响或说服他人，有效地争取支持。

(2)交流：能明白无误地表达信息，敞开胸怀，听取意见。

(3)沟通：让别人通晓自己工作的新情况、新设想或消除误会和隔阂的能力。

(4)领导能力：能驾驭全局，鼓舞个人或群体士气，引导人们不断前进。

（5）促进变革：启动和控制变革。

（6）控制冲突：能沟通和解决分歧。

（7）建立并保持联系：能建立和谐的人际关系。

（8）合作与配合：能与他人齐心协力，实现共同目标。

（9）团队协调能力：能产生群体合作效应，追求集体目标。

以上 1~3 方面的能力属于个人的情感控制，这些决定着我们怎样控制自己；4~5 方面的能力属于社会能力。情商的内容很多，核心内容可归纳为 5 句话：知道自己的情绪，知道别人的情绪，尊重别人的情绪，调控自己的情绪，影响别人的情绪。

二、情商修炼

（一）自信

自信是一种强烈情感，是对自己的充分信任和肯定。美国《华尔街杂志》在一篇有关企业家的文章中说："成功的企业家都具有能感染他人的强烈自信。"有了这种强烈的情感，就能够克服重重困难，朝着自己所选的目标坚定地走下去，也才能够深深感染其他人，给周围的人以勇气和决心，从而创造团结和谐、朝气蓬勃的工作氛围。只有相信自己，大学生才能跃出竞争的海平面，找到属于自己的一片天地，为将来职业生涯的成功打下基础。为此，大学生应该做到相信自己的价值，大胆的表现自己；敢于表达正确的看法；在困难压力面前，头脑清醒，处事果断；最重要的是要满怀激情去做事。

下面介绍几种日常生活中增强自信心的简易方法，你如能熟读这些方法，并有意识地努力实践这些方法，就一定能成为充满自信的人。

1. 要做好坐在前面的思想准备

生活中，我们往往会发现这样的现象：不论是什么样的集会，总是后面的座位先坐满。许多人愿意坐到后排，那是因为自己不想为人注目，不想引人注意，这大多是由于缺乏自信心的缘故。你要反其道而行之，坐到前面去，给自己带来信心。

2. 养成正视对方眼睛的习惯

正视对方的眼睛，无异于在向对方表明：你所讲的，我是懂的，你对于我不是居高临下，而是平等的，我对你并不存在什么惧怕心理，我有信心赢得你的敬重。

3. 将走路速度提高 10%

心理学家认为，人们通过改变自己动作的速度，实际上也可以改变自己的态度。如果你走路比一般人快，就像是对自己这样说：我必须赶紧到很重要的地方去，那里有重要的工作非我去做不可，而且，在 15 分钟内，我将出色地完成这一工作。

4. 主动和别人说话

养成主动与人说话的习惯也很重要，越是主动和人谈话，信心就越强，以后与人交谈就越容易了，闭门独思、自我封闭的态度，无异于对自信心的扼杀。

5. 请默念一些经过时间检验的励志谚语来增强自信心

如"有志者事竟成""积少成多，聚沙成塔""黑暗中总有一线光明""说不行的人永远是不会成功的"等，在你开始怀疑自己的能力时，就去想一想这些谚语，并对之深信不疑，此时，自信心就会倍增。

6. 要放声地笑，不要笑而不露

笑能给人增添信心，这是多数人所经常体验的放声大笑，表明了"我有信心，我一定能行的"。但要记住，培养起自己对事业的必胜信念，并非意味着成功唾手可得。自信不是空洞的信念，它是以学识、修养、勤奋为基础的，缺乏自信则是以无知为前提的。前者令人尊敬，后者受人嘲讽。自信与骄傲仅仅一步之遥，骄傲是盲目的，自信是清醒的；骄傲更多的是留恋于已有的，自信则主要是关注未来。[①]

【案例评析】

乔·吉拉德，被《吉尼斯世界纪录大全》誉为"世界上最伟大的销售员"，因其在位于美国密歇根州的一家雪佛兰汽车经销店的 15 年职业生涯中，一共售出 13001 辆汽车创造了商品销售最高记录而被载入吉尼斯世界纪录大全。他 1964 年开始销售生涯，到第四年，销售量就达到了 614 辆。此后，他就连续 12 年，成为世界上售出新汽车最多的人。他所保持的最多一年售出汽车 1425 辆的世界纪录，至今无人能破。

乔·吉拉德也是全球最受欢迎的演讲大师，曾为众多世界 500 强企业精英传授他的宝贵经验，来自世界各地数百万的人们被他的演讲所感动，被他的事迹所激励。

35 岁以前乔·吉拉德是个全盘的失败者，他患有相当严重的口吃，换过 40 个工作仍一事无成，甚至曾经当过小偷，开过赌场；然而，谁能想象得到，像这样一个谁都不看好，而且是背了一身债务几乎走投无路的人，竟然能够在短短 3 年内爬上世界第一，并被吉尼斯世界纪录称为"世界上最伟大的推销员"。

他是怎样做到的呢？虚心学习、努力执著、注重服务与真诚分享是乔·吉拉德 4 个最重要的成功关键。

分析：销售是需要智慧和策略的事业。但在我们看来，信心和执著最重要，因为按照预测推断没人会想到乔吉拉德后来的辉煌！

由此可以推断，如果你的出身比乔·吉拉德强，没有偷过东西，如果你不口吃，那你没有理由不成功，除非你对自己没有信心，除非你真的没有努力过，奋斗过！

【测试】

测试你的自信度

下面的测试，你只需要回答"是"或者"不是"：

1. 你进入一间有很多人的房间，而其中你只认识少数几位时，你是否会感到紧张？

2. 当你遇到不认识的人时，你会不会自告奋勇地自我介绍？

3. 在大庭广众面前讲话，你是否会害怕？

4. 你是否因担心可能的失败而避免尝试一种新的工作？

5. 你交新朋友困难吗？

6. 和陌生人交谈时你难以启齿吗？

7. 当一群人看到你便停止交谈，你会觉得他们是在讨论你的不足吗？

8. 你是否老想知道别人在背后是怎么讨论你的？

---

① 选自刘超平：《学校没教的 15 堂人生课》，北京：石油工业出版社，2006 年

9. 别人冷嘲热讽时，你觉得受到伤害吗？

10. 你是否经常有意争取别人的恭维？

11. 你不敢承认自己的主要缺点吗？

12. 你曾幻想如何去对付那些伤害你的人吗？

13. 当你尝试某件事情失败后，你会轻易放弃吗？

14. 当别人在你面前受到赞美和恭维时，你会觉得不舒服吗？

15. 当别人在竞赛中赢了你，你会整天闷闷不乐吗？

16. 你常嫉妒朋友或同事的成功吗？

17. 别人成功时，你会立即真心赞美吗？

18. 别人批评你后，你会长时间耿耿于怀吗？

19. 你喜欢和别人比较，因而产生不平衡的心态吗？

20. 你容易受流行观念的影响吗？

评分办法：

答"是"的题目数，就是你的总分。

0～4分，你很有信心；

5～9分，你的信心尚佳，但你还应再改进；

10～14分，你的自信程度不理想，应努力加以改善；

15～20分，你的自信很差了，必须抓紧时间加以提高。

（二）责任感

责任感是自觉地把分内的事做好的心情。责任感要求我们把个人目标与集体的目标保持一致，把群体的目标铭记心中。这里所说的集体目标是积极向上的。

责任是任何一个有担当能力的人在社会生活中应承担的角色义务，是对自己的不良行为所应承受的后果。就社会而言，每个人必须承担责任，责任是不能免除的。每个人是权利主体，同时也是责任主体。在现代社会，一个有认知能力和理智行为能力的责任主体，必须对自主选择的行为负责任。良知更多地要求个体不仅意识到其责任，而且要在更高的道德境界上承担责任，完善自己的道德人格。比如歌手丛飞，在演艺圈绯闻流传、灯红酒绿的声色场中，以其高尚的社会责任感，资助失学儿童数百万元，自己却无钱治病。他感动了中国，也拷问了人们的良知。

就人的责任而言，可分为6个部分，即：自我责任、家庭责任、职业责任、他人责任、集体责任和社会责任。责任与良知是有必然联系的。不愿承担责任的人，一定是缺乏良知的人；良知泯灭的人，不但不会担当道义，还会给社会和他人造成伤害。

为圆满完成集体目标任务而竭尽全力。检查自己对所在集体的某项目标是否竭尽了全力。如果还没有尽全力，现在就为更好的完成这个目标做出自己最大的努力，分析当前问题原因，提出解决问题方案，想方设法落实好这一解决方案。

【案例评析】

没有任何借口

美国西点军校享誉世界，在这所军校里有一个传统，就是学生回答长官问话时，只能有4个答案："报告长官，是！""报告长官，不是！""报告长官，不知道！""报告长官，没有任何借口！"除此之外，不能多说一个字。这所学校采用这种方式，是为了让学生适应压力，培养他们不达目的誓不罢休的毅力，它让每一个学生懂得：失败是没有任何借口的。"没有任何借口"看似冷漠，缺乏人情味，似乎只能适合军队等特殊团队实行，但他却可以激发出一个人最大限度的潜能，因而被许多企业所效法。

分析：借口就像麻醉剂麻醉着我们的思想，而它的实质就是不愿意承担责任、拖延、缺乏创造精神、不称职、缺少责任感，对前途持悲观态度。以"没有任何借口"的精神做事情的人，他们身上所体现出来的一种服从、诚实的态度，一种负责敬业的精神，一种完美的执行力。实际工作中，每一个人都应当贯彻"没有任何借口"的思想。

（三）诚信

诚信，汉语词典释义为"能够履行跟人约定的事情而取得的信任"。对诚信的理解，传统上从道德层面理解的多一些。如今，诚信已不仅是一种道德，而是一种能力，是社会进步不可缺少的无形资本。诚信已成为现代文明的一个显著特征。特别是我国已经加入 WTO，更需要加强全民诚信意识，每个公民都应该认识到在市场经济中，人格信誉是自身最宝贵的无形资产，是每个人的立身之本。诚信是决定一个企业或一个人命运的根本，一个人在工作和生活中诚实信用方面一旦出现负面信息，就会影响今后的资信情况。现代市场经济是诚信经济。这里的诚信是指一种建立在授信人偿付承诺的信任的基础上，使后者无须支付现金即可获取商品、服务或货币的能力。由于现代市场经济中的大部分交易都是以诚信为中介的交易，因此，诚信是现代市场交易的一个必备要素。守信行为是生活、工作能够正常进行，经济能够有效运转的前提，也是一个企业、一个人立足于社会的必备条件。

1."真诚坦白"实践锻炼

反省自己的不足，并找一个熟悉的人，诚恳的请他谈谈自己的不足之处，自己再讲讲对自己不足之处的内心感受，然后真诚地请他帮助自己改正不足。

2.坚守岗位

在某次集体活动中，在开展过程中的关键时刻，别人"溜号（找借口躲避）"了，而自己要坚守岗位，尽自己的努力做好工作。

活动开展过程中的那些关键时刻：

有无人"溜号"：_____

自己怎样做：_____

个人感受：_____

【案例评析】

诚信是金

一家公司要招聘员工并准备在一些大的社区搞一次活动，派前来应聘的5个毕业生去社区发放宣传单。王颖是其中一位，她抱着传单，在划定的地盘，见人就发给一张。有的人接，有的人理都不理，有的接过去就随手扔了，她只好捡起来再发。忙碌了一整天，手上还有厚厚的一叠。

下午5点，她拖着满身疲惫地回到公司交差。走进办公室发现其他人早就回来了，大家的手上都空空的。经理问她发了多少？她涨红着脸，把剩下的传单交给他，难为情地说："我干得不好，请原谅！"在回家的路上，和她一起发传单的朋友一个劲儿地怨她憨、说她傻，并告诉她自己的传单也没发完，剩下的全都扔进了垃圾桶，其他人也都如此。可她认为虽然没发完但已尽了努力了，应如实给公司说。

结果却大出意料，在那次招聘中，她成了唯一被录用的。半年后，由于业绩突出，她升任了部门经理。在一次庆典晚宴上，她询问那位经理当初为何选择了她。经理说："一个人一天能发放多少传单我们事先做过测试，那天我给你们的传单分量只用一天是绝对发不完的。但其他人都发完了，只有你没有。答案就是这么简单！"

分析：这个事例让我们明白一个道理：诚信是金，别人对你的信任，首先来自你对别人的诚实。

（四）主动性

主动性是指人在完成某项活动的过程中，来源于自身并驱动自己去行动的动力的强度。主动性常常表现为强烈的事业心、进取心和责任心，能预见未来并事先采取行动，并积极努力工作。

主动是成就动机的重要胜任特征，它是引导或推动自己达到目标的积极情绪倾向。心理学研究证明：人们的智力相差无几，要取得骄人的成就，不仅靠人的才智，更要看他是否具有奋发图强和主动进取的精神。

【案例评析】

主动决定成败

某大学宿舍有4位同学，小张、小王、小李和小赵。小张聪明好学，在课堂学习之余，经常阅读各类课外书籍和报刊，同时还积极参加各项校内活动和校外实践。在学习和实践中，小张发现自己对研究工作很感兴趣，决定毕业以后搞研究。通过多方面的了解，发现考取硕士研究生是做研究工作的有效途径，因此准备考研。为了考研的成功，他说服了父母，得到了家庭的坚决支持；对时间进行了有效管理，按照"轻重缓急"对任务进行了分类，不同任务不同对待；主动发起了"考研者同盟"协会，会员每周聚会一次，进行信息的交流和共享；主动联系以前考研成功的同学，寻求帮助和指导；还参加了一个考研辅导班。他挤出时间来学习，经过一年多的努力，最后考上了理想的名牌大学。

小王踏实肯学，看到小张准备考研，逐渐培养起考研的兴趣，主动向小张询问了一些考研的信息，发现考研是一条很好的发展道路，随后确立了考研的目标。在准备考研的过程中，小王除了常规的学习外，还将周六作为考研的专门学习日。并且积极响应小张的倡议，鼓动其他的同学也来参加"考研者同盟"。经过近一年的准备，终于考上了理想的大学。

小李是小王的饭友。小王在吃饭时经常谈论考研的好处，并鼓励小李考研。小李觉得小王说的有道理，也确立了考研的目标。每日一有时间，就去教室或图书馆去自习。经过半年多的准备，最后也考研成功。

室友小赵看到他们3个在准备考研，觉得不以为然，认为"车到山前必有路"。无奈，父母说："现在的本科生到处都是，不考研就没有出路。"随后，也只好将考研作为自己的目标。在准备考研的过程中，如果有其他同学的带动，也能去教室学习；如果没有其他同学一块学习，自己就不想去教室了。最后由于准备不充分，考研失败了。

不难发现，这4个同学在完成目标的各个环节上的表现都不同。他们表现出了不同程序的主动性：

优：通过自己收集信息并加以分析，设立了难度比较大的挑战性的目标，在实现目标的过程中，主动开辟出多种独特的方式和渠道，采取了很多次的主动行为，最后实现了目标(如小张)。

良：通过分析现成的信息，设立了中等难度的挑战性的目标，实现目标的过程中，除了运用常规的方式和渠道外，还能开辟出其他方式和渠道，采取了多次的主动行为，最后实现了目标(如小王)。

中：在别人的帮助和指导下，设立了稍有挑战性的目标，实现目标的过程中，运用常规的方式和渠道，采取了不止一次的主动行为，最后实现了目标(如小李)。

差：别人帮自己设定了目标，自己被动接受，行动多数需要别人督促，目标能否实现不能确定(如小赵)。

【测试1】

给自己制定一个于己、于班集体都有利的奋斗目标，如提高班级就业率、升学率等，并努力实施。(括号内是针对原因提示的积极态度)

A. 你的目标定出来了没有？

NO：原因是：

    a. 没时间(磨刀不误砍柴工，发扬钉子精神挤时间)；

    b. 没那水平(天才等于勤奋)；

    c. 环境不好、条件差(有条件要上，没有条件创造条件也要上)；

    d. 还有一些原因，它们都是事实，但也都是借口(粉碎借口，克服困难，向着希望的目标，努力前进)。

YES：情况是：

    a. 我正在制定目标，打算一周内就确定下来(好样的！你能行！要成功就要行动)；

    b. 我已经制定好目标，正开始实施(你真行！要想成功，就要早行动，做事果断，雷厉风行)。

B. 目标在努力落实中，问题是：

　　　　a. 同学对我的目标说好，但实际上并未给予支持；

　　　　b. 有人讽刺挖苦；

　　　　c. 明明取得了明显效果，但有人，甚至是学校领导老师偏说出了问题而加以指责。

　　（任何进步都不会一帆风顺的。成功的秘诀是：把别人的讽刺和指责当作激励，转化为动力；从别人的批语指责中寻找改进的途径；不顺利的情况下，更要坚定目标，更要尊重领导，尊重同学，更要勤于向他们请教，讲求方式方法，以求得他们的支持；坚持就是胜利）

【测试2】

菲尔人格测试——测测你是不是"金子"

　　这个测试是菲尔博士在著名主持人欧普拉的节目里做的，国际上称为"菲尔人格测试"，这已经成为很多大公司人事部门实际用人的"试金石"。

　　1. 你何时感觉最好？

　　A. 早晨

　　B. 下午及傍晚

　　C. 夜里

　　2. 你走路时是（　　　）

　　A. 人大步地走

　　B. 小步地走

　　C. 不快，仰着头面对着世界

　　D. 不快，低着头

　　E. 很慢

　　3. 和人说话时，你（　　　）

　　A. 手臂交叠站着

　　B. 双手紧握着

　　C. 一只手紧握着

　　D. 碰着或推着与你说话的人

　　E. 玩着你的耳朵、摸着你的下巴或用手整理头发

　　4. 坐着休息时，你的（　　　）

　　A. 两膝盖并拢

　　B. 两腿交叉

　　C. 两腿伸直

　　D. 一腿蜷在身下

　　5. 碰到你感到发笑的事时你的反应是（　　　）

　　A. 欣赏而大笑

　　B. 笑着，但不大声

　　C. 轻声地咯咯地笑

　　D. 羞涩地微笑

　　6. 当你去一个派对或社交场合时，你（　　　）

A. 很大声地入场，以引起注意

B. 安静地入场，找你认识的人

C. 非常安静地入场，尽量保持不被人注意

7. 当你非常专心工作时，有人打断你，你会(　　　)

A. 欢迎他

B. 感到非常愤怒

C. 在上述两个极端之间

8. 下列颜色中，你最喜欢哪一种颜色?(　　　)

A. 红或橘色

B. 黑色

C. 黄色或浅蓝色

D. 绿色

E. 深蓝色或紫色

F. 白色

G. 棕色或灰色

9. 临入睡的前几分钟，你在床上的姿势是(　　　)

A. 仰卧，伸直

B. 俯卧，伸直

C. 侧卧，微蜷

D. 头睡在手臂上

E. 被子盖过头

10. 你经常梦到自己在(　　　)

A. 落下

B. 打架或挣扎

C. 找东西或人

D. 飞或漂浮

E. 你平常不做梦

F. 你的梦都是愉快的

评分方法：

经过上述 10 项测试后，将所有的分数相加。

1. A – 2　B – 4　C – 6

2. A – 6　B – 4　C – 7　D – 2　E – 1

3. A – 4　B – 2　C – 5　D – 7　E – 1

4. A – 4　B – 6　C – 2　D – 1

5. A – 6　B – 4　C – 3　D – 5

6. A – 6　B – 4　C – 2

7. A – 6　B – 2　C – 4

8. A – 6　B – 7　C – 5　D – 4　E – 3　F – 2　G – 1

9. A－7　B－6　C－4　D－2　E－1
10. A－4　B－2　C－3　D－5　E－6　F－1

结果解析：

31～40分：自我保护者

你是一个明智、谨慎、注重实效的人，也是一个伶俐、有天赋、有才干、谦虚的人。你不容易很快地和人成为朋友，却是一个对朋友非常忠诚的人，同时你要求朋友对你也忠诚。要动摇你对朋友的信念很难，同样，一旦这种信念被破坏，也就很难恢复。

41～50分：平衡中道者

你是一个有活力、有魅力、讲究实际，而且永远有趣的人。你经常是群众注意力的焦点，但你是一个足够平衡的人，不至于因此而昏了头。你亲切、和蔼、体贴、宽容，是一个永远会使人高兴、乐于助人的人。

51～60分：吸引人的冒险家

你是一个令人兴奋、活泼、易冲动的人，是一个天生的领袖，能够迅速做出决定，尽管你的决定不总是对的。你是一个愿意尝试机会、欣赏冒险的人，周围的人喜欢跟你在一起。

60分以上：傲慢的孤独者

你是一个自我中心主义者，是个有着极端支配欲、统治欲的人。别人可能钦佩你，但不会永远相信你。

三、立即行动：完善你的人格

人格具有各种独特性。具体的人格是指某个人的性格，具有鲜明的特性，世界上没有完全相同的人格。正是由于人格的独特性，每个人各不相同，才丰富了社会群体的多样化，同时又产生了人与人之间的相互矛盾。

既然人格存在着矛盾，就可能破坏人际关系、家庭关系，给自己的工作和生活带来不利影响。如果人格存在一定障碍，就需要改善和发展，做出符合社会群体利益的改善、符合个人成长的发展。要发展和完善自己良好的人格，就要做到：

1. 要了解人的心理特点

为什么要发展自己的人格来适应社会群体，而不是让社会群体做出改变来适应自己呢？无论是西方还是东方，心理学研究都得出一条公理：人是不能改变别人的，除非他自己愿意改变，人只能改变自己。

人格障碍主要表现为自己拒绝做出改变，只要求他人改变，结果导致人际关系紧张，给工作和生活带来诸多麻烦。需要改变的人格是大多数人所不能接受的人格。

2. 要学会"照镜子"

学会"照镜子"就是认真看待大多数人眼中自己的人格是什么样子，从得到的反馈信息中总结自己人格方面的缺陷，逐步加以改善。这种反馈信息可能与自己主观体验不符，这就需要调整自己的主观感觉，因为社会中的自我，就是别人眼中的自我，具有社会的客观性，我们不能控制别人怎么看待自己。生活中我们经常照镜子，如果发现镜子里的自己脸上有污点时，没有人会把镜子砸掉。

例如，你感觉自己很诚实，但得到的反馈是大多数人认为你很虚伪，这时，抱怨别人的误解是没有用的，气愤地予以回击会令你已经紧张的人际关系更加紧张。理智地思考就会发现，一定是我们自己的某些行为导致别人误解。所以我们只有好好反思，调整自己的行为，改善自己的形象。

简单有效的方法是通过向自己的朋友请教，或者与说你虚伪的人进行真诚的沟通，了解自己哪些言行导致别人说你是虚伪的。只要改变了引起误会的言行，形象也会慢慢地得到改善。但是需要了解情况并有一定的心理准备，别人对我们人格的整体印象不会在一天内形成，也不会在短时间内改变。这就需要我们持之以恒地改善自我，不能半途而废。

3. 避免人格发展误区

人格的社会性，决定了健康的人格是为大多数人所接纳，能建立正常的人际关系。但绝不是说，发展自己的人格是为了取悦别人。这里所说的正常或者良好的人际关系是指不损害他人利益。如果发展自己的人格是为了取悦他人，就失去了人格的独特性和个性化，就失去了人格发展的意义。

发展健康良好的人格的核心目的就是为了发挥人的潜能，培养良好的工作、生活能力，为了每个个体生活得更快乐、更美好，如果失去了自我，在人格上变成了附庸，就变成了人格障碍。

例如，某位先生为了搞好人际关系，无论在时间还是金钱方面，对别人有求必应。乐于助人是良好的人格，但是严重超出了自己的能力范围，结果搞得家里人非常不愉快，甚至导致家庭破裂，这就不能算作健康的人格。

4. 走进心理咨询室

人类个体都有着巨大的潜能，同时又有着有限的能力。当我们感到自己的工作、生活、人际关系、内心体验出现了不协调，甚至出现了人格障碍时，当我们自己不能自我调节时，就要走进心理咨询室，让心理咨询师或心理医生协助我们来解决心理困扰，在心理咨询师的协助下发展健全的人格。[①]

第四节　参与社会实践

大学生参与社会实践是将知识转化为能力，综合素质得到进一步提升，是实现大学生全面发展的必由之路。通过社会实践，大学生可以磨练意志，砥砺品格；可以增加阅历，积累工作经验；还可以树立竞争意识和市场意识，培养创业能力，树立正确的就业观念。总之，学生通过社会实践，可以检验自己的知识结构，认识到自身的不足，培养复合能力，提升职业素质，努力使自己成为适应社会发展的高素质人才。大学的学习与生活为大学生参与社会实践提供了重要平台。

一、高校学生会

无论是在中国，还是在西方国家，高校学生组织都是青年组织中一支非常活跃的组织。在我国的高校学生组织中，学生会组织是在学校党组织领导和共青团的指导下的学生自治组织，是联系和沟通学校各部门和广大同学的桥梁和纽带，是广大学生参与学校民主管理的重要平台，是高校学生组织的重点和核心。组织宗旨是：参与学校民主管理，维护学生合法权

---

① 　选自刘超平：《学校没教的 15 堂人生课》，石油工业出版社，2006 年

益，丰富校园文化生活，提高学生综合素质。具体作用有以下几个方面：

（1）认真执行和贯彻党的基本路线、方针、政策及学校、学院的有关精神，对全院同学进行爱国主义、集体主义的宣传教育，促进同学德智体全面发展。

（2）维护同学的正当权益，参与学院的日常管理，及时向学校及学院有关部门反映同学们的意见、建设和要求，充分发挥桥梁和纽带的作用。

（3）紧密围绕学校的中心工作，积极开展丰富多彩的校园文化及社会实践活动，全面锻炼和培养同学能力和素质，使同学们成为适应社会主义建设需要的合格人才。

大学生参与竞选成为学生会干部或者担任作为学生会基层组织的班委会干部，是实现"服务同学，锻炼自己"宗旨的好机会。学生干部在学生会各层组织中各有特定的工作，而这种工作在质与量上不同于社会上的工作。因此，学生会工作介于纯工作环境和纯学习环境之间，它是一种过渡，是一种预备。

事实证明了，在大学期间担任过学生会干部的同学，踏上工作岗位后往往具有较强的适应能力、组织能力、管理能力、社会活动能力等。这也是目前用人单位在招聘面试时更青睐于学生干部的原因所在。

二、校园社团活动

高校学生社团是由学生自愿、自觉组建，具有一定规模，开展业余文化活动的大学生团体，是由具有共同兴趣爱好的部分在校学生，按一定的组织程序自发组织，通过开展各项有益的社团活动，实现"自我教育、自我管理、自我服务"的群众性学生团体。目前学生社团已逐渐成为学生开展课外学术研讨、科技开发、文艺体育交流、社会实践、社区公益服务等活动的重要阵地。

（1）大学生通过参加健康有益、丰富多彩的课外活动，通过履行道德义务和责任，通过参与社会实践和服务而获得成果，使学生享受到实践道德的快乐，体验到更深刻的自我肯定、自我完善的满足（以社团活动为载体，提升德育工作实效性）。

（2）有利于提高大学生科学文化素质和创新能力。跨专业、跨学科、多层次、多内容的社团活动，打破了封闭的教学体制，加强了不同学科之间的相互交叉，相互渗透，培养了同学们获取、分析、利用信息的能力，开阔了视野，扩大了知识面。另外，社团活动为同学们走向社会，接触社会提供了多种途径，一方面可以将书本知识运用于实践，另一方面可以帮助同学了解社会需要，不断调整自己的知识结构；同时，各种学术、科技社团通过开展学术争鸣、科技服务、科研活动和社会调查，提高同学们的学术水平，培养科研能力和严谨求实的治学态度，发展学生的个性和创造力，激发学生创造的欲望和主动进取的精神。

（3）学生社团有助于培养作为集体一员的感情和合作感。组织的发展，各项活动方案的设计、经费、设备、场地等一系列难题的解决，都需要同学们去和不同的人打交道，取得他人的支持和帮助。每一项活动的开展，既为大学生们提供了一个更为广阔的人际交往舞台，又使大学生在实践中学会了如何协调和处理各方面的人际关系，提高自身交往能力；既培养了大学生公平竞争和他人合作的精神，又培养了他们自立、自信、开朗的性格和热爱生活、勇往直前的乐观向上的生活态度，为将来步入社会、适应社会奠定良好的心理基础。

三、职业实践

随着高校毕业生就业竞争的日趋激烈，用人单位对大学生的实际工作经验越来越重视，职业经验成为大学生参与就业竞争越来越重要的砝码。参加职业实践能丰富大学生的职业经验，使其掌握一定的技能，尽快适应单位需求，较快地实现从学校人到社会人的转变，为实现"人职匹配"这一供需双方在职场追求的最高目标奠定坚实的基础。参加职业实践获取职业经验的过程，也是大学生在走入职场之前深入了解行业，科学规划自己的人生，确定自己的职业方向，正确进行职业生涯规划，了解社会的过程。因此，积极参加职业实践，获取职业经验对各个阶段的大学生而言都有十分重要的意义。职业经验的获得对于在校大学生来说，并非一朝一夕之功，必须有一个积累的过程，大学生应把积极参加职业实践，获取职业经验作为全面提高自己职业竞争能力的一个重要步骤。

大学生开展职业实践活动的主要途径是社会实践，如社会兼职、假期临时性工作、实习实践等都是获得职业技能和经验的绝佳机会。通过这一类的工作，可以使各方面的能力得到全方位的提高，如交往能力、理财能力、照顾客户的能力、与人合作和与客户、同事、领导相处的能力等。要进一步了解自身存在的不足，不断地改进和克服今后择业中的不利因素，更深入地了解你的工作。

要在职业实践中最大限度地受益，必须做好以下几个方面的工作：

（1）应确立目标，必须了解在一段时间内，将要从事什么类型的工作，在获得工作报酬的同时，达到什么样的工作目标，如获得某种相关的工作经验、了解另一种文化、提高某种技能、近距离观察同事是如何工作的等。比如，在职业方向确定后，大学生在二三年级职业实践的重点就应向提高专业能力、丰富职业经验转移。这期间的职业实践应根据行业的从业要求和本阶段专业理论学习，注意理论与实践的结合，注重专业技能的提高，学习现场管理的方法，注意总结行业工作的规律。在条件允许的情况下，应主动承担工作任务，尽可能多地获得实际锻炼的机会，最大限度地获取行业实践经验。而在大学最后一年，大学生的就业实践活动应更具针对性。尤其是职业实践的内容如果能与毕业设计的内容紧密结合则最为理想，应能使职业实践活动为毕业设计提供服务，提高毕业设计的针对性、实用性，一旦毕业设计能为实践单位提供帮助，则可为毕业生的就业增加重要的砝码。另外，这一阶段的就业实践活动应具有就业的目的，具有接收本专业毕业生意向的单位应成为职业实践的首选，就业前双方的深入了解，是实现"人职匹配"的最有效的途径，也是毕业生最终实现成功就业的重要环节。

（2）要进行相关专业与未来岗位提供的各种关系的评估，也就是进行岗位可能性评估，了解有哪些岗位是适合自己的，然后积极行动获取理想的实践机会。

（3）要合理预测，尽量实际一些。最好要注意一些实际的问题，如健康状况、假期、保险等，注意积累职业经验。

（4）职业实践过程中要处理好课程学习与职业实践之间的关系。扎实的理论基础是进行有效职业实践、提高专业技能的重要保证，有效的职业实践对进一步学好理论具有积极的促进作用。因此，不能因学业而忽视实践经验的积累，也不能因忙于参加职业实践而放弃理论知识的学习。只有正确处理好两者的关系，才能使职业实践活动更加富有成效。

在参加社会实践的过程中，应注意收集和准备以下一些方面的内容，这将对撰写个人简历、准备面试与参加评估、提高职业竞争能力有很大的帮助：

（1）公司详情，如名称、地址、工作地点等。

（2）工作性质，如工种、工作时间和工作条件（全职、兼职，有偿、无偿）等，记录下第一天上班的日期和工作持续时间。

（3）工作任务。你的工作详情（如果可能的话，描述一下你工作的具体情况），详细说明你的技能，同时也要说明你的工作给公司带来的价值。

（4）公司经营管理总体情况。是大公司还是小公司，是地方性公司还是跨国公司，公司如何赢利，其计划和目标是什么，主要产品是什么，提供的服务是什么，其企业文化特征是什么，部门文化与职业文化是什么等。

（5）经营策略。如果是一个大型企业，各个部门也许有各自的经营策略，了解你工作的部门主要负责什么项目。

（6）组织结构、政策与程序。你对公司的结构、政策与程序了解多少，例如市场营销、顾客服务、人力资源管理政策以及健康和安全事务等，评估一下公司的强势与弱势，看是否可提出一些建议。

（7）技能与能力。用人单位最重视的几个方面是：人际交往能力；研究能力；解决问题的能力；合作能力和影响力；自我发展能力等。

（8）成绩。详细记录自己对公司所做的贡献，尽可能具体一些，要记下别人对你的赞扬、你收到的反馈信息或书面表扬信等，重点针对你所做的事情。

（9）个人发展。重点放在工作经历使自己有所发展的方面，例如自信、提出建议等，明确今后的工作方向。

（10）总结是如何认识公司的以及自己在公司中不断变换的角色，重点放在将汲取的教训运用到改善未来的工作上。

总之，大学生通过有目的的职业实践，可以从中得到以下的好处：一是可提高工作技能，二是可从工作中深入了解自己想做的或不想做的事情，三是可最大限度地满足用人单位对毕业生应具有的工作经验的要求，增强自身的就业竞争力，尽早确立竞争优势，四是可增强经营意识，逐步实现从学校人到社会人的转变，为成功走上社会奠定基础。

【案例评析】

专业能力：提升业绩的制高点

某日，一位对汽车产品有一定了解的顾客来到一家汽车专营店。见到顾客到来，销售人员照例上前打招呼，询问顾客要看什么车。此时，这位顾客走到了其中一辆车面前，要求销售人员打开引擎盖、启动发动机。在细心听了发动机的声音并对发动机内的各部件作了全面的审视后，该顾客问了一个比较专业的问题："这款车的怠速是多少？"听到这个问题，这位销售人员不假思索地告诉顾客："1斤。"顾客一头雾水，没有弄明白他说的是什么意思。也许这位销售人员也发现了顾客的疑惑，为了证明他说的数据正确，他让顾客坐进了驾驶室，用手指着仪表台上的发动机转速表，此时指针在"1"的位置上，"你看，就是这里，1斤。"此时，顾客皱起了眉头，表示出了对这位销售人员的不屑，只是他还没有察觉而已。接下来的对话更让这位顾客跌破眼镜。顾客：怠速高了能不能调？销售人员：可以调，只要调一下化油器就可以了。顾客二话没说，扬长而去。至此，这位销售人员仍然不知道为什么顾客会离开，还以为顾客只是问问而已。

　　分析：首先，这位销售人员对汽车的了解太不专业了。"怠速"是一个汽车产品的专用术语，指的是在停驶的状况下发动机热机后的正常转速，单位是"转/分钟"而不是"斤"。因为怠速的高低在一定程度上将影响到使用过程中的油耗，是消费者比较关心的问题。其次，由于环保的要求，现在新生产的汽油机汽车全部采用了电喷系统，化油机早已不再使用，所以怠速的调整不存在调化油器的问题。这是汽车销售中最基本的常识，遗憾的是这位销售人员连这个基本的常识也不懂，这样怎么能够获得客户的认同呢？除了某些功能简单、消费者有良好消费知识的产品外，产品销售对销售人员的专业能力提出了更高的要求。对于一些新产品，消费者缺乏消费经验，会对购买产生某种恐惧和担忧，对后续的使用中售后服务占有重要位置的产品与服务尤其如此。此时，销售人员如果不具备这方面的专业知识，即使嗓门再大、说得再多也难以打动顾客的心。因此，加强对产品的理解与认识是当前销售人员必须解决的根本性问题。

　　要解决销售人员专业能力的问题，首先要用心，其次要得法。所谓用心，就是必须有一个持续不断地学习的心态。很多销售人员在选择工作时主要依据两个条件：一是产品好不好卖，二是薪资够不够高。相当一部分销售人员朝秦暮楚，一年之内会换四五个不同的单位，对每一个企业相应的产品知识根本没有充足的时间去学习，也就没有办法发掘这个产品能够给客户带来的利益。要知道，顾客不一定会因为销售人员宣称的产品优点而做出投资，但很可能会因为这个产品能够给他们解决问题而掏钱。安利有一个产品叫 LOC（乐新多用途清洁剂），台湾的安利直销员通过自己的研究和使用体会，为顾客找出了将近两千种用途，这样消费者能不动心吗？所谓得法，就是要围绕自己所销售的产品，从与该品牌相关的各个方面全方位地了解该品牌的内涵，如该品牌的由来、成长历史、与这个品牌相关的人物与企业、采用的技术、产品情况、客户的使用体会等。

　　总之一句话，只要是与这个产品相关的知识都必须一览无余地收入囊中，了如指掌，这样才能让顾客感受到是在与一个专家打交道，是在接受一个专家的建议，才能让他们感受到投资风险最小、售后服务最有保障。这一点，尤其对顾客的大宗投资最为有效。这就是现在很多大企业为什么把自己的销售人员称为销售顾问的一个重要原因。由于"专业销售"还不为相当一部分企业负责人和销售人员所认同，在他们看来，顾客不买自己的产品是品牌知名度不高、广告投入少、价格高、产品竞争力不够……其实，只要花点时间认真研究一下，一切的问题都源于销售人员自己，如果从事销售的人员或即将从事销售的人员不能正确认识这个问题，提升销售业绩将是一句空话。

第七章　求职过程指导

　　经过前面几章的学习，同学们已经完成了大学学业规划和职业生涯规划，初步选定了一些职业目标，并为之进行了辛苦的准备，已具备了一定的职业知识和技能。想要达成这一职业目标，还必须在激烈的竞争中采取各种必要的求职攻略。在求职过程中，除靠知识、技能、素质等"硬实力"外，还必须重视"软包装"，重视非智力因素的表现，依靠灵活的方法和技巧取胜。

第一节　就业信息收集与利用

　　大学毕业生求职择业，不仅取决于整个社会的政治、经济状况以及自身的能力素养，而且也取决于是否及时占有更有效的就业信息。就业信息可促进就业抉择，是毕业生求职择业的基础和必备条件，是通往用人单位的桥梁。应该说，在目前这种信息沟通渠道不很健全的社会背景下，如何收集就业信息就显得尤为重要了，它是大学生求职择业前的一项重要任务。谁能及时获取信息，谁就获得了求职主动权；谁能多渠道收集到大量信息，谁的择业范围就越大。所以，毕业生在求职过程中要克服"等、靠、挨"的思想，应积极主动、多渠道、多途径地获取有关就业方面的种种信息，并认真地对这些信息进行甄别分析，筛选整理，在对自己全面、客观、公正的评价和对用人单位详细了解的基础之上，找到适合于自己的岗位，最终做出正确处理，为择业决策做好充分准备。

一、就业信息的类型

　　就业信息指通过各种媒介传递的与就业有关的信息和状况，包括就业政策、就业机构、人事制度、劳动力的供求状况、劳动用工制度、经济发展形势与趋势、国家发展规划、就业策略和招聘信息等。拥有有效的就业信息，是择业成功的重要前提。一般来说，就业信息主要包括以下3个方面。

　　(一)政策信息

　　就业是政策性很强的一项工作，与国家及地方的人事制度密切相关。值得注意的是，很多政策性就业都带有明显的时间期限要求，一旦错过就会带来很多麻烦。例如，一个地区接收非本地生源的毕业生到本地区就业都会有明确的时间截止期限要求；对于毕业时间超过两年的往届生不再办理派遣手续等。对于毕业生，应该及时了解国家、地方和学校关于毕业生就业的相关要求和办法，只有这样才能做到"心中有数"，避免由于对政策不了解而给自己带来不必要的麻烦。

　　(二)社会需求信息

　　在选择具体用人单位和工作岗位之前，通常需要对你希望进入的行业和工作地域的发展情况有一个充分的了解。例如，国家目前正在大力扶持能源业、制造业，这些行业就能获得更多政策的倾斜；国家提出了"西部大开发""振兴东北老工业基地"和"中部崛起"等战略方针，这些区域面临着巨大的发展机遇。作为新时代的大学生，视野还停留在校园之中是远远不够的，应该尽早加强对校园之外世界的了解，掌握社会各行各业，国家各个区域的发展趋势、最新动态等方面的信息。这样才能使自己总揽全局，以便于更好地把握自己，在国家建设的大背景下找到自己的正确位置。

（三）用人单位信息

具体来说，除了用人单位全称、所有制性质、隶属关系、详细地址、联系方法这些常规信息之外，还应该包括用人单位招聘岗位的职责范围，对人才的素质要求，用人单位的发展历史以及薪酬福利体系等问题。只有清楚地了解这些问题之后，才能清晰自己是否能胜任单位的有关工作岗位，如果有不符合的地方，也可以明确自己需要提高、改进的方向。

二、就业信息的获取渠道

就业信息获取的渠道是很广泛的。由于个人的关注程度、社会背景、经济状况、思想观念等的不同，获取渠道也存在一定差异。但是，哪一种方法和渠道最佳，就是仁者见仁，智者见智了。下面介绍几种获取就业信息的通用渠道供求职择业的大学毕业生在实践中参考。

（一）通过学校就业部门获得信息

学校的毕业生就业办公室（或指导中心）是毕业就业的重要指导和推荐部门，与各省市的毕业生就业主管部门以及有关用人单位保持着经常、密切的联系，国家有关就业政策规定、地方的有关政策、社会对大学生需求的状况、各地举办"双选"活动的信息、有关用人单位简介材料及需求信息等一般都能及时掌握，他们提供的信息无论是数量还是质量，都有明显的优势，是毕业生获取用人单位信息的主渠道之一。一般而言，学校毕业就业部门有相对固定的就业信息发布渠道，毕业生可按学校的指导，常做"有心人"，经常访问学校就业网，主动与就业辅导员等具体的管理者保持联系，从而获取所需的就业信息。总体来说，通过学校毕业生就业办公室（或指导中心）获得的信息有以下3个特点：

1.针对性强

一般用人单位是在掌握了该校的专业设置、生源情况、教学质量等信息后，才向学校发出需求信息的，这些信息是完全针对应届毕业生，针对该校学生的，针对性强。而在人才市场和报刊上获得的需求信息，是面向全社会人士的，针对性较弱。

2.可靠性高

为了对广大毕业生负责，在把用人单位给学校的需求信息公布给学生之前，学校就业主管部门要先经过对就业信息的审核，保证信息的可靠性。

3.成功率大

一般毕业生只要符合条件并善于把握好自己，供需双方面洽谈合适，马上就能签下协议书或达成就业意向，成功率较大。

（二）通过各级毕业生就业指导机构和社会各级人才市场获得信息

国家教育部成立了全国高校毕业生就业指导中心，建立了中国高校毕业生就业服务信息网[①]，各地也建立了毕业生就业指导机构。这些机构的一项重要任务，就是向毕业生和用人

---

① http://www.myjob.edu.cn/

单位交流信息，提供咨询服务，还适时地组织一些双选洽谈会、网络招聘会等。

随着社会主义市场经济建设的发展，我国人才市场中介机构也应运而生了，他们会定期和不定期的举办人才交流会，供用人单位和求职者洽谈双选。在那里不仅可以了解到许多各类不同的机构和职位，而且还为你提供了一次极好的锻炼面试技能和增强面试中自信心的机会，只要把握好机会，就会大有收获。根据专家的忠告，大学生在人才市场中还需注意如下问题：

（1）进入人才市场，一定不能轻易放弃。在人才市场设摊的用人单位一般有这样几种情况：一种是求贤若渴，对每位就职者均热情接待，这种单位招收的人才数量较多，范围较广，专业局限性小。另一种是单位以扩大影响、提高企业知名度为主要目的，虽然招收毕业生，但数量有限，条件较严。当然，个别单位显得较冷淡，甚至态度傲慢，这只不过是个别工作人员所为，而且这类人员往往没有用人决定权，不必计较。

（2）在人才市场上，大多数用人单位只是为了搜集材料，而实质性的会见要在以后进行。因此，你没有被用人单位当场录用是很正常的。

（3）要走访每一个与你所学专业相关的用人单位，不应仅仅走访有名的大单位。因为小单位来访者少，可使你获得更多的机会面谈。对众多的大公司要等喧闹稍稍平静下来可走过去，这样你会得到更多的时间，谈话稍一深入就可呈上个人求职简历。

（4）要注意收集公司小册子和说明材料，并可随机同其他求职者交谈并交换看法。

（5）要与公司招聘人员约定下次见面的时间。"陈先生，我知道您今天非常之忙，但我还是想继续和您谈谈。你们公司非常吸引人，我想是否可以另安排一个时间让我们再见一次面，或者过几天我给您打电话。"

（6）离开人才市场后要及时整理在人才市场搜集来的求职信息，并将其中重要的加以标记和摘录。对约定的会见要准时赴约。对未约定的单位要在他们不太忙的时候适时联络，继续保持联系。

值得注意的是人才市场有针对性。有些是针对有一定社会经验的人才，有些是以招聘应届毕业生为主的。毕业生赶赴人才市场事先要做一些了解，不可盲目赶场。

（三）通过人际关系网获得信息

比尔·盖茨说过："一个人花100%的力量不如靠100个人每人花1%的力量。"那么，我们大学生要正确看待利用关系找工作的问题，不要羞于启齿，找工作是正大光明的事，一定要学会善于利用这种信息传播的途径，只要处理得体，你会惊喜发现，在你择业的时候，你的父母、亲戚、老师、朋友、邻居、同学、校友，甚至不是很熟悉的人是多么地愿意帮助你。

实际上，大多数用人单位更愿意录用经人介绍和推荐进来的求职者，他们认为这样录用进来的人比较可靠，如果你有这种机会最好不要放过。据有关研究和统计，大约63%～75%的工作是通过关系网途径获得的。从另一方面来讲，招聘单位每天收到数百封求职信函，而且这些求职信函在内容上并无太大的差别，谁也不比谁更为突出。那么，招聘者面对如此众多的区别不大的陌生人，能有什么更好的方法分辨出究竟哪一个更强些，强多少？所以，在求职中，能够让用人单位更多地注意你，就必须想些切实可行的办法，关键之时托"关系"帮你推荐一下，也许是相当有效的。当然，关系要靠自己去发掘，途径也应该正当，切不可不择手段。一般可以为你提供信息的主要有以下几类人：

（1）家庭及其亲友。他们都相当关心大学生的就业问题。他们来自社会各个领域，社会接触面和渠道关系比较广泛，能够带来各种用人单位的需求信息。家长亲友提供的职业信息主要来源于其个人的社会关系，相对固定，也有相当大的局限性。一般不反映职业市场的实际供求状况，也往往不太适合那些专业比较特殊、学生本人就业个性比较强或具有某些竞争优势（如学习成绩优秀、共产党员、学生干部、有一技之长等）的毕业生。但信息的可靠性比较大，传递到毕业生本人的职业信息，一旦被接受，转变为就业岗位的可能性比较大。毕业生由家长亲友提供的职业信息的数量和"质量"有很大的个人差异。对有些毕业生来说，家长亲友提供的职业信息是其主要的选择，对有些毕业生而言，则可能只是聊胜于无。

（2）以前或现在的老师。一般来说，学校老师利用自己的老同学、朋友、学生、科研伙伴、协作单位等关系，往往能够掌握到可靠性强的人才需求信息，尤其是专业教师或论文指导老师比一般人更了解本专业毕业生适合就业的方向和范围，他们的推荐更有针对性，成功率也比较高。大学生可以直接找他们作为推荐人或引荐人，这将对毕业生择业是十分有利的。

（3）校友。校友是近似于老师的、非正式求职信息的提供者，其提供的职业信息的最大特点是比较接近本校、尤其是本专业的毕业生在人才市场上的供求状况及其在具体行业中的实际工作、发展状况，近几年毕业的校友更有着对职业信息的获取、比较、选择、处理的经验和竞争择业的亲身体会，这比一般纯粹的职业信息更有参考、利用价值。大学生可充分利用实习、社会实践、校友回校等机会与校友多接触，用巧妙的方法适时介绍自己，以得到其帮助和指导。

根据专家的建议，大学生在利用人际关系获取就业信息时，不管是写信、打电话、发邮件，还是登门拜访，都要掌握以下方法：

（1）"套近乎"拉近关系。提一提你们最近在一起的美好回忆，或者提及某个你们都认识、最近都谈过话的人。

（2）征求对方意见。针对你的求职方向和考虑选择的公司，你可以请对方看看求职简历是否写的合适。但不要特地去问："我到你们那里做事行吗？"如果真有什么好的机会，他会告诉你的。而你要把自己的进展情况告诉对方，描绘出你个人的想法和基本框架，他们一般很愿意帮忙，使他们帮你努力有方向。

（3）重视对方提供的信息。如果对方主动把信息带给你，你应该说："真是太好了，真是难得的好机会！"即使你已知道这个信息，甚至刚同那个单位谈过话，也要这么说，因为他们带来的信息必有某些新鲜内容。当人们看到自己的意见受到重视和赞赏时，他就会带来更多的信息。

（4）每当你得到对方推荐，一定要问清楚你与该单位联系时是否可以提到推荐人的名字作为引见。大多数的回答是肯定的。

（5）如果你确实得到帮助，就应该道谢，如果得到口头帮助要书面道谢。感谢信也可附一份个人简历（如果以前没有给过的话）。不管你联系的人是否帮助过你，你得到工作以后一定要让他们知道。

（四）通过社会实践（实习）或业余兼职获得信息

在求职择业过程中，一个很大的障碍就是供求双方缺乏了解。社会实践、毕业实习和业余兼职等活动是让大学生了解用人单位，并让用人单位了解自己的很好途径。2008年国家新的劳动法对试用期限与劳动合同期限的关系做了明确规定，提出了无固定期限劳动合同，所以很多企业非常慎重地与应届毕业生签订劳动合同，他们对应届毕业生提出了"在校生外出实习"的要求，其主要目的就是增加互相的了解。因此，大学生在参加社会实践、毕业实习时，应做到与拟选择的就业单位和确定的就业意向挂钩，在注意了解单位的各方面情况的同时，通过与单位的接触，用自己的不懈努力和突出表现赢得单位的好感与信任，这样会极有可能实现就业，这将是再好不过的机遇。

（五）通过互联网络获得信息

随着网络的迅速发展，网上交流已经逐渐进入到人们生活的每个角落。对处于时代和科技前言的广大毕业生而言，借助互联网络查阅、交流信息来进行网络求职，已经成为一件非常普通的事情，但须注意网络信息的时效性和真实性。目前，基于互联网络的各级各类毕业生就业服务机构和人才市场逐步走向成熟，都基本上建立了网站，甚至有些企业实现了网络招聘。与此同时，以行业为依托的各类网络招聘活动开始脱颖而出了，这自然有其不可抵挡的魅力所在。

1. 互联网求职优势

（1）信息量大且更新快。网络招聘注重规模效应，其信息容量之大是其他人才交流方式所不能比拟的。这么大的求职队伍，招聘职位数量显然很吸引求职者的眼球，在国内大型的招聘网站里，可以随时查询数万条信息，而且信息更新速度很快，每天更新的职位都很多，关注招聘网站就能第一时间掌握用人单位的需求。

（2）招聘网络平台功能强大，提高效率。通过招聘网站可以轻松地对工作类别、地区和需求等条件进行全方位智能查询，快速准确地查询到所需要的包括行业、职能、工作地点、工资等信息，当查询到合适的招聘职位后还可以直接通过网站把简历提交给招聘单位，很大程度上节省了求职者的时间。

（3）求职无地域限制。无地域限制无疑给求职者创造更多的就业机会，特别是对于异地求职者，如果采取传统的求职方式，恐怕还得来回奔波于两个城市之间。而且对于一般院校学生亲临知名企业校园招聘现象的机会也不是很多，但如果通过网络就可以获取与其他求职者同等竞争的机会。

（4）经济实惠。如果通过现场招聘会求职，求职者要花不少钱制作精美的简历，外加交通、通讯等费用，而这些在网络求职中都可免去。而且各个证书只要一次扫描到计算机里，就可以发给多家网络招聘单位，免去了印刷的高成本费用。

2. 利用互联网络获取就业信息时应掌握的方法

（1）求职者可以利用有效时间多发电子邮件，给你所中意的单位多发几次，最好每封求职信都要针对不同的用人单位精心设计，以表明你对该公司的重视。不妨在求职信中简短评价公司及其顾客的状况，让对方觉得你能很快胜任新职位，而不是让人觉得你只是从招聘广告上知道该公司的名字，赢得单位的好感才会从众多的求职者中脱颖而出，为你提供求职信息。

（2）可以将你的求职简历放到各个网站的数据库里，可供用人单位随时浏览你的简历，说不定就有工作来找你。

（3）可以考虑制作一个个人主页，把你的网址告诉用人单位，让用人单位很容易注意到你，这将会有更好的效果。

除了上述介绍的几种信息获取渠道外，毕业生还可以通过其他途径获取信息。比如向你认为合适的用人单位发出求职帖，可以首先写求职信，然后通过电话预约，必要的时候，还需要亲自登门拜访，也可以亲自走访调查你想去的用人单位，这种求职方式能够跟用人单位零距离接触，有利于展示自己的形象，引起用人单位对你的注意，不失为获取就业信息和机会的途径之一。另外，还可以通过合法的中介职业机构获取就业信息。

三、搜集就业信息的方法

（一）全方位搜集法

全方位搜集法是指把与本校特色有关联的就业信息统统搜集起来，再按一定的标准整理、筛选，以备使用。

（二）定向搜集法

定向搜集法是指按照职业方向和求职的行业范围来搜集相关信息。需要注意的是，当选定的职业方向和求职范围过于狭窄时，这种方法有可能大大缩小选择余地。

（三）定区域搜集法

定区域搜集法是指根据毕业生择业的地区倾向性，按照地区搜集信息，这是一种重地区、轻专业方向的信息搜集法，按这种方法搜集信息和选择职业，可能会由于所面向"地区狭小"和"地区过热"而造成择业困难。因此，应根据实际情况将上述几种方法综合起来搜集信息。

四、了解就业信息的内容

在毕业生求职过程中，有一种现象令人匪夷所思，就是不管是否落实就业单位的毕业生，他们都非常注重择业，但虽竭尽全力获得就业信息，却很少认真分析自己通过就业信息选定的应聘单位的情况，了解的都是一些皮毛而已，表现出盲目、浮躁、急功近利的择业心态。事实上，对应聘单位的不了解，不仅影响择业的成功，而且即使择业成功，是否也觉得太草率呢？甚至还有可能导致将来工作中的不如意和不必要的麻烦等负面效应。那么，毕业生除了了解就业信息的具体需求信息外，还应该掌握用人单位的那些重要信息内容呢？其大致包括以下9个方面：

①用人单位的准确全称、地点、性质、隶属关系；

②用人单位的业务范围、产品类别及服务内容；

③用人单位的组织结构、行政结构和规模前景；

④用人单位的发展历史与最新动态、客户和竞争对手的类型与规模；

⑤用人单位的文化背景、工作环境、办事方式；

⑥用人单位的发展目标、发展实力、远景规划；

⑦用人单位的绩效考核体系、培训体系、薪酬体系（工资、福利、住房、奖励）和员工的发展空间；

⑧用人单位需要的专业背景、具体工作岗位及对所需人才的具体要求；

⑨用人单位的联系办法，如人事部门联系人、电话、地址等。

很多在职场择业成功的毕业生回首时，才真正明白了就业信息不仅仅是用人单位的具体需求信息，通过了解以上9个方面的详细信息，不仅可以使择业的目标更清晰、更准确、更能把握主动权，也有利于自己充分展示与这一单位择才标准吻合的优势和特长，做到扬长避短。此外，如果毕业生能够在谈话时熟练地谈及对该单位的了解，这样可以展示求职者的诚意，很容易引起对方的认同，双向选择的成功率会大大增加。

五、就业信息的处理与利用

（一）就业信息的筛选

通过以上渠道所收集到的就业信息一般都比较杂乱，有一部分信息是无效的。毕业生应根据实际情况和自己的需求，对信息进行去粗取精，去伪存真，有目的、有针对性地加以筛选处理，使获得的信息更具准确性、全面性、有效性和实效性，使之更好地为自己的求职服务，建议在处理这些信息时应把握以下原则。

1. 掌握重点的原则

首先，对收集到的所有就业信息进行初步筛选之后，把有利用价值的重点信息标注留存，一般信息则仅做参考。其次，将自己选出来的重点信息再分别详细分析，因为就业信息是广泛的，并不仅仅限于需求数量的概念，还包括对人的素质要求的质的概念以及需求单位的隶属关系、单位的性质（指全民所有制单位、集体所有制单位或私营、合资企业、政府机关等）、人才结构、发展前景等。最后，要善于开拓信息，许多信息的价值往往不是直观的，要善于通过有限的招聘文字和单位简介，了解其背后深层次的背景、文化和精神。

2. 适合自己的原则

每个人的情况不一样，因而应选择适合自己的信息，要对自己的素质、能力等实际情况进行分析，根据自己的优势、长处和性格特点等，认真考虑自己是否适合和愿意从事这个职业，并做出取舍。一旦确定之后，就要根据信息的要求认真制定自己前去参与竞争的具体方案。

3. 有利发展的原则

判断一个就业单位是否适合自己将来的发展，不应只看表面和眼前，尤其不能仅仅盯着单位所给的一个薪水的数字，还要分析发展趋势，放眼未来。也许现在你所要求职的单位只是一个名不见经传的小单位、新单位、私营单位，但经过发展，以后可能会很成功。如果你现在独具慧眼，那你将来就可能获得发展的机会。

4. 注意时效性的原则

信息瞬息万变，用人单位发布需求信息后，随时都会收到求职信息，及时与用人单位联系能体现出积极的态度，为求职成功增加砝码。因此，收集到就业信息后，应适时使用，以免过期。否则，不仅浪费时间、精力和金钱，还可能错过好的就业机会。

【案例评析】

适合自己才能就业满意

小孙毕业于杭州某高校的文秘专业，刚开始，小孙在杭州附近的家乡做公司文秘，虽然说是文秘，但总是在做一些诸如打字、复印之类的琐碎小事，这让小孙感觉很苦恼。后来，喜欢交际、旅游的小孙发现自己对导游工作非常感兴趣，而且导游在浙江又是个很热门的职业，何不去做导游呢？于是，在工作之余她去考了个导游资格证书，并选择了到杭州发展。没多久，她就顺利在杭州一家旅游公司做了一名导游。因为小孙的英语出色，公司让她负责国际旅游线路。在这里，小孙的特长得到了充分的发挥，加上她工作努力认真，业绩斐然，短短1年时间她就成为这家旅游公司的管理人员了，事业进展非常顺利。回顾这两年的经历，小孙觉得自己的幸运之处就是当初选择了一个适合自己的职业，并选择了一个适合自己发展的城市。

分析：找到适合自己的工作，才能对就业满意。

（二）就业信息的合理利用

通过收集整理的就业信息，我们的毕业生又该怎样利用这些信息呢？其途径大体有3条：

（1）及时运用有价值的信息去选择适合自己的工作。每个人都要善于应用信息，根据职业的要求与自己具备的条件，两项对照以后，选择适合于你的最佳岗位。

（2）根据职业信息的要求及时调整自己的知识、技能结构，提高自己的工作能力，弥补原来的不足。如果发现自己哪些方面的知识不足，就主动去学习，或发现自己哪些方面的技能欠缺，就赶快参加必要的训练，主动学习和掌握相应的技能。

（3）及时输出对他人有用的信息。有些信息对自己不一定有用，可是对你周围的同学十分有用，遇到这种情况，我们毕业生应该主动将这些信息输出，这不仅是对他人的帮助，从某种意义上讲，他人的顺利就业也自然使你减少了一个竞争者。同时，这样的做法还增加了与他人交流信息增进友谊，说不定你也会从别人手中获得对自己十分有益的信息。

第二节　准备求职材料

在双向选择的过程中，大部分用人单位安排面试的依据是阅读有关毕业生的求职材料，对他们来说，这些材料就是判断和评价毕业生的学习成绩、工作潜力的依据。因此，求职材料对一个作为求职者的大学毕业生来说重要性是不言而喻的。确切地说，只要获得面试的机会，投递材料就算是成功了。求职材料包括很多，主体上包括求职信和个人简历；同时还可以包括学校推荐表、在校学习成绩、获奖证书等其他材料。可根据自己的具体情况进行增减。

一、求职信

求职信，也称自荐信，是指求职者以书信的方式进行自我推荐，表达应聘意向，阐述应聘理由的一种应用性文本，是求职者主动向招聘单位表明自己对应聘职位热衷程度的一种途径。与简历及一些证明材料不同的是，简历和证明材料是公司要求提供的，是求职过程中所必备的文件；而求职信则是主动提供的，是投递简历中附带的，可以置于其前也可以置于其后，是具有争取面谈机会的一种关键的半正式沟通方式。求职信与普通的信函有相似之处，但也有所不同，当然也不同于公事公办的公文函。

（一）求职信的主要功能

1.毛遂自荐

让招聘单位知道自己有能力来担任此职位，进而吸引招聘者有兴趣进一步阅读自己的简历等求职材料。

2. 锦上添花

有效地补充简历因过于理性、缺乏描述性词语带来的不足，加深招聘者对自己的了解。

3. 旁敲侧击

与招聘单位做半正式的沟通，表达自己对企业和岗位的向往，增加招聘单位提供面试机会的可能性。

（二）求职信写作的 3 个原则

1. 简洁

篇幅控制在 A4 纸打印一页之内，除寒暄语外的所有内容均应围绕应聘职位的要求来展开，目的是要让招聘者感觉到你就是最合适的人选，不要尝试把自己包装成一个全才，切忌罗列私人信息或不相干信息，如你是否爱好旅游和公司招聘机械设计师没有太大关联。同时，格式上的整洁也很重要。

2. 认真

避免错别字和语法错误，尤其是应聘外资企业所需要的英文求职信，要设身处地的考虑阅读者的印象和感受。

3. 充实

求职信不是简历的简单扩写版，而是对简历的有效补充。在一页之内，一定要尽力减少照搬照抄的话，要尽力消除啰嗦重复的话，多提供一些有用的信息。言之无物的空洞会让招聘者认为你确实能力有限，没有闪光点。

（三）求职信内容

书写求职信的基本原则是，在列举自己的优点和工作态度时要表现出自信，要像一位职业人士与另一位职业人士对话一样，对你所提供的材料深思熟虑、精心准备。

首先，抬头称谓要比一般书信正规，如果知道收信人最终是谁，称谓可直接尊称，视身份而定。如"尊敬的某某先生/女士/经理"，尤其是要注意其职务要准确，这些细节很重要。

求职信要说明你已经对招聘单位进行了研究，对申请的职位非常感兴趣。在自荐信的第一段要说明你是通过什么信息渠道知道这个职位空缺的，你对这家公司有何了解，表示出你对这个职位的兴趣并引起读信者的注意。接下来要表明你对招聘单位的研究和了解让你明白该单位需要什么样素质的人才，从你的背景中提出一些画龙点睛的细节来说明为什么你应该被考虑为这一职位的候选人；另外，突出自己教育的背景、具体成果或成就以及个人所具备的各种潜力，你可以将个人简历中的自我评价放在自荐信中说明我能做什么、我喜欢做什么、我的长处和兴趣是什么。如果你在自荐信中点出你的能力与公司的需求十分吻合，就很容易引起对方的兴趣。

结尾最后一段一般要表达出希望对方予以答复，并有机会参加面试的强烈愿望。同时，要写上简短的表示敬意、祝愿之类的祝词，如"祝贵公司兴旺发达""谨表谢意"等。

总体上说，求职信要写得简明扼要，切中要点。突出简历中那些与公司需求相吻合的经验和成就。要让你的求职信在对方可接受的范围内表现出个性的光彩。哈佛人力资源研究所在 1992 年就有一份经典的测试报告，即一封求职信如果内容超过 400 个单词，则其效度只有25%，即阅读者只会留下对 1/4 内容的印象，因此写得简洁是十分重要的一个标准。

最后要注意的是，要专门为每一个求职职位写一份求职信。仔细检查求职信和简历的布局，使之表述清晰，确保没有拼写错误并准确打印。下面为你提供了一个求职信的样本。

求职信样本

称呼(尊敬的＿＿＿＿女士/先生/小姐/经理)

您好!

我想申请贵公司网站上招聘的网络维护工程师职位。我自信我是能够为公司作出贡献的有活力的员工。

今年7月,我将从清华大学毕业。我的硕士研究生专业是计算机开发及应用,论文内容是研究 linux 系统在网络服务器上的应用。这不仅使我系统地掌握了网络设计及维护方面的技术,同时又使我对当今网络的发展有了深刻的认识。

在大学期间,我多次获得各项奖学金,而且发表过多篇论文。我还担任过班长、团支书,具有很强的组织和协调能力。很强的事业心和责任感使我能够面对任何困难和挑战。

互联网促进了整个世界的发展,我愿为中国互联网和贵公司的发展做出自己的贡献。

随信附有我的简历。如有机会与您面谈,我将十分感谢。

祝贵公司的事业蒸蒸日上!

提示:落款名字不打印,亲手签名

年　　月　　日

二、个人简历

简历的目标是争取一个面试机会。简历能较为详细告知潜在的雇主你是谁、你能干什么、你干过什么、你具备哪些知识和能力。它必须包含足够的信息以便雇主对你的资质进行评估,还必须能够激起雇主足够的兴趣从而邀请你进行面试。

(一)个人简历的基本内容

一般常见的高校毕业生简历的基本内容包括个人基本情况、求职意向、教育背景、所修课程、外语与计算机技能、课外活动、实践经历、获奖情况、兴趣爱好或自我评价等。

1.个人基本情况

指姓名、年龄、性别、籍贯、最高学历、政治面貌、毕业院校及专业、通讯方式等。

2.求职意向

主要是表明求职者希望应聘的岗位,了解岗位最直接的方式就是根据用人单位的要求正在招聘的岗位名称。

3.教育背景

这里通常是指学历教育,按阶段写清所读学校名称、专业、学习年限及相关证明等,让招聘单位迅速了解个人学历背景,以判断与应征工作的关联性。其实,与所求岗位相关的非学历教育,如外语、计算机和其他专业培训,也可列入其中,这也是用人单位甄选人员时非常重视的参考因素。

4.所修课程

通常来说,为了突出自己符合应聘条件,毕业生尤其是缺少工作经验的本科生,可以选择把部分专业课程列出来,以突出自己的知识结构是符合应聘岗位要求的,当然这一部分也可以与教育背景合并来写。

5. 外语与计算机技能

外语作为一种语言工具，尤其是在应聘外资企业或者需要外语相关岗位时，就显得非常重要和关键。因此，你需要详细说明自己掌握的外语知识、应用水平或熟练程度。如参加美国研究生入学考试（GRE）或者大学英语四级考试（CET4）等标准测试通过或者取得比较良好的成绩，也可以将考分写出。计算机技能是现代办公所需的操作技能，你需要将自己取得的等级证书，以及掌握的具体的计算机技能情况反映出来。当然，如果你还有其他技能或者取得了其他资质，如驾驶资格证书、会计资格证书等，也应一并写上。

6. 课外活动

课外活动是学校生活的一个重要组成部分，也是对专业学习内容的一个重要补充，如参与学校、院系和班级的各种学生活动，以及参与各种学生社团组织的活动，或者担任某职务，都会成为简历的亮点，可以表明你具备了良好的社会适应性、工作积极性和竞争优势。

7. 实践经历

大学生一般都没有正式的工作经验，但常利用假期等空闲时间勤工俭学、兼职或积极参加各类性质的活动。可充分提供在校期间的打工经验、社团活动经验，说明自己担任的工作、组织的活动以及特长等经验，供招聘单位参考。这些经验可能是短期的、幼稚的，但或多或少突出了个人的一些特性，如：志趣、合群性、组织能力、协调能力、领导能力、成熟度等，所以备受招聘单位的重视。

8. 获奖情况

这部分主要包括优秀学生、优秀团员、优秀学生干部以及奖学金获得等情况，表明你学习成绩和个人表现的优秀程度。

9. 兴趣爱好或自我评价

如果你的社会工作经历较少，那么可突出表现你的兴趣爱好，以展示你的品德、修养或社交能力及与人合作的能力，但最好写一些你有所研究和特长的爱好。另外，也可以直接描述你的性格特点，性格特点与工作性质关系密切，所以用词要贴切。

当然，求职者还可根据自身情况，将奖励、求职意向或现实表现的自我鉴定等内容加入简历，提供更为充足的信息。

（二）个人简历的写作标准

最有效的个人简历应该遵循以下的写作标准：

1. 简洁明了

个人简历通常很简短，一页（A4纸）最好，两页是上限。

2. 真实客观

从头到尾要贯彻一个原则，即真实客观地描绘自己。简历中不要注水并不等于把自己的一切，包括弱项都要写进去。有的同学在简历中特别注明自己某项能力不强，这就是过分谦虚了，实际上不写这些并不代表说假话。有的求职学生在简历上写道："我刚刚走入社会，没有工作经验，愿意从事贵公司任何基层工作。"这也是过分谦虚的表现，这会让招聘者认为你什么职位都适合，其实也就是什么职位都不适合。

3. 整洁清晰

用人单位看到整洁清晰的一份简历，就仿佛看到了你本人。若段落与段落、语句与语句之间写得太密，影响美观，不易阅读。要将该空格的地方留出空隙，不要硬把两页纸的内容压缩到一页纸上。不要因为省钱而去使用低廉质粗的纸张。

4.准确无误

一份好的简历一定在用词上、术语上是准确无误的。撰写时要打草稿、反复修改、斟酌，在没有任何错误后，再打印出来。招聘单位最不能容忍那些有很多错别字，或是在格式、排版上有技术性错误以及被折叠得皱皱巴巴、有污点的简历，这会让用人单位认为你连自己求职这样的事都不用心，那工作也不会用心。在使用文字处理软件时，可以使用拼写检查项或请你的朋友来检查你可能忽略的错误。

三、其他材料

除了自荐信和个人简历之外，为了加深招聘单位对自己的印象，有时要提供进一步的其他材料。

(一)学校提供的推荐表和成绩单

毕业生推荐表中有学校的评语、能否毕业推荐、培养类别及就业范围等。从学校角度出发，评语的作用主要是：一是为对社会和用人单位负责，以及考虑学校自身的影响，它能实事求是的反映毕业生的综合表现；二是考虑到有利于毕业生就业，找到一份较满意的工作，评语中据实表现的描述都会突出学生的个性特点等。这点对于用人单位和毕业生本人都有一定价值的。成绩单必须有学校教务部门盖章为权威，毕业生可根据用人单位的需要或求职的职位对某些相关课程的要求，提供有效的成绩单。

(二)技能证书

技能证书反映了求职者的某一方面的能力水平，主要有外语等级和计算机等级证书；另外现在有不少学生还有驾驶证、职业资格证等均可附上。

(三)荣誉证书

荣誉证书是对求职者综合素质的重要支撑，有各类奖学金证书、荣誉称号证书以及参加重大竞赛的获奖证书等。重大竞赛如全国大学生"挑战杯"课外科技活动竞赛、创业大赛和各种学科课程竞赛等。有些人荣誉证书较多，则挑选一些荣誉等级较高的。

(四)权威人士推荐材料

推荐信也是大学生求职过程中一个不可忽视的环节。这里所指的推荐信并不是那种找关系、托人情的"走后门"的"条子"，而是指有一定权威的人士实事求是、认真负责的推荐。有许多大公司、企事业单位是比较重视这种推荐信的，而写推荐信的权威人士也是十分珍惜自己的声望的，真正的学者、教授，或者某一领域的权威不会滥用别人对自己的信任作不负责任的推荐。

(五)其他招聘单位需要的材料

其他招聘单位有的要身份证，有的要特别政审证明。

以上材料的使用，要根据各招聘单位的不同情况有针对地取舍，要根据自荐的方式而有所不同。如果面见招聘者或亲自上门去推荐自己，材料可以准备充分一些，凡能反映自己各方面能力的材料尽可能携带齐全，而且最好带原件。若采取寄送自荐材料的方式，则应选择最有针对性和代表性的其他材料，一般先提供复印件，便于邮寄，以免丢失。

第三节　笔试与面试

笔试是用人单位对求职者的专业知识、文化素养和心理健康状况以及文字表达能力和书写态度等综合能力的一次有据可查的测试，具有公平、简便、迅速的特点。面试则是一种经过精心设计、以交谈与观察为主要手段、以了解被试者素质及有关信息为目的的一种测评方式。能否闯过面试这一关，往往成为求职者能否被用人单位录用的关键。赢得面试资格和面试顺利通过是高校毕业生就业过程中两场关键性的战斗，因此，掌握笔试和面试要点是高校毕业生择业求职时面临的新课题。

一、笔试

主要适用于应聘人数较多、考核的知识面较广、重点考核文字能力和对专业技术要求很强的情况。大型企事业单位大批量用人，国家机关选聘公务员，往往采用此种考核形式。大学生对笔试并不陌生，但应注意求职过程中的笔试与学科考试的差异，根据笔试的特点有针对性地做好笔试准备、掌握笔试的答题技巧是笔试成功必不可少的。

（一）笔试的主要内容

1. 专业知识测试

这种考试主要是为了检验求职者文化和专业技术水平而设置的。一些专业性要求比较高的用人单位，需要通过这种方式对求职的大学毕业生进行文化和专业知识的考核。这类笔试主要针对研发型和技术类职位的应聘，这类职位的特点是对于相关专业知识的掌握要求比较高，题目特点是主要涉及工作需要的技术性问题，专业性比较强。这类考试的结果，和同学们的大学四年的学习成绩密不可分。所以，要成功应对这类的考试，需要坚实的专业基础。比如大型 IT 公司要考计算机相关知识；公检法机关录用干部要考法律知识；文秘工作要测试应用文种的写作等。

2. 智力测试

主要测试应聘者的分析和观察问题能力、综合归纳能力、思维反映能力。国内企业笔试中运用最多的是 IQ 测试或类 IQ 测试。在限定时间的情况下，这类测试的作用有：①可以考察人的反应速度和敏捷性，虽然题目一般不太难，但不同应聘者的反应速度是不一样的；②这类测试的题量一般都比较大，可以考察应聘者在任务压力面前的承受能力，一般比较冷静、专注思考的应聘者发挥的会比较好；③测试的题目有的需要应聘者换个角度想问题才能较快的解出，因此考察了应聘者的灵活性；④有的企业（尤其是外企）出的题目全是英文的，在一定程度上考察了应聘者的英文水平。除了上述作用外，使用这种测试可能还有一种基于实际工作情况的作用：通过 IQ 测试可迅速筛选掉一批人。因为知名企业应聘的人员会很多，虽然 IQ 测试成绩高的人不能很好地说明这名应聘者将来的工作绩效，但是把 IQ 测试成绩差的人从应聘队伍中淘汰出去，可视为一种较为合理、简洁的做法。举两个例题：

（1）例题：在一家庭宴会上，主人致祝酒词后，便开始相互碰杯庆祝。有人统计了一下，在宴会上所有的人都碰了杯，而且席上共碰了 45 次杯。根据这些情况，你能知道共有多少人出席这次家宴？

（2）例题：点击鼠标比赛现在开始。参赛者有甲乙丙三人。甲 10 秒钟能点击 10 下鼠标；

乙 20 秒钟能点击 20 下鼠标；丙 5 秒钟点击 5 下鼠标。以上各人所用的时间是这样计算的：从第一击开始，到最后一击结束。他们是否打平手？如果不是，谁先点击完 40 下鼠标？

3. 能力测试

主要测试应聘人员处理问题的速度和效果，检验对知识和智力运用的程度和能力。能力测试笔试一般是把在工作中可能会遇到的情景问题用书面问题的形式表达出来，让应聘者根据自己的工作经验或想象来回答，是一种将情景反应书面化的测试方法。

【案例评析】

案例一：某通信单位招聘试题能力测试

1. 一个班有 m 名同学，问 m 为多少时有两人同一天生日的概率为 0.6。建立数学模型并解答，该模型适用于通信中的哪些情况？

2. 为了解决学生洗澡难的问题，学校新建一澡堂，水龙头数为 m，每天开放 k 小时，如果学生人数为 n，每位学生每周洗一次澡，每次须半小时，学生到达澡堂服从均匀分布，问当 m 为多少时学生洗澡等待时间不超过 10 分钟。建立数学模型并解答，该模型适用于通信中的哪些情况？

案例二：某银行笔试，在 3.5 小时内进行，考 4 门课程

1. 公文写作：包括公文知识判断、根据要求写公文。

2. 金融专业：考的是银行货币的有关专业知识，比较偏重于常识与实务。比如货币的 3 个层次(中国 M0，M1，M2 的划分)，汇票的具体操作等。

3. 国际金融：这一部分考试难度较大，比如要你用英文回答什么是国际收支，影响汇率的主要因素、影响的结果如何。

4. 英语：分为英译汉和汉译英。汉译英部分偏重于经济类。

4. 个性测试

主要是通过一些精心设计的心理测验试题或一些开放式的问题来考察求职者的个性特征。传统的个性测试一般包括人格、职业兴趣和动机测验。其基本思想是认为不同的工作对人的个性要求不同，必须有针对性地为不同的工作匹配不同个性的人才。

【测试】

4 种气质类型测试及分析

请认真阅读下列各题，对于每一题，你认为非常符合自己情况的记"＋2"，比较符合的记"＋1"，拿不准的记"0"，比较不符合的记"－1"，完全不符合的记"－2"。

一、题目：

1. 做事力求稳妥，一般不做无把握的事。

2. 遇到可气的事就怒不可遏，想把心里话全说出来才痛快。

3. 宁可一个干事，不愿很多人在一起。

4. 到一个新环境很快就能适应。

5. 厌恶那些强烈的刺激，如尖叫、噪音、危险镜头等。

6. 和别人争吵时总是先发制人，喜欢挑衅别人。

7. 喜欢安静的环境。

8. 善于和别人交往。

9. 是那种善于克制自己感情的人。

10. 生活有规律，很少违反作息制度。

11. 在多数情况下，情绪是乐观的。

12. 碰到陌生人觉着很拘束。

13. 遇到令人气愤的事，能很好的自我克制。

14. 做事总是有旺盛的精力。

15. 遇到事情总是举棋不定，优柔寡断。

16. 在人群中从不觉得过分拘束。

17. 情绪高昂时，觉着干什么都有趣，情绪低落时，又觉得干什么都没意思。

18. 当注意力集中于一事物时，别的事很难使我分心。

19. 理解问题总比别人快。

20. 碰到问题总有一种极度恐怖感。

21. 对学习、工作怀有很高热情。

22. 能够长时间做枯燥单调的工作。

23. 符合兴趣的事情，干起来劲头十足，否则，就不想干。

24. 一点小事就能引起情绪波动。

25. 讨厌那种需要耐心细致的工作。

26. 与人交往不卑不亢。

27. 喜欢参加热闹的活动。

28. 爱看感情细腻、描写人物内心活动的文艺作品。

29. 工作学习时间长了，常感到厌倦。

30. 不喜欢长时间谈论一个问题。

31. 愿意侃侃而谈，不愿切切私语。

32. 别人总是说我闷闷不乐。

33. 理解问题常比别人慢些。

34. 疲倦时只要短暂休息就能精神抖擞，重新投入工作。

35. 心理有话，宁愿自己想，不愿自己说出来。

36. 认准一个目标，就希望尽快实现，不达目的，誓不罢休。

37. 学习或工作同样一段时间后，常比别人更疲倦。

38. 做事有些莽撞，不考虑后果。

39. 老师或他人讲授新知识、技术时总希望他讲的慢些多重复几遍。

40. 能够很快忘记那些不愉快的事情。

41. 做作业或完成一项工作总比别人花时间多。

42. 喜欢运动量大的剧烈体育活动，或者参加文艺活动。

44. 不能很快地把注意力从一件事情上转移到另一件事情上去。

44. 接受一个任务后，就希望把它迅速解决。

45. 认为墨守成规比冒险强些。

46. 能够同时注意几件事物。

47. 当我烦恼时，别人很难使我高兴起来。

48. 爱看情节起伏跌宕，激动人心的小说。

49. 对工作认真严谨，有始有终的态度。

50. 和周围人的关系总是相处不好。

51. 喜欢复习学过的知识，重复做熟练的工作。

53. 喜欢做变化大，花样多的工作。

53. 儿时会背的诗歌，我似乎比别人记得清楚。

54. 别人说我"出语伤人"，可我并不觉得这样。

55. 在体育活动中，常因反应慢而落后。

56. 反应敏捷，头脑机智。

57. 喜欢有条理而不甚麻烦的工作。

58. 兴奋的事常使我失眠。

59. 老师讲新概念，常常听不懂，但弄懂以后就很难忘记。

60. 假如工作枯燥，马上就情绪低落。

二、得分情况：

在回答问题时，很符合自己情况记 2 分，较符合记 1 分，一般（即符合又不符合）记 0 分，较不符合记 –1 分，很不符合记 –2 分，并把各个类型得分分别计算出来。

胆汁质 2 6 9 14 17 21 27 31 36 38 42 48 50 54 58 总分（　　　）

多血质 4 8 11 16 19 23 25 29 34 40 44 46 52 56 60 总分（　　　）

黏液质 1 7 10 13 18 22 26 30 33 39 43 45 49 55 57 总分（　　　）

抑郁质 3 5 12 15 20 24 28 32 35 37 41 47 51 53 59 总分（　　　）

记分方法：

A. 如果某一项，或两项的得分超过 20，则为典型的该气质。

B. 如果某一项，或两项的得分在 20 分以下，10 分以上，其他各项分数较低，则为该项一般气质。

C. 若各项得分均在 10 分以下，但某项或几项得分较其余几项为高（相差 5 分以上），则为略倾向于该气质，（或几项的混合），如略偏黏液质型，多血质 – 胆汁混合型。其余类推，一般来说，正分值越高，表明该气质越明显，反之，分值越低越负，表明越不具备该项气质特征。

三、结果分析

1. 胆汁质

胆汁质的人反应速度快，具有较高的反应性与主动性。这类人情感和行为动作产生得迅速而且强烈，有极明显的外部表现；性情开朗、热情，坦率，但脾气暴躁，好争论；情感易于冲动但不持久；精力旺盛，经常以极大的热情从事工作，但有时缺乏耐心；思维具有一定的灵活性，但对问题的理解具有粗枝大叶、不求甚解的倾向；意志坚强、果断勇敢，注意稳定而集中但难于转移；行动利落而又敏捷，说话速度快且声音洪亮。

2. 多血质

多血质的人行动具有很高的反应性。这类人情感和行为动作发生得很快，变化得也快，但较为温和；易于产生情感，但体验不深，善于结交朋友，容易适应新的环境；语言具有表达力和感染力，姿态活泼，表情生动，有明显的外倾性特点；机智灵敏，思维灵活，但常表现出对问题不求甚解；注意与兴趣易于转移，不稳定；在意志力方面缺乏忍耐性，毅力不强。

3. 黏液质

黏液质的人反应性低。情感和行为动作进行得迟缓、稳定、缺乏灵活性；这类人情绪不易发生，也不易外露，很少产生激情，遇到不愉快的事也不动声色；注意稳定、持久，但难于转移；思维灵活性较差，但比较细致，喜欢沉思；在意志力方面具有耐性，对自己的行为有较大的自制力；态度持重，好沉默寡言，办事谨慎细致，从不鲁莽，但对新的工作较难适应，行为和情绪都表现出内倾性，可塑性差。

4. 抑郁质

抑郁质的人有较高的感受性。这类人情感和行为动作进行得都相当缓慢，柔弱；情感容易产生，而且体验相当深刻，隐晦而不外露，易多愁善感；往往富于想象，聪明且观察力敏锐，善于观察他人观察不到的细微事物，敏感性高，思维深刻；在意志方面常表现出胆小怕事、优柔寡断，受到挫折后常心神不安，但对力所能及的工作表现出坚忍的精神；不善交往，较为孤僻，具有明显的内倾性。

(二)笔试临场策略与技巧

应聘过程中的笔试往往只有短短的几小时，是对你的综合知识、基础理论和业务能力等的综合实力大检阅。如果临场发挥不理想，没考出你的真实水平，那实在是非常遗憾的事。因此，掌握一些小策略和技巧将有助于你心理稳定、正常发挥，甚至能够超水平发挥。

【案例评析】

碧塔传媒培训机构总结出的策略和技巧：

(1)摆正心态：笔试是你通向职场的第一关，笔试前应该调整好心态。万一没能考好，不要就此消沉，要退一步想，这不是你职业选择的唯一。何况，即便通过了笔试，你也不一定能够面试过关。如果考好了，也没必要欣喜若狂，因为那只意味着你在通往成功的路上迈出了第一步。抱着全力以赴的态度应考常常有助于应试者发挥出水平。因此，只有摆好心态，做足准备，你才有可能应聘成功。

(2)沉着应对：拿到试卷后，建议先不要着急答题，而应快速浏览题目，对题型、题量有一个底，以便安排自己的答题时间。这样做还有一个好处，就是能让思考时间前置。对一些需要动脑筋发挥的题目，先看一下心中有谱，这样，在答前面的题时，潜意识就已经开始对它进行思考了，等做到这道题目时往往就能文思泉涌，一挥而就。

(3)认真理解题意，细心再细心。尤其是对专业型笔试，一定要看清楚题目的要求。在一家青年类报纸的笔试中，人大新闻学院的一位同学就因为粗心而痛失机会。题目要求"根据材料一写不同角度的导语"，但被他看成"根据材料二写不同角度的导语"，用错了材料。虽然他写的导语非常出色，其他方面表现也很好，但仍然没能入围。原因很简单：新闻工作是一个精细活儿。

（4）尽量多地答题：有时考试题目会很难，好多题你都不会做，但千万不要空着。有位人事主管说，会不会是能力问题，做不做是态度问题。你能做到什么程度就做到什么程度，绝不要放弃。有的时候，这是用人单位故意设置的陷阱，看看你在困难面前会怎么应对。交空白试卷显然是不足取的。

（5）注意书写。根据我们的经验，一张整洁的试卷往往能为你赢得更高的评价。在电脑时代，打印出来的简历把人的个性淹没了，而笔试的手写体通常会不经意地流露你的性格。一些人力资源主管认为，一般来说，整洁书写的人通常会有更高的工作效率和自我约束能力。在同等条件下，用人单位往往会倾向于选择书写整洁的人，尤其是编辑的职位。

（6）重在思路，点到为止。应聘笔试往往不需要长篇大论。简洁、清楚，思路明晰，逻辑顺畅即可。尤其在做策划方案、给媒体、版面提改进建议时，点到为止、有强烈针对性比拉拉杂杂说很多要好一些。要明白，"精炼"也是新闻写作的一大要求。

（7）无论出于何种动机，千万不要作弊。诸如偷看别人试卷、私自拿出考试单位禁止的参考材料等。另外，口中念念有词、把试卷来回翻得哗哗作响、唉声叹气、显出烦躁不安等不文明或不得体的举止都会给自己的应聘带来不利影响。

临场发挥就像足球比赛的临门一脚，也有很多不可控的因素。良好的发挥通常需要强的实力做后盾。

二、面试

由于自身具有较大的灵活性和综合性，面试成为用人单位招聘人才的一种重要考核形式。求职者要使自己在众多的竞争对手中脱颖而出，就必须了解面试的基本内容，为面试做好充分的准备，注重面试的礼仪，掌握并灵活运用面试的技巧，做好面试中可能遇到问题的应试策略，同时还要做好面试后的追踪访问工作。只有这样，才能使自己在面试中立于不败之地，增加面试成功的机会。

（一）通晓面试

1. 面试常见内容

面试中，招聘者通过观察、提问、交谈、测试来了解、判断求职者的文明修养、形象气质、知识水平、表达能力、应变能力、心理素质、敬业精神等，其目的是加深对应试者的考察，考察应试者是否适合他们的需要。常见的面试内容包括以下几个方面：

（1）个人基本情况。主要考察毕业生的个人情况。如年龄、籍贯、民族、性别、身高、视力、健康状况；家庭主要成员及社会关系；文化程度、毕业学校、所学专业、接受过哪些培训、从事过哪些工作、参加过哪些社会活动等。

（2）知识准备。主要考察毕业生的知识层次，对所学专业知识的掌握情况，专业能力、相关知识广泛性、实践知识掌握程度、外语和计算机水平等。

（3）业务能力。考察毕业生的毕业论文、毕业设计、研究成果、专著以及实践能力、操作能力、组织领导能力、口才、文笔等。

（4）情商。考察应试者的人生观、价值观、敬业精神、人际关系、适应能力、处理压力的能力和自我激励的能力等。

（5）仪表。考察毕业生的相貌、言谈、举止和着装、礼仪等。

除上述要素外，考官们还有一条不成文的规则：看你是不是处处都在为别人着想。因为灵魂中最美的音乐是善良！

2. 面试常见形式

面试给招聘单位和应聘者提供了进行双方交流的机会，能使招聘单位和应聘者之间相互了解，从而使双方更准确地做出聘用与否、受聘与否的决定。各个招聘单位所采用的面试形式虽各不相同，但一般来说，都离不开以下几种形式：

（1）个别面试。此种形式一般为一个应聘者与一个面试人员面对面地进行交谈。这有利于双方建立较为亲密的关系，加深相互了解。缺点是：只有一个面试人员，决策时难免有偏颇。

（2）小组面试。通常是由二三人组成面试小组对各个应聘者分别进行面试。面试小组成员由人事部门和其他专业部门及管理人员组成，从多种角度对应聘者进行考察。这种方式有利于提高判断的准确性，克服个人偏见。

（3）成组面试。通常由面试小组同时对几个应聘者进行面试。这种面试形式一般都安排有素质测试、特长测试和智能练习等活动。招聘单位就是采用这种较为客观的方法对应聘者的能力、性格、特长进行衡量，对应聘者的逻辑思维能力、解决实际问题的能力、协调人际交往的能力、领导能力等进行测试，以找到合适的人选。

（4）无领导小组讨论。"无领导小组讨论"是招聘单位经常采用的一种方式。其操作方式为：让一定数量的一组应聘者在既定的背景之下围绕给定的问题展开讨论。所谓"无领导"就是说参加讨论的这一组应聘者，他们在讨论的问题情景中的地位是平等的，其中并没有哪一个人充当小组的领导者。而考官并不参与讨论的过程，他们只是在讨论之前向应聘者介绍一下讨论的问题，给他们规定说要达到的目标以及时间限制等。无领导小组讨论的目的主要是考察应聘者的组织协调能力、领导能力、人际交往的意识与技巧、想象能力、对资料的利用能力、辩论能力以及非语言的沟通能力等，同时也可以考察应聘者的自信心、进取心、责任感、灵活性以及团队精神等个性方面的特点及风格。

【案例评析】

从容应对集体面试

小陆和另外几位应聘者一起参加面试的。相对于其他几位应聘者，小陆并非专业对口。考官的问题并没有更多地涉及专业和学习成绩，主要侧重对所属行业的兴趣和对该公司的了解，以及相关工作经历的询问。

在问了其他应聘者几个问题以后，轮到小陆回答时，主考官突然问道："今天参加面试的有10位候选人，如何证明你自己是最优秀的？"他灵机一动，从容镇定地说："对于这一点，可能要因具体情况而论，比如贵公司现在所需要的是技术人才，虽然前来应聘的都是这方面的对口人才，但我深信在其他方面的才能依旧能打动贵公司，在学校期间当学生干部和主持社团工作的经历已经让我综合能力更强，应聘贵其他职位也是有信心的。"

"在你的工作中，感触最深的是什么事情？"主考官随意地问了小陆一句。"那就是曾经主要参与组织过全校性的技能比赛、歌咏比赛等活动"小陆回答，主考官的眼神一亮，饶有兴趣地想了解更详细的情况，于是，小陆就把组织过几次大型活动的过程，以及碰到的难点和解决办法一一作了表述，主考官听后点点头，表示赞赏："不错，在组织活动方面还是比较成功的。"正是因为在集体面试中表现出的从容不迫、充满自信，并突出自己具有较强的组织能力，主考官没有因为小陆的专业不对口而淘汰他，而是让他顺利通过了面试，参加到企业后备管理人才招聘的选拔中。最后，小陆成功应聘上了该公司的管理人员岗位，找到了自己心仪的工作。

（二）面试前的准备

面试是人与人互相接触的第一次过程，应利用这一机会向对方传递你的魅力与信息。怎样面试才能将自己最完美的一面充分展示，将个人的专业知识、人格、气质及临场应变能力完美展现，为了获得面试成功，每个应试者必须在面试前就做好充分准备。

1. 面试单位的调查

为了使面试工作进行更充分、更主动，面试前应试者必须对面试单位进行摸底调查，对面试单位全面了解，做到心中有数，尽可能使一些问题处理合理一些，其工作思路从以下几方面着手考虑：

（1）面试单位基本概况：即性质、规模、产品、企业发展前景、应聘岗位职责、待遇、单位的主管部门等问题要详细地了解。

（2）性质：指面试单位的类型，包括政府部门、国有企业、事业单位、民营企业、私营企业、股份制企业、有限责任公司、中外合资企业、独资企业、跨国公司等。

（3）规模：指面试单位的注册资金、资产总值、职工人数、专业技术人员数、企业建立时间、总公司地点、子公司或分公司地点等情况。

（4）产品：指面试单位的主要产品、经营范围、国内经销产品、国外经销产品、合作开发产品等内容。

（5）企业发展前景：指面试单位近期产品生产量为多少、销售量为多少、利润额为多少等等，运用这些基本数字分析面试单位是属于朝阳企业还是夕阳企业。

（6）待遇：指面试单位的人事制度、初级工资、奖金情况，加薪时间、现阶段的失业保险、养老保险、医疗保险、公积金福利待遇、每周工作总时数、休息日、交通工具、住宿情况及教育培训等。

（7）单位的主管部门：指面试单位的上级主管部门，了解其有无进人审批权，这是为签订协议做准备。

（8）实地考察。面试前，如果面试单位确实是你想去的工作单位，那么有必要去实地考察，进一步增加自己的感性认识。主要了解一下该单位所处的地理环境、员工的工作环境以及企业文化和企业精神，为参加面试打下扎实的基础。

【案例评析】

现场"勘察"

这已经是在学校的最后一个学期了，小林和其他同学一样，正在广发简历找工作。这天，小林接到了一家公司的回复，公司人力资源部通知他于下周一上午去面试。小林既兴奋又紧张，他立刻上网查找关于该公司的有关信息。在网上他了解到这家公司的主营业务、规模方面的简介，但小林觉得这些信息不足以使他了解公司的全貌。于是小林决定到这家公实地考察一下，一来可以熟悉路线，掌握好面试路程时间，二来可以直接观察一下公司实际情况。第二天一早，小林在 8 点之前就来到这家公司，进行了一番现场"勘察"。

星期一，小林来到这家公司应聘，面试对话刚刚进行不久，面试考官就已经频频点头了。

分析：正因为小林在面试前做了充分的准备，广泛收集了应聘单位的信息资料，并进行了实地考察，所以赢得了面试官的肯定。

2. 口头表达能力训练

对应试者来说，流利自如、适应场合的谈吐是面试成功的必备条件。口头表达能力应该从跨进大学门开始就要积极、有意识地加强训练，这是一个长期积累的过程。

3. 模拟题的准备

面试前不经过角色模拟，无法达到最佳效果。要进行两种角色的面试准备：一种是应试者回答对方提出的问题，另一种是应试者也可以向面试考官提出问题，这样，让面试单位知道应试者求职的水准和想要了解的问题，短时间内可能给人留下好的印象。

根据面试单位的性质以及应聘单位的要求，面试前几天准备几道面试题，先自问自答，模拟题不是千篇一律，但是大体上会提出什么问题仍是有一定规律可循的。这些问题通常包括：

(1)教育培训类问题：简要介绍下你的专业和你擅长的功课；简要谈一下你的毕业论文等。

(2)求职动机类问题：你为什么来应聘我们单位；你的志向是什么；你对应聘职位有哪些期望等。

(3)相关经历类问题：大学期间担任的相关职务和胜任情况；在什么单位实习；取得了什么进展；参加过哪些社会实践；遇到了什么困难等。

(4)未来计划和目标类问题：假如被我们单位录用，你对你的职位发展有什么要求；你需要一个什么样的发展空间；你将如何开展工作等。

4. 仪表端庄

穿着打扮，有意无意反映着一个人的修养，仪表往往影响着招聘者的第一印象。因此，面试前应注意自己的着装打扮，总的要求，仪表给人以整洁、大方、朝气蓬勃的感觉。面试时，高校毕业生应该穿戴得体，整洁大方，颜色以深色为主，给人以踏实感，避免出现超前时装，领带花哨，珠光宝气的服饰打扮。值得强调的是，尽量与招聘单位的企业文化相称，给人的第一印象就感觉你很适合在这个企业工作。

5. 心理准备

当求职者赢得面试机会后，应尽力调整好心态，以热情、积极、自信、平静和谨慎的心态去迎接挑战。面试前，应适当放松，注意休息，保持充沛的精力，使自己能以饱满的精神状态去面对招聘者，力争取得最佳的面试效果。

(三)临场策略与实战

1. 语言表达技巧

面试时，你的语言表达艺术标志着你的成熟程度和综合素养。对应试者来说，掌握语言表达的技巧无疑是重要的。

(1)简明扼要，口齿清晰。交谈时，用少量的话语传递尽可能多的信息，为了增添语言的魅力，应注意修辞，不能有不文明的语言出现。在内容上要注意：

①把握重点，条理清楚。一般情况下回答问题要结论在先，议论在后，先将中心意思表达清楚，然后再做叙述。

②问清原委，避免抽象。招聘者提问是想了解求职者的具体情况，切不可简单地仅以"是"或"否"作答，有的需要解释原因，有的则需要说明程度。

③确认提问，切忌答非所问。面试中，招聘者提出的问题过大，以致不知从何说起，或求职者对问题的意思不明白是常有的事。"您问的是不是这样一个问题……"将问题复述一遍，确认其内容，才会有的放矢，不致南辕北辙、答非所问。

④知之为知之，不知为不知。面试中常会遇到一些不熟悉、曾经熟悉现在忘了或根本不懂的问题。面临这样的情况，回避问题是失策，牵强附会更拙劣，诚恳坦率地承认自己的不足之处，反倒会赢得招聘者的信任和好感。

在表达上要有良好的语言习惯，不仅是表达流利，用词得当：

①发音清晰。有些人个别音素发音不准，如果影响讲话整体质量的，应少用或不用含有这个音素的字或词。

②语调得体。得体的语调应该是起伏而不夸张，自然而不做作。

③声音自然。音调不高不低，不失自我，不仅听来真切自然，而且有利于缓解紧张情绪。

④音量适中。音量以保持听者能听清为宜。

⑤语速适宜。要根据内容的重要程度、难易度及对方注意力情况调节语速和节奏。

（2）语言幽默。说话时除了表达清晰以外，适当的时候可以插进幽默的语言，使讲话增加轻松愉快的气氛，也会展示自己的优雅气质和从容风度。尤其是招聘者中不乏刁钻古怪之人，可能故意挑衅，令人难堪。这不是"不怀好意"，而是一种提问的战术，让你不明其意。故意提出不礼貌或令人难堪的问题，其意在于"重创"应试者，考察你的"适应性"和"应变性"。你若恶语相对，就大错特错了。当遇到难以回答的问题时，机智幽默的语言会显示自己的聪明才智，有助于化险为夷，并给人以良好的印象。

（3）关注反应。面试不同于演讲，而是更接近于一般的交谈。交谈中，应随时注意听者的反应。如：听者心不在焉，可能说明由于自己音量过小使对方难以听清；皱眉、摇头可能表示自己言语有不当之处。根据对方的这些反应，就要适时地调整自己的语言、语调、语气、音量、修辞、包括陈述的内容，这样才能取得良好的面试效果。

2. 发问技巧

面试中毕业生的提问也很重要，因为它能表明你已经知道什么，关心什么，还想知道什么。通过提问的方式进行自我推销是十分有效的，所提问题必须是紧扣工作任务、紧扣职责的。比如：公司的文化背景、公司的进一步发展计划、将来的就职与培训计划、应聘职位所涉及的责任以及所面临的挑战等，对这类问题要有所准备。当然也要注意不要问一些通过事先了解能够获得的有关公司的信息，这会让人对你的面试目的是否明确表示怀疑。同时要注意把握一个原则：不要过分以自我为中心，这会让人感觉到很自私。

3. 面试最后关

（1）适时告辞。面试不是闲聊，也不是谈判。从某种意义上说，面试是陌生人之间的沟通。谈话时间的长短要视面试内容而定。招聘者认为该结束时，往往会说一些暗示的话语：

①我很感谢你对我们公司这项工作的关注；

②谢谢你对我们招聘工作的关心，我们做出决定就会立即通知你；

③你的情况我们已经了解了。你知道，在做出最后决定之前我们还要面试几位申请人。求职者听了诸如此类的暗示语之后，就应该主动告辞。

（2）礼貌再见。面试结束时的礼节也是公司考察的一个方面。成功的方法在于，首先不要在招聘者结束谈话前表现出浮躁不安、急欲离去的样子。其次，告辞时应感谢对方花时间同你面谈。离开时，如果有秘书或接待员接待过你或招待过你的话，也应向他们致谢告辞。一位毕业生来到深圳求职，面试时一番锋芒毕露的自我介绍，结束时抛下声"再见"，连握手也免了，拂袖扬长而去。接待他的招聘者苦笑着摇头：如果说有个性、有锋芒可以容忍的话，那么连基本礼节都不懂的人则"养不起"，也无法与之合作。

【案例评析】

案例一：请简单介绍一下你自己（尽量把回答控制在2分钟内）

回答：自我介绍要注意避免流水账似的生平经历，重点是要展示自己的才能和过去的成就，这种展示与应聘岗位是有一定的相关性的。同时应注意以下几点：①重点突出，把在大学里最擅长的内容表达出来，也就是说把个人最为得天独厚的才能表达出来。如果荣誉称号很多，那么就讲层次最高的，没有必要统统报出来。②语言精练，语言简短、清楚、准确，不要漫无边际地瞎扯。③一分为二，不能光讲优点，不讲缺点，有时把缺点说得恰到好处，会受事半功倍的效果。例如，某毕业生在几位考官面前介绍自己时，他是先介绍自己的缺点，然后介绍自己的优点，扬长避短，掌握较好，一下子得到面试考官的好感，立即产生了该生诚恳、谦虚、实事求是的面试效果。④用词恰当，自我介绍时，尽量少用"我"这个字眼，容易让人觉得你是一个以自我为中心的人。同时要注意，讲话要严谨，用词恰当。

分析：企业以此来判断是否应该聘用你。通过你的谈论，可以看出你想的是如何为公司效力还是那些会影响工作的个人问题。当然，还可以知道你的一些背景。

案例二：谈谈你的家庭情况

回答：要注意这个问题对于用人单位了解应聘者的性格、观念、心态等是有一定的作用的，这是招聘单位问该问题的主要原因。

分析：简单地罗列家庭人口，要强调温馨和睦的家庭氛围以及强调父母对自己教育的重视，并表示家庭成员对自己工作的支持。

案例三：你为什么希望到我们公司工作

回答：我觉得贵公司力量雄厚，领导得力，上下一心，适于一切有才干的人发展。忌讳回答："我是学电子的，我到这里才是专业对口。""我来这里上班离家近""我喜欢你们这儿""听说你们公司月薪较高"

分析：回答问题要从对方入题，引起对方好感，使对方感到你能尊重、关心公司的需要，愿为公司尽微薄之力。

案例四：请你谈一下和本工作有关的工作经验

回答：如果你做过这一类工作，说出地点，并以具体的实例来说明你的工作成绩，不要用空洞的词语。如果你没有做过这类工作，就应强调你有能力来学做这个工作，你要表明你非常喜欢这个工作，也非常想学习新东西。尽可能把你过去经历中和这个工作有联系的内容提出来，尽可能将你具有的与这个工作有关联的技能提出来。

分析：此问题判断你能不能做这份工作。

案例五：你有哪些兴趣爱好或具备什么资格证书

回答：书法、乐器、体育、集邮、唱歌、舞蹈等，如钢琴能达到十级水平。我中英文都比较熟练，网络编程有一定的水平，同时还有一张驾驶执照呢。

分析：一个人的兴趣爱好，能显示他的多方面的才能和修养，这样的人除比别人多一种技能外，更重要的是，他们往往有进取心，有发散性的思维，比较热爱生活，另外，打字、计算机、口译证书、驾驶证、报关员证书等也可以作为技能，如果拥有这类操作性技能证书那是最好的证明了。如没有或爱好广泛，但都不太精，则说实话。

案例六：请谈谈你的优点。

回答：我非常喜欢和善于学习新东西，在工作中有责任心、真诚、有热情、有灵活性，能够合理地安排时间使工作有条理、有效率，能够在紧张压力下工作等。

分析：以上回答要有具体实例来证明你的说法。优点除了你的工作技能、具有的各类证书和实践经验外，主试者要想听的优点不见得是你最突出的优点，而应该是和你应聘的那份工作相关的优点，从中找出雇佣你的理由，同时可以知道你对自己的了解程度，看看你对自己有没有自信，以及你到底适合不适合这份工作。因此，你要精确地描述，不可泛泛说些无意义的话，例如适应力强、具有幽默感、合群等。

案例七：我们公司今年计划一般不招女学生

回答：贵公司的用人计划我了解，但我想性别差异并非是挑选人才的关键，还是要看个人的基本素质，何况我各方面表现都较优秀，有些男同学还赶不上我，而且女生在贵公司的职位更能显示女同学的优势。

分析：女同学碰到此类问题，不要愤怒、憎恨，要靠耐心和韧性，回答问题不要带怒意，要不卑不亢，充满自信，介绍自己的优势，有与男同学一比高低的勇气。

案例八：你择业考虑的主要问题是什么

回答：主要谈应聘的职业对自己将来事业的发展，及发挥自己的专业所长。另外，良好的企业文化（工作氛围）能激发自己的能动性等。

分析：凡是与物质利益有关的条件，如工资、福利、环境等，最好少谈，即使问到，也要把握分寸，适可而止。

案例九：你认为你的优势在哪些方面

回答：①我性格开朗活泼，善于与人沟通，有较强的亲和力，营销工作与管理工作比较适合我。②我和其他同学相比不是很活跃，可能最合适我的工作是财务与行政工作，我有信心做好这样的工作。

分析：回答②他在面试者前谈了自己的"缺点"，显示了他的诚实和勇敢，他知道什么工作适合自己，显示了很强的自我意识，人家谈优点，他没有人云亦云，而坚持原则是财务与行政人员重要的素质之一。

案例十：假如我们决定聘请你，你希望在这个职位上得到多少薪水

回答："原则上我尊重公司的规定，当然有关我所应聘的职位的具体报酬和其他福利，公司一定会根据我工作的成绩来定。"如果直截了当说出薪金数目，无论多少，对你面试获得成功都会有不利影响。

分析：面试官提薪水待遇的问题的实质，是想了解应试者的个人能力，价值观以及对应聘岗位的诚意。在面试过程中，如果对自己提出的"待遇"不能肯定的话，不妨也可以请教对

方"这样的职务通常在贵公司的待遇如何",若自己提出的待遇太低,吃亏不说,还可能被对方怀疑是否能力不足以致缺乏自信;若要求太高,又可能被拒之门外。因此,谈薪水待遇确实是门大学问。

（四）面试后的工作

面试前的准备和面试过程都非常重要,面试后的工作同样不容忽视。面试结束,有的求职者认为大功告成或者没有希望了,可以松口气。这是不可取的,因为面试结束了,求职工作并没有结束。面试后积极主动的工作有时可以扭转不利局面,重获生机。

1. 表达谢意

在面试后的一两天内,应试者必须给某个具体负责人发一封电子邮件或写信。在信中应该感谢对方为你所花费的精力和时间以及提供的各种信息,简单地谈到你对公司的兴趣以及可以帮助他们解决的一些问题。

2. 实地考察,创造实习机会

如果求职者对所应聘岗位非常向往,除了通过写信、打电话的方式与用人单位联系外,还可以主动创造机会,争取去用人单位实地考察。这样可以想办法参观现场,调查研究,参加岗位实习。在实习中展示自我。这样,不仅得到了一个了解用人单位、熟悉工作岗位的有利机会,且还有利于用人单位进一步了解你。因此,你要尽力表现好,要尊重领导、师傅、同事,为人真诚、待人礼貌、虚心请教;要遵守单位的各项规章制度,工作上要踏踏实实、任劳任怨、联系实际、学以致用、充分显示自己的专业能力,或表现出自己在工作中适应快、提高快的特点。以此获得对方的信任,争取试用以至录用。

总之,在你参加完第一次面试后,不管成败,都还可能有第二次面试的机会,一试定乾坤的用人单位甚少。请记住:你还得求职,下次还有面试等着你。经过自我评估并不断改进,下次面试你一定会胸有成竹,令人刮目相看。

【案例评析】

请你分析以下几个案例,从中学到了哪些求职经验。

案例一:某外企公司招聘销售经理,有100多人应聘,只录取了3人,小王是其中的一个。他在回顾这次面试时说:"我参加过好多次面试,我认为面试时判断力与面试的技巧最为重要。面试时,我一般会先尽量多地了解对方的资料,如果对这个职位真的感兴趣,我会马上针对自己的实力判断出这个职位是否适合自己;另外,必须在见到主考官后极短的时间内判断出他是一个什么样的人,再考虑如何与他接触。比如我这次面试,主考官是公司的副总裁,一位在国外生活多年的华人。他问得比较直接,因此我也就实话实说,优点多渲染一点,缺点淡化一点;薪水也可以说得高一些,他不会在乎。如果我遇到的主考官是国内人,我肯定会含蓄一些,谦虚一些。其实,我认为我这次面试过程实际上就是考一个销售员是否合格的过程,因为能与不同的人打交道是销售人员的基本素质。不怯场、自信、自然、放松,运用之妙,存乎一心。"小王正是以他的随机应变和"见什么人说什么话"的机敏叩开了成功的大门。

案例二:壳牌勘探(中国)有限公司招聘毕业生,第一关并不收学生的简历,而是在公司的招聘信息发布后,应聘学生每人填写一套量少题精、重点突出、层次分明的问卷。对学生常规背景、综合素质和逻辑思维能力进行考核,通过一些具体的有关经济、投资、环境方面的实例对学生分析问题、解决问题能力进行考察。在此基础上,在应聘的上千人中,确定出初试候选人。第二关，专业化的应聘程序。数十个初试候选人都得到一张印有自己姓名和面试时间、步骤的卡片。面试官也针对用人原则准备了很多的材料和问题，并随时做记录。

初试分为两个部分。第一部分的面试官是一位英国绅士，其谈吐不乏幽默和想象力，时而引导应试者设想某一场景然后回答问题。面试题目先是对应试者的简历探究原委，之后便针对政治（如美国911事件）、宗教、战争、经济、文化提出一系列问题，而这所有的问题无不渗透着壳牌的用人原则——领导组织能力、影响他人的能力、逻辑思维能力、开拓创新能力。例如，面试官假设授权应试者是美国总统，让其拿出振兴美国的治国方略；假设面试者是北京市市长，问其将如何举办2008年的奥运会。最后10分钟留给应试者向面试官发问（第一部分面试约40分钟）。

第二部分，应试者来到另一个房间，面试官是位深沉且温和的荷兰人，他与应试者坐在同一张桌子的一角，喝着咖啡品尝着点心，双方谈话与其说是面试，不如说是聊天。虽然他也认真地做着记录，所问问题已没有第一部分问题那么尖锐，而是偏向于性格和价值取向。在这一轮的初试中，又淘汰了85%的应试者。两天之后壳牌的复试通知发到了复试候选人手中。

复试距初试1个月，分3个部分，大约3个小时。第一部分的面试官是壳牌某大区总裁，问题尖锐而深刻；第二部分是让复试者看完一些英文材料之后就自己所选的论题，向第二位面试官阐述观点和列举可行性方案并回答考官一系列问题；第三部分是最具挑战性的一部分，要求数个复试者在看完一叠英文资料后举行一次模拟会议。大家围坐在一张桌前，就材料要求针对五六个可行性方案进行集体讨论，形成一个最优方案，然后由一名候选人把结论和观点陈述给桌旁的两名面试官。

至此招聘过程结束。从复试者中又有85%的被淘汰，最终的合格者将成为壳牌的员工。

案例三：某知名企业在学校组织的一次面试中，面试考官先后向两位考生提出了同样的问题："我们单位是全国数一数二的大公司，下面有很多子公司，凡被录用的人员都要到基层去锻炼，基层条件比较艰苦，请问你是否有思想准备？"毕业生A说："吃苦对我来说不成问题，因为我从小在农村长大，父亲早逝，母亲年迈，我很乐意到基层去，只有在基层摸爬滚打才能积累丰富的工作经验，为今后的发展打下基础。"毕业生B则回答："到基层去锻炼我认为很有必要，我将努力克服困难，好好工作，但作为年轻人总希望有发展的机会，不知贵公司安排我们下去的时间多长？还有可能上来吗？"结果前一学生被录用，后一学生被淘汰。由此可以看出，在面试过程中，回答问题的技巧很重要。对有些问题的回答，表面上看起来合情合理，无可厚非，但却令考官反感。

案例四：中南林业科技大学林学专业2012届毕业生李某，在校期间担任过院学生会主席，个人能力很强，有一股闯劲。他毕业后想去上海工作，但春节前来学校招聘的上海单位不太合适。春节过后，他带着自己的各种证书，一个人到上海，到相关的单位一个一个去跑，虽然被一次一次地拒之门外，但他没有灰心。在上海跑了20多天，最后他到上海市园林局人事处求职时讲了他的经历，人事处的同志很受感动，虽然他们局机关不能接收他，但可以安排他到下属单位工作，并且下属几十家单位任他挑选。最后他选择了上海市区的一个园艺站。此案例说明，毕业生在求职择业时，不能被动地等待，而要积极主动地出击，这样才有可能如愿以偿。

第八章　大学生就业权益保护

　　大学毕业生就业是受到国家法律、就业法规和政策制约的，它须遵循一定的原则和程序。在完成相关的就业准备工作后，大学毕业生就应及时了解就业工作的各项规定和程序，以及各个环节的有序衔接，达到顺利就业的目的。

　　大学毕业生就业权益受骗的问题日益严重，就业权益保护的呼声越来越高。本章重点介绍就业权益保护中常见的 7 类求职陷阱，即招聘陷阱、中介陷阱、协议陷阱、试用期陷阱、培训陷阱、保证金、押金等各种收费陷阱和安全陷阱，提出防止误入求职陷阱的对策；明确就业协议与劳动合同的异同，并就签订就业协议和劳动合同的注意事项进行介绍；阐述社会保险的 5 大种类，即养老保险、失业保险、医疗保险、生育保险和工伤保险，以及社会保险权力享受问题。通过对以上知识的介绍，帮助大学毕业生在遵循就业规则进行择业的同时，运用就业规则来维护自己在择业过程中的合法权益。

第一节　求职陷阱与防范对策

一、常见的求职陷阱类型

　　所谓求职陷阱是指在大学生就业过程中，用人单位或一些不法分子为达到某种目的有意设计的圈套。求职陷阱有善意陷阱与恶意陷阱之分，善意陷阱不以侵害大学生权益为目的，常见在用人单位面试、考核毕业生的过程中，作为考核内容的一部分，旨在观察毕业生的能力与素质。而恶意陷阱则是以侵害大学生的权益为目的，这类陷阱情况复杂，形式多样。据《北京娱乐信报》联合专业人力资源机构就职场陷阱问题进行的调查，70% 求职者遭遇过职场陷阱。其中，职场中最大的骗局当属收取保证金、押金，其比例占到了 28.16%；遭遇过"虚假职位信息"的占 17.37%；遭遇过"利用试用期欺骗取廉价劳力"的占 14.21%。本节主要介绍以下几种常见的就业陷阱。

　　（一）招聘陷阱

　　1. 招聘会不合法

　　有些双选会打着毕业生就业的名义，实质是未经有关主管单位审批。参加双选会的单位也良莠不齐，出工不出力，只为凑数，以便主办单位收取高价门票。有些招聘单位甚至出卖学生的个人信息，给一些违法之徒有可乘之机。

　　2. 变相收费

　　如有些招聘单位不当场签约，要求通过网络或电话继续洽谈，而这些网络或电话都是收费的；有些招聘单位收取应聘者报名费、资料费或培训费等。

　　3. 用招聘掩盖违法行为

　　有些企业打着招聘的幌子，逼迫毕业生做传销、推销或其他违法的事情。

（二）中介陷阱

1.收取高额的中介费用

为你列出一大堆要么不要人，要么不招收大学生，或者干脆不存在的单位，使你几次头撞南墙，知难而返。但想要回中介费，难！

2.外地非法中介机构或中介网络

收取一定的费用，却以种种理由推脱责任。有些虽然介绍了单位，但用人单位的状况与求职的要求相去甚远，即便如此，工作几个月，往往被炒鱿鱼，理由是试用不合格。

3.非法中介机构之间相互串通

以大城市高薪就业、落户等名义开展中介，收取不菲的中介费后，介绍给外地中介。外地中介找不法用人单位或私人小企业让大学生打零工，而户口、档案却长期违法滞留，甚至被丢失。

（三）协议陷阱

1.为口头承诺

口头承诺如果没有在协议书中白纸黑字予以体现，就没有法律约束力。一旦协议主体间发生矛盾，吃亏的一般都是学生。

2.不平等协议

由于大学生维权意识缺乏，在求职中又处于弱势地位，对不平等条款要么不知要么不敢提出异议，使就业协议在某种程度上成为"霸王合同"。所以大学生在签订就业协议时，一定要慎防无保障协议、死协议、卖身协议等不平等协议。

3.就业协议代替了劳动合同

有些用人单位以就业协议替代劳动合同，究其原因，是用人单位在就业协议中的许多约定不符合劳动法规定，如果签订劳动合同，许多不合法约定将不存在，难以实现对大学生的束缚，不能达到其违法用工的目的。

（四）试用期陷阱

1.没有试用期

试用期是劳动合同的约定条款，对双方都有约束力，试用期长短应按《中华人民共和国劳动合同法》的规定在劳动合同中约定。但某些用人单位在与大学生签订劳动合同时，故意不约定试用期。当大学生感到单位各方面情况不尽如人意，想要另谋高就时，才发现自己在"无意"间放弃了试用期这一有利的武器，丧失了自己本该拥有的权利。在这种情况下，想单方面解除合同，便遭受用人单位的种种刁难，甚至付出惨重的代价。

2.试用期或见习期过长

在大学生就业中，违规违法现象主要表现为见习期与试用期的总期限超过1年，有的甚至长达2年；有些单位以见习期的名义不签合同，且借故延长见习期；有些单位签的是劳动合同，书写的却为见习期。诸如此类的现象屡见不鲜，应当引起大学生的高度重视。

3.无偿试用

有些单位在招聘广告上列出诱人的人才引进条件，学生报名应聘后，便以考察学生能力为由安排十几个、甚至几十个学生去单位试用，无非是为企业筹备展销会、为公司推销某种产品、为某一个大型活动跑跑腿等，待这些需要大批人力的活动一结束，他们便以试用不合格为由，辞退学生；而有些单位则以考核毕业生为借口，根本不愿支付任何报酬，从而达到廉价甚至无偿用工的目的。

（五）培训陷阱

在大学生就业中，常常会看到一些培训机构混迹其中，不断给大学生介绍"高薪就业""保证就业"之类的机遇，殊不知其中陷阱重重。

1. 收了培训费仍然无工作

有些培训机构以"高薪就业""保证就业"的名义引诱大学生交了培训费，但培训结束后，却以种种理由不给安排就业。

2. 培训机构与用人单位连手坑害大学生

大学生交了昂贵的培训费后，被推荐到一些位置偏僻、层次较低的企业，无人问津的低薪岗位，甚至在试用期就被借故辞退。

3. 用人单位的培训陷阱

有些用人单位要求新进大学生必须经过某某机构培训，考核合格才能录用。于是花费不少的大学生经过培训，考核过关者却寥寥无几。即使如此，被录用者也难逃厄运，工作刚满见习期或试用期即被以各种理由辞退。

4. 因为培训而失去自由

常言道"没有梧桐树，难留金凤凰；栽好梧桐树，招来金凤凰"，可一些没有梧桐树的用人单位自有"妙法"留人。那就是单位出钱培训上岗，"买走"大学生的"自由"。这些用人单位在大学生上岗前提出，单位出资送大学生到某培训机构进行所谓的培训，并且签订培训上岗协议或劳动合同，规定所有经过培训合格人员，才能准予上岗，且要签订长期劳动合同，少服务的年限，必须交纳数目不菲的违约金，有些单位甚至扣押大学生的证件。

（六）保证金、押金等各种收费陷阱

按照国家有关法律规定，严禁招聘单位在大学生就业中收取保证金、押金等费用。但在招聘中，大学生还是经常碰到索要保证金、押金、办证费、资料费、报名费、劳保费、服装费等巧立名目的费用。由于大学生一方面求职心切，另一方面缺乏相应的法律知识和保护意识，所以经常陷入此类陷阱。

（七）安全陷阱

大学生就业存在的种种问题，给一些不法之徒提供了可乘之机。他们常常精心策划，坑蒙拐骗盗无所不用，如果大学生稍不留神就会受其所害。

1. 索要各种证件、签名、盖章

如果大学生在招聘中留下重要证据之类的东西，就可能成为欠费、欠税、担保人等各种形式的债务人，也可能成为敲诈勒索的对象。

2. 偷盗抢劫

首先，对陌生的人、陌生的地点与可疑时间的面试，一定要谨慎小心，很可能各个环节都陷阱重重，令你防不胜防。其次，谨防将手机、钥匙交给对方，也不要随便吃喝对方提供的食物饮料，否则可能瞬间一无所有。再次，谨防诈骗。如果对方为掌握你的全面情况无休止面试，你可能已经处于危险的境地。要么设下小圈套让你闯祸，然后高价索赔；要么你的家人朋友可能接到你车祸、病危之类的通知，于是匆匆将钱转入了不法之徒的账号。

3. 非法工作

工作性质不清、任务不明、遮遮掩掩、行动诡秘，这时就要非常留心，可能已沦为不法之徒的帮凶。可能正从事涉毒、偷运、销赃、窝赃、传销等非法工作。而一旦事情败露，违法者全无踪影，而你成为了替罪羊。

4. 限招女生

这类陷阱常见的特征是，对毕业生所学专业、能力等方面没有什么特别的要求和限制，只要求女生形象好，气质佳。通常广告上安排的所谓岗位也是体面、轻松的，一旦女大学生根据要求去见面时，可能会落入不法之徒、不良企业的陷阱中，轻则被劫财劫色，一无所有，更可怕的是陷入色情、传销业或被拐卖，甚至遭暴力相向，失去生命。

二、防止误入求职陷阱的对策

（一）早做心理防范

招聘中的各种骗术，无非就是利用毕业生的3种心态：

（1）自负心态。觉得自己能力强、身价高，高薪聘任才能体现自己的价值，结果往往落入"高薪"的陷阱。

（2）着急心态。毕业生急于找工作的心理让一些不法之徒找到了借机骗财的机会，这些人以报名费、服装费、培训费、证件费等各种名义收取应聘者的费用后便人去楼空。

（3）糊涂心态。大学生心地单纯，对社会的复杂了解不多，认识不深，警惕性不强。

【案例评析】

2006年7月初，东北某省会城市的两家媒体分别刊登一则内容相同的广告：某外资五金塑料有限公司驻该市办事处计划在该市四家大商场开设专柜，经营高级工艺品，招聘管理人员和售货人员若干，薪金及待遇优厚，并在上岗之前进行专业培训。该外资企业注册资金雄厚，信誉度高，在国内较有名气，具有较大吸引力，而且该公司当地办事处经理结果，陈某在临时租用的某大厦会议室，给应聘者上了第一节培训课。

培训课让众多应聘学生大开眼界，心生敬意。课后陈某当场通知最后取得应聘资格的60人（大部分是应届大学毕业生），第二天去某度假村进行体能测试和专业仪器操作训练，并要求每人交报名费、押金及服装费700元。次日，60人来到集合地点准备去度假村。陈某说，野外训练不便携带东西，要求应聘者把身上所有的钱物交公司统一保管，训练结束后返还。结果陈某让租来的两辆大客车拉上应聘者开往度假村，自己却溜之大吉。这60人被骗走的财物价值达6万余元。

分析：这60人中大部分都受过高等教育，为什么却轻易落入陷阱？原因其实很简单：骗子的狡猾和被骗者的麻痹。陈某骗术高超，但他的伎俩也并非十分高明和无懈可击。那些应聘的学生们从一开始就被假象蒙蔽了，认为该外资企业是大公司，其办事处在高档大厦有办公地点，培训也十分正规，就完全放松了警惕。其实他们中任何一人稍稍有点心眼，按照该公司宣传单上的查询电话了解一下，就会知道公司根本没有在当地设立办事处，骗局都会被揭穿，然而遗憾的是60人中竟无一人有这种警惕性。

因此，毕业生一定要在求职应聘时作好足够的心理防范准备。要注意做到3点：一要戒贪心，不要让"高薪"蒙了自己的双眼；二要戒心急，要仔细考虑各种收费是否合理；三要做有心人，利用多种方式了解就业市场中种种不规范行为，提高警惕，遇事能够理智分析、作出正确判断。

（二）要对用人单位进行全面考察

一些不法分子或者非法中介为蒙蔽毕业生，使毕业生放松警惕，往往会将自己或公司包装得非常气派，他们往往会在大厦、宾馆临时租赁办公室，进行虚假招聘，并把招聘的程序搞得很正规，然后行使各种诈骗手段。那么如何了解用人单位的资信呢？可以比喻成中医的"望闻问切"来讨论这个问题。

"望"就是眼观六路，观察用人单位所在地的环境和单位人员的基本素质，查看有无营业执照等。例如，进入某公司后，要在其办公室观察有无营业执照、营业执照上所列的主要经营业务有哪些、营业执照办理的时间，如果没有看到，则要留心，可以从侧面打听或直接索要复印件。

"闻"是通过资讯手段了解该单位经营发展概况及运营状况。例如，在应聘前通过网络、报刊了解招聘单位的基本情况，在应聘面试时，找机会与员工聊天，询问单位的设立时间、主要业务、经营状况等，做到心中有数。

"问"就是通过自己的亲友、同学、师长等关系网，核实招聘单位所言是否真实。要尽量索取单位一些书面资料（公司宣传资料），向资料中提到的客户、评奖单位、工商部门等进行核实，有时直接向大厦工作人员打听就能很清楚。例如，这家公司入住大厦多久，若是新公司则要留心些。

"切"即直接交手试探虚实，在应聘中直接向主考官了解公司的各种情况，看看与自己了解的是否一致。最后综合上述信息，对用人单位的资信作出基本判断。

（三）加强法律法规学习，依法保护自身权益

关于试用期陷阱问题，根据《中华人民共和国劳动合同法》第十九条规定："劳动合同期限三个月以上不满一年的，试用期不得超过一个月；劳动合同期限一年以上不满三年的，试用期不得超过二个月；三年以上固定期限和无固定期限的劳动合同，试用期不得超过六个月。同一用人单位与同一劳动者只能约定一次试用期。以完成一定工作任务为期限的劳动合同或者劳动合同期限不满三个月的，不得约定试用期。"另外根据劳动部《关于实行劳动合同制度若干问题的通知》第三条规定："劳动合同期限在六个月以下的，试用期不得超过十五日；劳动合同期限在六个月以上一年以下的，试用期不得超过三十日。"公务员根据《中华人民共和国公务员法》的规定其试用期为一年，部分事业单位也参照执行。在试用期间，员工依法享有报酬权，公司有为员工缴纳四金的义务。如若大学生在试用期间被证明不符合录用条件的，用人单位可以解除劳动合同，且应在试用期最后一天下班以前通知劳动者，过了这个时间，应认为劳动者已经试用合格，转为了正式员工。如果老板借试用之名不与求职者签订劳动合同，求职者可通过举报投诉来维权，而且事实劳动关系也同样受法律保护。因此，大学生在签订劳动合同时，一定要仔细阅读条款，明确试用期期限和在此期间的待遇，若有疑问，及时向法律部门咨询，使自身的权益得到最全面的保障。

（四）不要轻易缴纳各类费用和抵押证件

大学生应聘时要掌握好一个原则，即不要在应聘的过程中向招聘单位缴付任何形式的费用或抵押证件。在劳动保障部颁布的《劳动力市场管理规定》中明确规定："禁止用人单位向求职者收取招聘费用；向被录用人员收取保证金或抵押金；扣押被录用人员的身份证等证件；以招用人员为名牟取不正当利益或进行其他违法活动等行为。"因此，用人单位要求就业者在签订合同的同时，缴纳抵押金、风险金等以防止就业者违约的做法是不合法的。求职者

在遇到此类情况时，可以大胆地提出拒绝，不要相信单位给出的适时退款的承诺，如果用人单位连国家的规定都不遵守，他们怎么会遵守对求职者许下的其他承诺呢？如果求职者已缴纳了此笔费用，有权在进入用人单位后随时要求予以返还。也可以通过申请劳动争议仲裁，或向劳动监察投诉、举报，依法维护自己的权益。

此外，像招聘费、管理费、报名费等都是企业为引进人才、增强企业竞争力必须花费的成本，怎能叫竞聘者承担？正所谓行骗的伎俩可能形形色色，而行骗的原理却大同小异。因此，针对"招聘陷阱"中的押金骗术，毕业生在应聘时一定要牢记，招聘单位要招人，而不是招钱。因此，要保持头脑清醒，捂紧自己的钱袋子，不要被人牵着鼻子走。

（五）获取招聘信息的渠道一定要正规

搜集招聘信息时要看信息是不是在正规的媒体或是网站发布的。不要依靠短信、QQ、E-mail 寻求不明的信息，对网上的信息要有理性的认识和分析。

目前，国内有许多网站由于技术能力的限制无法做到对每条个人信息的真伪——辨别，个人可随意填写个人信息，同时注册多个网站，随时能够打一枪换一个地方。还有一些"黑网"打着招聘的旗帜来蒙骗一些人，通过网上"付款"获得收益后也就"人间蒸发"了。

（六）不要轻易提供家庭电话

许多学生找工作心切，生怕联系不畅，单位录用通知无法传达，就将能找到自己的联系方式统统填写，殊不知会让不法分子钻空子。信息时代，通讯技术非常发达，每个毕业生都要有保护个人私有空间的意识。

一般来讲，应聘者只要留下自己的手机、电子邮箱就足以方便联系了。当对方要求你提供奇怪的证明材料一定要多留个心眼，在任何情况下都不能向只有一知半解的"招聘单位"透露有关任何你的隐私信息，千万不要轻易提供家庭电话，以防不法分子谎报你的信息，诈骗你家人财物。

第二节　就业协议与劳动合同

一、就业协议与劳动合同的异同

（一）就业协议概述

1. 概念及作用

就业协议是毕业生和用人单位关于将来就业意向的初步约定，对于双方的基本条件以及即将签订劳动合同的部分基本内容的大体认可，并经用人单位的上级主管部门和高校就业部门同意和鉴证，一经毕业生、用人单位、高校、用人单位主管部门签字盖章，即具有一定的法律效力的书面表现形式。目前，我国高等院校普遍使用的就业协议是由教育部统一制表的《全国普通高等学校毕业生就业协议书》。

通过供需见面和双向选择，毕业生与用人单位达成用人意向后，应当及时签订毕业生就业协议书。签订毕业生就业协议书不仅是毕业生与用人单位确立劳动关系的前提，是毕业生就业派遣和人事、户口、档案转接的依据，也是高校编制就业建议计划的依据。

2. 就业协议书的构成及内容

教育部高校学生司统一制表的《全国普通高等学校毕业生就业协议书》主要有 3 部分

内容：

（1）第一部分是就业协议的具体条款，共7条，主要是明确了毕业生、用人单位、学校三方在毕业生就业工作中的权利和义务，具体为：

①毕业生应按国家规定就业，向用人单位如实介绍自己的情况，了解单位的使用意图，表明自己的就业意见，在规定的时间内到用人单位报到。若遇特殊性情况不能按时报到，需征得用人单位同意。

②用人单位应如实介绍本单位的情况，明确对毕业生的要求及使用意图，做好各项接收工作。凡取得毕业资格的毕业生，用人单位不得以学习成绩为由提出违约；未取得毕业资格的结业生，本协议无效。

③学校应如实向用人单位介绍毕业生的情况，做好推荐工作，用人单位同意录用后，经学校审核列入建议就业范围，报毕业生就业主管部门批准，学校负责办理派遣手续。

④学校应在学生毕业前安排体检，不合格者不派遣，本协议自行取消，由学校通知用人单位。如用人单位对毕业生身体条件有特殊条件，原则上应在签订协议前进行体检，否则，以学校体检为准。毕业生报到后体检不合格者，在其报到后一个月内，用人单位与学校协商征得同意，可将其退回学校；超过一个月的由用人单位按在职人员的有关规定办理。

⑤毕业生、用人单位、学校三方如有其他约定，应在备注栏内注明，并视为协议书的一部分。

⑥本协议经各方签字、盖章后生效。三方都应严格履行本协议，若有一方变更协议，须征得另两方同意，并由违约方向另两方交纳违约金。

⑦本协议一式四份，毕业生、用人单位、学校和省级毕业生就业主管部门各执一份，复印无效。

（2）第二部分是签署意见与签字盖章栏，主要包括3方面内容：

①毕业生情况及意见。这部分内容由毕业生本人填写，特别需要提醒的是"毕业生应聘意见"栏，许多毕业生签订就业协议时往往忽视这一内容，不填或只简单填"同意"二字。实际上，这一栏的意见对毕业生来说是十分重要的，毕业生应对是否愿意到用人单位就业表明自己的意见，同时也应将与用人单位在洽谈中达成的基本条件写明，以免日后发生争议。尤其是先与单位主管部门签订就业协议，报到后才安排具体单位的毕业生，更应注意此处的意见，如毕业生与县教育局签订协议，但具体学校需报到后才能落实，双方洽谈时，用人单位表明会安排毕业生在中学工作，毕业生在填写应聘意见时，就应注明"本人同意到某县某中学任教"等字样。

②用人单位情况及意见。这部分由用人单位填写。有几种情况要特别留意：一是档案邮寄地址一定要详细，且不要漏掉邮政编码。二是用人单位意见栏有两部分：用人单位意见与用人单位上级主管部门意见。由于一些用人单位没有独立的人事权，毕业生录用必须通过其上级主管部门审核同意。因此，毕业生签协议时，一定要注意用人单位上级主管部门是否签章。

③学校意见。学校意见分院（系、所）意见与学校意见。院（系、所）意见主要是审核毕业生资格，如毕业生是否能如期毕业，是否符合用人单位录用条件等，学校意见是实质性审核，表明学校对毕业生与用人单位所签就业协议书的态度，同意或不同意一定要态度明确。

（3）第三部分是备注栏。备注栏是为毕业生、用人单位、高等院校三方共同约定其他条款所设计的，许多毕业生往往忽视这一部分。毕业生与用人单位洽谈好的一些条件，如违约处理、住房安排、薪酬待遇等可在备注栏注明，同时要求双方签字盖章，这样可以避免日后一些不必要的争议。

3. 签订就业协议的原则、步骤和程序

签订就业协议书，毕业生应遵守诚实信用的原则，只能与一个用人单位签订就业协议，一旦签约就应履行协议，如因特殊情况需要变更协议，应与用人单位充分沟通，征得用人单位的同意，并出具书面同意变更意见书。就业协议书不得转让，因转让造成的后果或责任由转让双方共同承担。签订就业协议书用人单位应遵守平等协商的原则，将本单位的用工信息、工作条件、薪酬待遇等详细情况告知毕业生，并就以后可能出现争议的地方协商一致。

签订就业协议的步骤和程序：

(1) 毕业生到所在学校就业工作部门或院(系、所)指定工作人员处领取统一编号的就业协议书。

(2) 毕业生和用人单位经充分协商达成一致意见后，双方在就业协议书上签字盖章。

(3) 无独立人事权的用人单位报请上级主管部门同意并签字盖章。

(4) 毕业生所在院(系、所)审核就业协议，并签字盖章。

(5) 学校就业工作部门汇总审核就业协议，并签字盖章。

4. 违约及处理程序

毕业生就业协议书一经订立，任何一方不得擅自解除，否则，应承担违约责任。由于种种因素，就业协议书签订之后，违约现象客观存在，为维护当事人合法权益，可遵循以下程序处理违约责任：

(1) 签订就业协议书时，毕业生应与用人单位充分协商，在就业协议书的备注栏，书面确定违约问责及补偿办法，高等院校也应出台相应规范措施，维护毕业生的权益不受侵犯，促进就业市场的进一步规范。

(2) 毕业生单方擅自解除就业协议的，需征得原用人单位的同意和解约书面证明，并向用人单位和学校交纳违约金，承担违约责任后，方可重新领取新的就业协议书继续择业。

(3) 用人单位提出违约，应与毕业生积极沟通，并向毕业生支付一定的补偿金。如用人单位拒不支付或故意拖延的，毕业生可通过用人单位所在地的劳动行政部门干预处理，或申请劳动仲裁，学校也应当出面通过各种途径维护毕业生的合法权益。

(二) 劳动合同的基本知识及法律规定

1. 什么是劳动合同

劳动合同，也称劳动契约、劳动协议，它是指劳动者与用人单位之间为确立劳动关系，明确双方权利和义务的协议。《中华人民共和国劳动合同法》(以下简称《劳动合同法》)第十条规定："建立劳动关系，应当订立书面劳动合同。"这说明劳动合同是确定劳动关系的法律形式。《劳动合同法》第八十二条规定："用人单位自用工之日起超过一个月不满一年未与劳动者订立书面劳动合同的，应当向劳动者每月支付二倍的工资。"第十四条规定："用人单位自用工之日起满一年不与劳动者订立书面劳动合同的，视为用人单位与劳动者已订立无固定期限的劳动合同。"上述条款表明用人单位与劳动者签订劳动合同是新颁布《劳动合同法》作出的强制性规定。

大学毕业生与用人单位确定了工作意向，并不意味着就此完成就业。对于初涉职场的大学生来说，与用人单位签订劳动合同是一个非常重要的环节，它是劳动者合法权益得到有力保障的唯一途径。

2. 劳动合同的法律特征

劳动合同是一种特殊的合同，除有一般合同的特征外，还有其自身的法律特征：

（1）劳动合同主体具有特定性。劳动合同的当事人必须一方是企业、事业、机关、社会团体或私营业雇主，另一方是劳动者本人。两个单位之间有关劳务输出输入的协议不是劳动合同。

（2）劳动合同的标的物是劳动者的劳动行为。以劳动行为作为劳动合同的标的要求劳动者按照用人单位的指示提供劳动，劳动者提供劳动本身便是劳动合同的目的。

（3）劳动合同一般有试用期限的规定。《劳动合同法》第十九条规定："劳动合同期限三个月以上不满一年的，试用期不得超过一个月；劳动合同期限一年以上不满三年的，试用期不得超过二个月；三年以上固定期限和无固定期限的劳动合同，试用期不得超过六个月。"这是劳动合同的一种特有现象，即合同有效期已经开始，合同也已经履行，但在一个特定的期限内双方当事人都可以相对自由地解除劳动合同，终止劳动关系。而且在此期间，双方解除或者终止劳动关系的行为都无须承担在劳动合同有效期内的其他时间应当承担的某些责任。

（4）劳动合同的内容涉及劳动者完成再生产的过程。劳动力有自然老化的过程，劳动力还有本身再生产的特征。劳动合同订立时不仅要规定用人单位与劳动者本人的权利义务关系，而且还要涉及劳动者的直系亲属在一定条件下享有的物质帮助权。如果职工因年老、疾病、工伤、残疾、死亡等原因，暂时或永久丧失劳动能力，中断劳动可能不能获得劳动报酬时，用人单位不仅要负担职工本人的社会保险待遇，而且要对职工所供养的直系亲属给予一定的物质帮助。

（5）劳动合同的目的在于劳动过程的实现，而不是劳动成果的给付。即劳动者只对劳动过程负责，而不对劳动之外的劳动结果负责。

（6）劳动合同履行中的从属性或非强制性。劳动合同的从属，首先表现在劳动者实施劳动行为时，必须让度自己对作息时间支配的自由，服从用人单位的工作安排，在工作内容上，劳动者不得自行决定劳动的方式和内容，必须按用人单位的要求完成其劳动过程。非强制性，不仅仅是在劳动者人身自由层面上提出的，其重点在于强调劳动者的劳动是不能强制的，即使劳动者因主观故意不履行劳动合同，用人单位也不能强制其履行。

（7）劳动合同权利义务的延续性。这种延续性表现在两个方面，一是在劳动合同的有效期内，一定条件下，劳动者即使未向用人单位提供劳动，仍有获得报酬的权利；二是在劳动合同终止或解除后，用人单位仍对劳动者负有相应的责任，如解除劳动合同经济补偿、职业病防护等。

（8）劳动合同内容的法定性。合同的基本要义在于当事人双方的合意，这在劳动合同中也是一样的。有所不同的是，劳动合同的内容具有更多的法定性。

3. 劳动合同的基本内容

劳动合同的内容，是指双方当事人在劳动合同订立中必须明确的各自的权利、义务及其他有关问题。劳动合同的内容是劳动关系的实质，也是劳动合同成立和发生法律效力的核心问题。

根据《劳动合同法》第十七条的规定："劳动合同的内容，可分为法定条款和约定条款两大部分,前者是指由劳动合同法规定的劳动合同必须具备的内容;后者是指不需由法律直接规定,而由双方当事人自愿协商约定的合同内容。"

(1)法定条款。

按照《劳动合同法》规定,劳动合同的法定条款包含以下9项:用人单位的名称、住所和法定代表人或者主要负责人;劳动者的姓名、住址和居民身份证或者其他有效身份证件号码;劳动合同期限;工作内容和工作地点;工作时间和休息休假;劳动报酬;社会保险;劳动保护、劳动条件和职业危害防护;法律、法规规定应当纳入劳动合同的其他事项。

劳动合同分为固定期限劳动合同、无固定期限劳动合同和以完成一定工作任务为期限的劳动合同。有以下情形之一的,除劳动者提出订立固定期限劳动合同外,应当订立无固定期限劳动合同:第一,劳动者在该用人单位连续工作满十年的;第二,用人单位初次实行劳动合同制度或者国有企业改制重新订立劳动合同时,劳动者在该用人单位连续工作满十年且距法定退休年龄不足十年的;第三,连续订立二次固定期限劳动合同,且没有出现法定解除劳动合同情形的;第四,用人单位自用工之日起满一年不与劳动者订立书面劳动合同的,视为用人单位与劳动者已订立无固定期限劳动合同。

劳动者解除劳动合同,应当提前三十日以书面形式通知用人单位,在试用期内的时间为提前三日。

(2)约定条款。

约定条款是订立劳动合同双方当事人根据劳动合同法规定经过协商约定,自行规定的合同内容,如试用期、培训、保守秘密、补充保险、福利待遇、劳动者从事的工种、担任的职务、争议解决途径等。

劳动合同可以约定试用期,根据合同期限的长短,试用期时间长短包括不超过一个月、不超过二个月和最长不超过六个月。同一用人单位与同一劳动者只能约定一次试用期。试用期包含在劳动合同期限内。

(三)就业协议与劳动合同的共性与区别

1.就业协议与劳动合同的共性

就业协议是高校毕业生与用人单位确立劳动关系的依据。而劳动合同是劳动者与用人单位确定劳动关系的法律形式。就确立劳动关系这一点来说,就业协议与劳动合同是相通的,可以这样认为,就业协议的实质是预备劳动合同,是劳动合同的一种特殊表现形式。它们有以下共同点:

(1)性质一致。用人单位与大学毕业生签订就业协议,与其他社会劳动者签订劳动合同,都是要确立劳动关系,明确双方权利和义务,就此来看,就业协议与劳动合同的性质是一致的。

(2)主体的意思表达一致。签订就业协议的双方,在表达主观愿望、意思表示真实,无强制、胁迫这一点上,与劳动者和用人单位之间签订劳动合同时,双方的主观意思表达所处的状态完全一致。

(3)法律依据一致。由于就业协议是确立劳动关系的一种协议,具有准劳动合同的性质,因此,在订立就业协议时,也应遵循《劳动法》《劳动合同法》等劳动法律法规中的有关规定,发生争议纠纷,也应依照有关劳动法律、法规加以解决。

2.就业协议与劳动合同的区别

　　尽管就业协议与劳动合同有相近之处，但就业协议毕竟不是劳动合同，二者不能互相替代。用现实生活来打比方，就业协议就像是"订婚仪式"，而劳动合同就是"结婚登记"。它们的主要区别体现在以下几个方面：

　　(1)适用的法律、法规不同。劳动合同适用《劳动合同法》及劳动行政部门颁布的有关劳动人事方面的法规。而就业协议虽然在法律适用时的法律依据与劳动合同相一致，但并不直接适用劳动法律法规，而主要是适用有关政策制度。

　　(2)适用主体不同。劳动合同是劳动者与用人单位之间确立劳动关系的协议，只要双方当事人协商一致，符合国家的法律、行政法规，无欺诈、胁迫等手段，经双方签字盖章，合同即生效。而就业协议的主体有三方，即毕业生、用人单位和高等院校。

　　(3)内容不同。依据《劳动法》的规定劳动合同的内容比较详细，而就业协议的条款相对比较简单，主要是毕业生如实向用人单位介绍自己情况，愿意在规定期限内到用人单位报到，用人单位如实向毕业生介绍本单位情况，同意录用该毕业生，高等学校是否同意毕业生与用人单位的意见等。至于毕业生到用人单位后享有什么权利，应承担哪些义务，就业协议并未做出强制性的要求。

　　(4)适用的人员不同。劳动合同可以适用于各类人员，凡是中华人民共和国的公民只要有劳动权利能力和劳动行为能力并符合法律规定的条件，经过供需见面、双向选择，一经录用都可以与用人单位签订劳动合同，而就业协议适用的人群相对单一，一般只适用于高等院校毕业生、毕业研究生。

　　(5)签订的时间不同。一般来说，就业协议签订在前，它是在毕业生就业之前签订的，而劳动合同一般是在毕业生到用人单位报到上班后才签订的。当然，也有用人单位要求在毕业生报到前签订劳动合同的，但程序上一般是先签就业协议，再签劳动合同。

二、签订就业协议与劳动合同的注意事项

(一)毕业生签订就业协议书的注意事项

　　毕业生就业协议书的签订对用人单位、毕业生和高等院校都具有一定的约束力，它不仅明确了毕业生与用人单位的选择意向，也是毕业生就业派遣和人事、户口、档案转接的主要依据。通过双向选择，毕业生在与用人单位达成用人意向之前，一定要结合自己的实际，综合分析所选择的用人单位是否有利于促进自己事业的发展，推动人生价值的实现，是否确定要留在该用人单位工作。一旦定下来，应与用人单位及时签订就业协议书，不可犹豫观望，也不可盲目冲动。过去，就有部分毕业生在签订就业协议时态度不慎重，而影响自己的顺利择业。

【案例评析】

　　某院校 2012 届毕业生小李，在 2012 年 5 月份找到一份工作，他见很多同学都签订了就业协议书，就不假思索地与某公司签订了就业协议书，并把协议书通过辅导员汇总到了学校。在某公司工作了一个多月，小李觉得自己不适合这份工作，在给部门经理打了个电话之后，没有办理任何手续就不去公司上班了。10 月份当小李找到一份新的工作时，新单位提出要与小李签订就业协议书，此时，小李遇到了麻烦，因为就业协议书已与原单位签订了。在这之前，学校已根据就业协议书将小李的档案、户口等关系转到了小李的原公司。小李到原

公司解决问题时,原公司人力资源部因为小李未办理任何手续而离开单位,要求他支付一笔不少的违约金。

分析:此事例告诉我们,每一位大学生毕业生签订就业协议书时应采取慎重态度,在充分了解就业政策之后,经认真考虑再决定与用人单位签订就业协议书。

签订就业协议书时应注意以下事项:

1. 详细了解用人单位的主体资格

签订《就业协议书》前,要弄清用人单位的性质及用人方式等;单位是否有独立人事管理权,能否为毕业生办理户口档案转接及社会保险等手续,是单位办理还是通过人才市场人事代理办理;是哪一种用人方式,正式编制内录用、聘用合同制、临时聘用或派遣制等,以便毕业后及早与相关单位签订《劳动合同》。

2. 按规定的程序签订就业协议书

毕业生凭学校统一编号的《就业协议书》原件(一式四份)与用人单位签约。特别提醒:复印件无效。双方签好后由毕业生或用人单位交毕业生所在院(系)审核,最后交学校就业工作部门审核盖章。按规定的程序签订就业协议书,由学校最后把关,有利于维护学生的合法权益。

3. 充分利用备注栏,明确约定条款内容

在毕业生与用人单位的洽谈中,必然会就一些具体问题进行协商,若双方达成一致意见后,毕业生要注意将约定好的内容以示范条款的方式在备注栏中书面说明,并明确表示在今后订立劳动合同时应予以确认,然后由双方签字盖章。这有利于促进与劳动合同的衔接,避免日后产生纠纷。需要在协议书备注栏约定的条款包括:关于服务期限、福利待遇、住房条件等;关于违约处理办法。

另外,报考研究生、准备专升本或出国留学的毕业生在签订就业协议书时,应将报考研究生、专升本或出国留学的有关事宜告知用人单位,经沟通协商达成一致意见后在备注栏说明,否则毕业生需承担违约责任。

4. 每位毕业生只能与一个用人单位签订就业协议书

凡与两个或两个以上用人单位签订协议书的,一般只认定与最先签约的用人单位的协议书生效,其他按违约处理。

5. 为保障自己的权益

毕业生在毕业前或两年择业服务期内应及早签订《就业协议书》,办理就业报到手续,之后与用人单位签订《劳动合同》。

(二)毕业生签订劳动合同注意事项

大学毕业生与用人单位签订劳动合同是大学生在求职中取得成功的标志,但大学毕业生与用人单位在经验和掌握专业知识程度等方面的不对称性,使他们明显处于劣势,因此签订劳动合同时应慎重,不可大意。通常签订劳动合同时应注意以下几个问题:

1. 签订的劳动合同须合法

依法签订劳动合同是其产生法律约束力的前提。如果签订的劳动合同不合法,那么求职者的权益保护会遇到困难。为此,求职者一定要先确认自己签订的劳动合同是否具备产生法律约束力的条件,包括:用人单位这一劳动合同主体须符合法定条件,用人单位应当依法成立,能够依法支付工资、缴纳社会保险费、提供劳动保护条件,并能够承担相应的民事责任;

双方签订的劳动合同内容不得与相关法律法规相冲突，《劳动法》规定，违反法律、行政法规签订的劳动合同为无效劳动合同；签订劳动合同的程序、形式必须合法，如经协商一致、书面形式等。

2. 坚持平等自愿的原则

在签订劳动合同时，毕业生和用人单位是平等的民事主体，具有平等的法律地位，享有法律规定的平等权利，因此，双方必须坚持自愿的原则，协商合同条款内容，任何一方不得将自己的意志强加给另一方，更不能采取欺诈手段订立劳动合同。

3. 对合同内容应仔细推敲

一是看合同条款的语言文字表达是否清楚而有条理，是否存在歧义；二是看合同条款是否包括《劳动合同法》的九项法定必备条款内容，还有哪些约定内容须写入劳动合同，约定试用期的时间是否在法律规定范围内；三是对用人单位提供的格式合同须认真推敲，对格式合同中出现的不愿接受的诸如范围界定不清、表述含糊、一语多义等有关条款，应予以拒绝；四是看双方的权利、义务、责任是否划分清楚，对"单方面合同"应予以拒绝；五是认真较对外文合同文本或部分外文合同文本的中文意思内容，与其递交给当地劳动行政部门鉴证的中文合同文本内容是否一致。

4. 因用人单位原因没有签订劳动合同仍然受劳动法律、法规的保护

《劳动法》第十六明确规定"劳动合同是劳动者与用人单位确立劳动关系、明确双方权利和义务的协议。建立劳动关系应当订立劳动合同"。《劳动合同法》第十条规定"建立劳动关系，应当订立书面劳动合同"。用人单位在聘用劳动者后不签订劳动合同是违反法律的。用人单位不与劳动者签订劳动合同，原因是多方面，除了建立劳动雇佣关系时应当签订劳动合同的观念未广泛建立外，另一方面就是用人单位认为不签劳动合同，就可以不受劳动法律的约束，对劳动者的管理就比较自由。这种理解是错误的，根据我国劳动法律法规如原劳动部《关于贯彻执行〈中华人民共和国劳动法〉若干问题的意见》《关于劳动争议受理问题的复函》《中华人民共和国企业劳动争议处理条例》等的规定，只要发生劳动关系，即使用人单位不与劳动者签订劳动合同，只要形成事实上的劳动关系，劳动者依然受劳动法律的保护。新劳动合同法在第十四条规定"用人单位自用工之日起满一年不与劳动者订立书面劳动合同的，视为用人单位与劳动者已订立无固定期限劳动合同。"第八十二条规定"用人单位自用工之日起超过一个月不满一年未与劳动者订立书面劳动合同的，应当向劳动者每月支付二倍的工资。"这些措施进一步保护了劳动者的合法权益。

虽然有以上法律的保护，但毕业生应尽可能地要求签订劳动合同，它可以对劳动内容和法律未尽事宜作出详细、具体的规定；在发生劳动争议时也是解决纠纷的重要证据。

第三节　就业报到与人事代理

一、就业报到证

"全国普通高等学校本专科就业报到证"和"全国毕业研究生就业报到证"，由国家教育部直接印刷，省级高校毕业生就业管理部门单独签发，简称"报到证"。

（一）报到证的作用

报到证由毕业生计划分配体制时的《派遣证》转化而来的，现仍在中国人事管理体制中扮演着重要的角色。报到证只能一人一份，由其他部门印制或签发的报到证无效。比如在国家企业事业单位工作，没有报到证是无法将其作为正式员工聘用的，日后的职称评定等受到一定的限制。那么，报到证的作用有哪些呢？

（1）到接收单位报到的凭证，报到证由单位人事部门存档。

（2）参加工作时间的初始记载，毕业生就业后的工龄由报到之日开始计算。

（3）证明持证的毕业生是纳入国家统一招生计划的学生。

（4）学校依据报到证办理毕业生档案投递、组织关系转移和户籍迁移等手续，其报到证的下联必须装入毕业生档案。

（5）毕业生报到后，持报到证及接收单位有关证明到当地公安部门办理落户手续；持报到证到有关部门办理自主创业手续及减免有关税费；持报到证到有关部门申请办理经济适用住房指标。

（6）是毕业生在工作单位转正和干部身份的证明。

因此，除录取研究生或留学生外，其他毕业生应在规定的时间内就业，办理报到证，并注意保管不要丢失，不论什么原因，凡自行涂改、损毁的报到证一律作废。

（二）报到证办理的相关政策

1. 初次办理

各学校统一为学生办理的时间为每年的6月份，办理时学校要提供毕业生与用人单位签订并经学校就业工作部门签证就业协议书原件、就业方案等。日常个人办理的时间一般从7月初开始。离校后两年择业期内落实就业单位的可由毕业生个人办理报到证，办理时须提供就业协议书原件（或回原籍申请）、毕业证原件、学校毕业生就业工作部门的介绍信到毕业学校所在省市毕业生调配部门办理。

2. 报到证的调整改签

毕业生和用人单位"供需见面，双向选择"签订就业协议学校主管部门核定形成就业方案之后办理报到证，原则上不能随意变动。但自报到证签发之日起一年内，遇下列情况时可以申请改派：

（1）错派，没有这个用人单位，用人单位已经撤销或其他特殊原因；

（2）毕业生本人遭受到不可抗拒的因素或其他特殊原因；

（3）毕业生违约后要求重新改派到新单位的；

（4）其他符合政策规定的情况等。

改签时必须提供原就业单位同意解除就业协议的退函、毕业证书原件、《普通高校毕业生和毕业研究生就业调整改派申请表》、原报到证和新单位的协议书或接收函。自毕业生派遣报到后，时间超过一年，可不办理报到证改办手续，由毕业生自行联系新旧用人单位所在地的人才交流中心或人事管理部门，办理人事档案关系的移交转入，通过工作调动解决。

3. 报到证的遗失补办

报到证亦是毕业生办理调整改派手续的重复材料。报到证如不慎遗失，自签发之日起一年内遗失，经本人申请，登报申请作废，交所在学校审核、盖章，方可到原签发部门申请重新补办。补发的报到证备注栏内须注明"遗失补办，原同号报到证作废"字样。签发一年以后遗失报到证的，不予补办。按有关规定，由毕业学校和毕业生调配部门出具证明。

二、办理离校和报到手续

1. 离校手续的办理

每年 6 月份，是各高校毕业生集中办理离校手续的时间。毕业生毕业派遣前必须通过组织鉴定，填写《全国普通高等学校毕业生登记表》并装入档案袋，办理离校手续，参加毕业典礼。

毕业生在向院系和学校就业部门确认自己的就业单位情况和落实派遣情况（包括档案发往单位是否有误）后，凭学校发放的《离校手续单》依次到学校指定的各部门办理离校盖章手续，分别领取毕业证、学位证、报到证、户口迁移证，只解决就业（有单位聘用）不需要派遣的毕业生，在毕业后两年内，凭与用人单位签订的协议书，再回学校申请办理报到证和迁移户口档案。

办理了正式派遣手续，已开出报到证的，毕业生档案将按要求，由学校毕业生主管部门集中整理后，在毕业生离校一周内通过机要局传递到用人单位或上级主管（人事）部门。毕业时未落实正式单位、未开出报到证的，档案可申请在学校保留两年，或在离校前根据毕业生意愿，转回原籍或委托人才交流服务机构管理。

2. 报到需要的材料

报到时一般需要以下 4 种材料：报到证、毕业证和学位证、户口迁移证。用人单位凭报到证办理接收手续和接转档案、户口关系的迁移手续。毕业生本人在学校主管部门办理户口关系迁移手续后，由自己携带，并到接收单位办理转入关系的手续。

而毕业生的档案材料则均不得由毕业生自己携带，而是由毕业生档案具体管理部门（所在院系或学生处）进行认真审核后，在毕业生离校后的两周内，按照机要文件的有关要求，统一寄送到毕业生工作单位所属的人事档案管理部门。

3. 报到的时间规定

按照教育部的规定，高校毕业生的报到期限为一个月。

4. 报到可能出现的问题及处理办法

（1）相关证件的遗失或销毁。毕业证和学位证遗失后，不能补办原证，只能由学校教务部门出具相关证明书。户口迁移证的补办由学校保卫部门负责办理。

（2）毕业生报到时接收单位拒绝签收。毕业生与用人单位的签约具有法律效力，双方均有义务遵守。但是，如果用人单位发生了严重变故，如企业破产、削减编制、转产等原因，而无法继续接收该毕业生时，则单位必须向学校出具退回毕业生的公函，由毕业生重新联系单位就业。

（3）毕业生未能按期报到。毕业生应在规定的时间内到接收单位报到。如果由于不可抗拒的原因（如生病、外出遇灾未归等）无法按期报到，应采取信件、电话、电报传真等方式向接收单位说明情况并请假。

（4）毕业生因表现不好被接收单位退回。如果毕业生在报到以后，由于工作表现不好而被用人单位退回，学校将把其档案、户口等关系转回户籍所在地，按照社会待业人员处理。

三、人事代理

人事代理是社会主义市场经济条件下产生的新的人事管理方式，是人事管理社会化的重要标志，它是指政府人事部门所属的人才流动管理事业组织，接受三资企业、私营企业、股份制企业、民营科技机构等无主管单位和不具备人事管理权限的单位以及要求委托人事代理的其他企事业单位或个人的委托，依据法律法规，按照一定的人事管理规范，运用社会化服务的方式，对用人单位和人才人事事务实行代理。因此，各级人才流动服务机构和委托代理对象之间，是不发生行政隶属关系，但它实现了人事管理与人员使用分离，为单位实行"不求所有，但求所用"的用人制度创造了有利条件，为个人自主发挥及合理流动提供了广阔空间。

（一）人事代理的主要内容

人事代理制度的实行，改变了以往毕业生单一的就业模式，为毕业生提供了更为宽松的就业环境，解除了毕业生的后顾之忧，便利了人才流动。如果毕业生前往需要办理人事代理的工作单位，则可以与单位所在地人才服务中心签订委托代理合同，一般情况下，代理对象可获得以下服务内容：

（1）提供人事政策咨询、人才素质测评、职业能力培训；

（2）管理人事档案，办理人才流动手续，并协调人才流动争议；

（3）接受人事关系、党组织关系及户口关系的挂靠；

（4）出具以户口档案材料为依据的人事证明；

（5）鉴证聘用合同和负责代理单位接收的应届毕业生见习期转正手续；

（6）代办档案工资定级、调整手续，并计算工龄；

（7）代办专业技术职务任职资格初定、申报手续；

（8）代办社会保险、养老保险；

（9）办理考研、出国（出境）的政审手续（签署意见）；

（10）协助推荐尚未落实就业单位的代理人员就业；

（11）与人事管理相关的其他事宜。

（二）人事代理的受理范围

（1）应聘到股份制企业、外商投资企业、集体企业、乡镇企业、民营企业、各类民办学校等无人事主管部门或不具备人事档案管理权限的单位的毕业生；

（2）聘用（新进）到国有企事业单位的没有人事编制的毕业生；

（3）自主创业、从事自由职业或暂时没有落实就业单位的毕业生；

（4）自费出国（出境）的毕业生；

（5）拟复习考研的毕业生；

（6）其他特殊情况需代理的毕业生。

（三）人事代理的作用

人事代理对促进人才合理流动、人才诚信档案建立完善等方面具有不可替代的作用。人事代理对个人而言主要有以下 3 个积极作用：

（1）有利于解除毕业生的后顾之忧。根据国家有关文件规定，毕业生到人才交流服务中心委托人事代理后，只要履行相关义务，无论到公有制或非公有制单位工作，都可以享受到国家规定的相关人事待遇，如：保留原有身份、计算工龄、转正定级、档案工资记载、职称晋升考评、代办社会保险、出具以档案材料为依据的相关证明等。

（2）有利于促进毕业生今后的合理流动。人事代理打破了人才流动中的城乡、区域、部门、行业、身份、所有制等限制，毕业生可以在公有制与非公有制单位之间、不同地区之间进行流动。

（3）有利于实现毕业生的自主择业。人事代理制度割断了以人事档案为核心的毕业生对单位的依附关系，毕业生可以根据自己的条件、特长、兴趣、志向选择适合自己发展的工作，充分实现人尽其才，才尽其用。

人事代理是我国人事管理制度改革的重要内容，对毕业生而言是其就业、工作的好帮手。由于过去较多的毕业生被单位录用，但未签协议书或单位为非国有单位，没有人事权，无法接其档案和户口，或因两年择业期后档案和户口被退回原籍等原因，工作和生活中出现的身份证明、办理有关证件、购房、出国、职称、婚育等一系列问题，由于户口、档案不在工作地而无法解决，而实行人事代理却能解决问题。

（四）人事代理的办理程序

（1）毕业生本人提出人事代理申请；

（2）毕业生本人持就业协议书、身份证、一寸黑白免冠照片到相关人才交流服务中心进行咨询；

（3）填写人才流动审批表，签订人事代理合同，缴纳一定费用；

（4）将就业协议书交所在学校，由学校统一到有关部门办理报到证、户口迁移证，并将毕业生档案移交相关的人才交流服务中心；

（5）离校后，毕业生到相关人才交流服务中心办理存档手续，并提交毕业证书复印件、身份证复印件、报到证、户口迁移证、党组织关系介绍信。

（五）人才流动手续的办理程序

（1）委托人事代理的毕业生，找到新的单位后，要求流动到其他具有人事档案管理权的单位的，持接收单位调档函，即可到人才交流服务中心办理档案转接手续，户口也随迁到相应的部门。

（2）委托人事代理的毕业生，报考研究生被录用后，凭录取院校出具的调档函或录取通知书复印件（验原件）及存档凭证到档案所在的人才交流服务中心办理档案转递手续。

第四节　社会保险

一、社会保险的种类

社会保险是以国家为主体，对有工资收入的劳动者在暂时或者永久丧失劳动能力，或虽有能力而无工作亦即丧失生活来源的情况下，通过立法手段，运用社会力量给这些劳动者以一定程度的收入损失补偿，使之能继续达到基本生活水平，从而保证劳动力再生产和扩大再生产的正常运行，保证国内社会安定的一种制度。

中国的社会保险包括养老保险、医疗保险、失业保险、伤残保险、生育保险等5种保险，现在还有针对9亿农民的新型农村医疗合作制度正处在试点之中，这些都是国家的一种福利政策，不以营利为目的。

（一）养老保险

养老保险是社会保险五大险种中最重要的险种之一。所谓养老保险（或养老保险制度）是国家和社会根据一定的法律和法规，为解决劳动者在达到国家规定的解除劳动义务的劳动年龄界限，或因年老丧失劳动能力退出劳动岗位后的基本生活而建立的一种社会保险制度。

1. 我国养老保险的组成部分

（1）基本养老保险基本养老保险亦称国家基本养老保险，它是按国家统一政策规定强制实施的为保障广大离休人员基本生活需要的一种养老保险制度。

（2）企业补充养老保险。

（3）个人储蓄性养老保险。

2. 养老保险的含义

（1）它是在法定范围内的老年人完全或基本退出社会劳动生活后才自动发生作用的。这里所说的"完全"，是以劳动者与生产资料的脱离为特征的；所谓"基本"，指的是参加生产活动已不成为主要社会生活内容。需强调说明的是，法定的年龄界限（各国有不同的标准）才是切实可行的衡量标准。

（2）养老保险的目的是为保障老年人的基本生活需求，为其提供稳定可靠的生活来源。

（3）养老保险是以社会保险为手段来达到保障的目的。养老保险是世界各国较普遍实行的一种社会保障制度。

3. 养老保险的特点

（1）由国家立法，强制实行，企业单位和个人都必须参加，符合养老条件的人，可向社会保险部门领取养老金。

（2）养老保险费用来源，一般由国家、单位和个人三方或单位和个人双方共同负担，并实现广泛的社会互济。

（3）养老保险具有社会性，影响很大，享受人多且时间较长，费用支出庞大，因此，必须设置专门机构，实行现代化、专业化、社会化的统一规划和管理。

4. 世界各国实行养老保险制度有 3 种模式

（1）传统型的养老保险制度，它又称为与雇佣相关性模式或自保公助模式，最早为德俾斯麦政府于 1889 年颁布养老保险法所创设，后被美国、日本等国家所采纳。个人领取养老金的权利与缴费义务联系在一起，即个人缴费是领取养老金的前提，养老金水平与个人收入挂钩，基本养老金按退休前雇员历年指数化月平均工资和不同档次的替代率来计算，并定期自动调整。除基本养老金外，国家还通过税收、利息等方面的优惠政策，鼓励企业实行补充养老保险，基本上也实行多层次的养老保险制度。

（2）国家统筹型，分为两种类型：

类型一，福利国家所在地普遍采取的，又称为福利型养老保险，最早为英国创设，目前适用该类型的国家还包括瑞典、挪威、澳大利亚、加拿大等。

该制度的特点是实行完全的"现收现付"制度，并按"支付确定"的方式来确定养老金水平。养老保险费全部来源于政府税收，个人不需缴费。享受养老金的对象不仅仅为劳动者，还包括社会全体成员。养老金保障水平相对较低，通常只能保障最低生活水平而不是基本生活水平，如澳大利亚养老金待遇水平只相当于平均工资的25%。为了解决基本养老金水平较低的问题，一般再力提倡企业实行职业年金制度，以弥补基本养老金的不足。

该制度的优点在于运作简单易行，通过收入再分配的方式，对老年人提供基本生活保障，以抵消市场经济带来的负面影响。但该制度也有明显的缺陷，其直接的后果就是政府的负担过重。由于政府财政收入的相当部分都用于了社会保障支出，而且维持如此庞大的社会保障支出，政府必须采取高税收政策，这样加重了企业和纳税人的负担。同时，社会成员普遍享受养老保险待遇，缺乏对个人的激励机制，只强调公平而忽视效率。

类型二，国家统筹型的另一种类型是由苏联创设的，其理论基础为列宁的国家保险理论，后为东欧各国、蒙古、朝鲜以及我国改革以前所采用。

该类型与福利国家的养老保险制度一样，都是由国家来包揽养老保险活动和筹集资金，实行统一的保险待遇水平，劳动者个人无须缴费，退休后可享受退休金。但与前一种方式不同的是，适用的对象并非全体社会成员，而是在职劳动者，养老金也只有一个层次，未建立多层次的养老保险，一般也不定期调整养老金水平。

随着前苏联和东欧国家的解体以及我国进行经济体制改革，采用这种模式的国家也越来越少。

（3）强制储蓄型，强制储蓄型主要有新加坡模式和智利模式两种：

模式一，新加坡模式是一种公积金模式。该模式的主要特点是强调自我保障，建立个人公积金账户，由劳动者于在职期间与其雇主共同缴纳养老保险费，劳动者在退休后完全从个人账户领取养老金，国家不再以任何形式支付养老金。个人账户的基金在劳动者退休后可以一次性连本带息领取，也可以分期分批领取。国家对个人账户的基金通过中央公积金局统一进行管理和运营投资，是一种累积的筹资模式。除新加坡外，东南亚、非洲等一些发展中国家也采取了该模式。

模式二，智利模式作为另一种强制储蓄类型，也强调自我保障，也采取了个人账户的模式，但与新加坡模式不同的是，个人账户的管理完全实行私有化，即将个人账户交由自负盈亏的私营养老保险公司经营，规定了最大化回报率，同时实行养老金最低保险制度。该模式于20世纪80年代在智利推出后，也被拉美一些国家所效仿。强制储蓄型的养老保险模式最大的特点是强调效率，但忽视公平，难以体现社会保险的保障功能。

5. 养老保险的意义主要体现在以下几方面

（1）有利于保证劳动力的再生产。通过建立养老保险制度，有利于劳动力群体的正常代际更替，老年人年老退休，新成长劳动力顺利就业，保证就业结构的合理化。

（2）有利于社会的安全。养老保险为老年人提供了基本生活保障，使老年人老有所养。随着人口老龄化的到来，老年人口的比例越来越大，人数也越来越多，养老保险保障了老年劳动者的基本生活，等于保障了社会相当部分人口的基本生活。对于在职劳动者而言，参加养老保险，意味着对将来年老后的生活有了预期，免除了后顾之忧，从社会心态来说，人们多了些稳定、少了些浮躁，这有利于社会的稳定。

（3）有利于促进经济的发展。各国设计养老保险制度多将公平与效率挂钩，尤其是部分积累和完全积累的养老金筹集模式。劳动者退休后领取养老金的数额，与其在职劳动期间的工资收入、缴费多少有直接的联系，这无疑能够产生一种缴励劳动者的职期间积极劳动，提高效率。

此外，由于养老保险涉及面广，参与人数众多，其运作中能够筹集到大量的养老保险金，能为资本市场提供巨大的资金来源，尤其是实行基金制的养老保险模式，个人账户中的资金积累以数十年计算，使得养老保险基金规模更大，为市场提供更多的资金，通过对规模资金的运营和利用，有利于国家对国民经济的宏观调控。

（二）失业保险

失业保险是指国家通过立法强制实行的，由社会集中建立基金，对因失业而暂时中断生活来源的劳动者提供物质帮助的制度。它是社会保障体系的重要组成部分，是社会保险的主要项目之一。

1. 建立失业保险的目的

（1）保障失业者失业期间的基本生活，使其免遭失业带来的贫困；用理论家的话来说，实行失业保险就是要从此规避工业社会巨大变动给人民生活带来的不安因素。失业保险要使无工作的人免除由此而产生的苦难，使有工作的人不再对工作能保持多久过分担心。

（2）调节经济需求，调节收入分配，保持经济健康发展。

（3）作为社会的"安全网"和"减震器"，为社会平安运行保驾护航。经过数十年的发展，失业保险又衍生出一个新的目的，就是促进失业人员再就业。

2. 失业保险的主要特点

（1）普遍性。它主要是为了保障有工资收入的劳动者失业后的基本生活而建立的，其覆盖范围包括劳动力队伍中的大部分成员。因此，在确定适用范围时，参保单位应不分部门和行业，不分所有制性质，其职工应不分用工形式，不分家居城镇、农村，解除或终止劳动关系后，只要本人符合条件，都有享受失业保险待遇的权利。分析我国失业保险适用范围的变化情况，呈逐步扩大的趋势，从国营企业的4种人到国有企业的7类9种人和企业化管理的事业单位职工，再到《失业保险条例》规定的城镇所有企业事业单位及其职工，充分体现了普遍性原则。

（2）强制性。它是通过国家制定法律、法规来强制实施的。按照规定，在失业保险制度覆盖范围内的单位及其职工必须参加失业保险并履行缴费义务。根据有关规定，不履行缴费义务的单位和个人都应当承担相应的法律责任。

（3）互济性。失业保险基金主要来源于社会筹集，由单位、个人和国家三方共同负担，缴费比例、缴费方式相对稳定，筹集的失业保险费，不分来源渠道，不分缴费单位的性质，全部并入失业保险基金，在统筹地区内统一调度使用以发挥互济功能。

3. 失业保险适用范围

《失业保险条例》所指失业人员只限定为，在法定劳动年龄内有劳动能力的就业转失业的人员。根据有关规定，我国目前的法定劳动年龄是16~60岁，体育、文艺和特种工艺单位按照国家规定履行审批程序后可以招用未满16周岁的未成年人。对企业中男年满60周岁、女年满50周岁的职工和机关事业单位中男年满60周岁、女年满55周岁的职工实行退休制度，对从事有毒、有害工作和符合条件的患病、因工致残职工可以降低退休年龄。

所谓有劳动能力，是指失业人员具有从事正常社会劳动的行为能力。在法定劳动年龄内的人员，若不具备相应的劳动能力，也不能视为失业人员，如精神病人、完全伤残不能从事任何社会性劳动的人员等。目前无工作并以某种方式寻找工作，是指失业人员有工作要求，但受客观因素的制约尚未实现就业。对那些目前虽无工作，但没有工作要求的人不能视为失业人员。这部分人自愿放弃就业权利，已经退出了劳动力的队伍，不属于劳动力，也就不存在失业问题。

4. 造成失业的原因

造成失业的原因是多方面的，具体到不同国家或一个国家的不同时期，其主导因素并不完全相同。国际上一般将失业原因分为如下几类：

（1）摩擦性失业，由于求职的劳动者与需要提供的岗位之间存在着时间上的差异而导致的失业，如新生劳动力找不到工作，工人想转换工作岗位时出现的工作中断等。

（2）季节性失业，由于某些行业生产条件或产品受气候条件、社会风俗或购买习惯的影响，使生产对劳动力的需求出现季节性变化而导致的失业。

（3）技术性失业，由于使用新机器设备和材料，采用新的生产工艺和新的生产管理方式，出现社会局部劳动力过剩而导致的失业。

（4）结构性失业，由于经济、产业结构变化以及生产形式、规模的变化，促使劳动力结构进行相应调整而导致的失业。

（5）周期性失业，市场经济国家由于经济的周期性萎缩而导致的失业。

5. 从我国目前的情况分析，造成失业的主要原因

（1）劳动力供大于求。我国是世界第一人口大国，2014 年底，人口总数达 13.6 亿人，其中 15~64 岁人口达 10.06 亿。从 20 世纪 80 年代以来，我国进入劳动年龄人口的高峰期，劳动年龄人口占总人口的比重明显上升，30 年间上升近 12%。另一方面，我国又是一个发展中国家，经济发展水平相对较低，其他经济资源相对短缺，制约了劳动力资源的开发利用。从发展趋势看，今后一个时期，每年新增劳动力在 1000 万人左右，农村剩余劳动力跨地区流动约 3000 万人，其中有相当一部分将要加入到城镇就业队伍中。另外，随着企业事业单位改革的不断深化，历史上形成的富余人员问题将要逐步得到解决，多年来积淀的大量冗员进入社会竞争就业岗位将成为必然趋势。可以说，劳动力供大于求的矛盾将在一个相当长的时期存在。

（2）我国正在对经济结构进行重大调整，与之相适应，劳动力结构必然要进行相应调整，不可避免地会造成部分人员失业，这种结构性失业的状况增加了失业压力。

（3）伴随着科技进步和劳动生产率的提高，一些领域特别是第一、第二产业的传统部门，不仅不能扩大就业容量，反而会减少用人，分流部分劳动力，致使失业人员数量增加。

（4）由于许多失业人员技能单一，职业技术水平不高，难以适应用人单位的需要，加上择业观念陈旧，不能依靠自身的努力开辟就业门路，加大了实现再就业的难度。

（5）我国现行的社会保障制度不完善、覆盖面窄，市场就业机制尚未完全建立，对劳动力流动和合理配置也有着明显的制约作用。

（三）医疗保险

医疗保险就是当人们生病或受到伤害后，由国家或社会给予的一种物质帮助，即提供医疗服务或经济补偿的一种社会保障制度。医疗保险的实质是社会共担医疗风险，目的在于鼓励用人单位和个人按照国家有关法律规定缴纳一定的医疗保险费，通过社会调剂，保证劳动者在健康受到损害时得到必需的基本医疗服务或经济补偿，避免因治疗而影响生活和工作。显然，医疗保险是根据国家立法规定，通过缴纳医疗保险费，把具有不同医疗需求群体的资金集中起来，进行再分配，为其提供基本医疗保险。通常所指的医疗保险，实质上是医疗社会保险。我国 20 世纪 50 年代初建立的公费医疗和劳保医疗统称为职工医疗保险。它是国家社会保障制度的重要组成部分，也是社会保险的重要项目之一。

医疗保险具有社会保险的强制性、互济性、社会性等基本特征。因此,医疗保险制度通常由国家立法,强制实施,建立基金制度,费用由用人单位和个人共同缴纳,医疗保险费由医疗保险机构支付,以解决劳动者因患病或受伤害带来的医疗风险。

所谓风险,就是已经发生或可能发生的经济损失的状况。每个人在其一生中,不可避免的发生疾病或遭到意外伤害,都需要预防,或者治疗服务。这样,就必然负担一定的费用。病情或伤势越严重,医疗费用越高,给本人或家庭带来的经济损失越大。建立城镇职工基本医疗保险制度,通过社会合作的强大力量,可以有效的抵御这类医疗风险。

社会保险包括养老、医疗、失业、工伤、生育等诸多险种,医疗保险和其他社会保险形式有着重大区别,主要体现在:一是,医疗保险具有纯补偿性;二是,对符合条件的被保险人,在医疗待遇方面实行均等原则;三是,医疗费用具有专用性。即在国家法律规定的范围内,直接向被保人提供全部或部分免费医疗费用。

我国的医疗保险实施40多年来在保障职工身体健康和维护社会稳定等方面发挥了积极的作用。但是,随着社会主义市场经济体制的确立和国有企业改革的不断深化,这种制度已难以解决市场经济条件下的职工基本医疗保障问题。

国务院于1998年12月下发了《国务院关于建立城镇职工基本医疗保险制度的决定》(国发[1998]44号),部署全国范围内全面推进职工医疗保险制度改革工作,要求1999年内全国基本建立职工基本医疗保险制度。在此制度推动下,全国基本建立职工基本医疗保险制度在2000年基本完成,至2007年,农村新型合作医疗保险制度基本完成,至2010年,城镇居民医疗保险基本完成。

（四）工伤保险

工伤保险是指劳动者因在生产经营活动中所发生的,或在规定的某些特许情况下,遭受意外伤害、职业病以及因这两种情况造成死亡,在劳动者暂时或永远丧失劳动能力时,劳动者或其遗属能够从国家、社会得到必要的物质补偿。这种补偿一般以现金形式体现。

工伤保险除了和其他社会保险一样都包含待遇补偿和支付的内容之外,它的特点还在于其含有预防事故发生,预防职业病伤害以及职业康复的内容,这是其他社会保险中所没有的内容。

1.根据工伤保险责任主体划分,工伤保险制度基本上有两种类型

（1）建立集中使用工伤保险基金的保险制度。

（2）私营企业根据法律规定安排各种工伤保险办法。目前世界上约有2/3的国家实行保险基金制度。

工伤保险基金可以是一般社会保险的组成部分,有的则可以与其他一般社会保险分立。在一些国家,凡受工伤保险法约束的雇主,都必须向公营保险机构交纳工伤保险费,当保险事故发生之后,由公营保险机构支付应发的伤残抚恤金,通常称为强制性的社会保险。

2.工伤保险的特征

工伤保险是根据"职业风险"原则建立的,因而具有以下特征:

（1）强制性,是指由国家立法,在一定范围的用人单位、职工必须参加。

（2）互济性,是指建立工伤保险基金后,由社会保险机构在单位之间、地区之间调剂使用基金,由未发生工伤者共同对发生工伤者给予一定互济。

（3）保障性,是指由工伤保险支付用于承担工伤医疗费用,使自己不致突然承担此类

风险。

3. 工伤保险的适应范围

根据《工伤保险条例》的规定，工伤保险的适用范围包括中国境内各类企业、有雇工的个体工商户以及这些用人单位的全部职工或者雇工。各类企业包括国有企业、私营企业、乡镇企业、中外合资、合作企业、外商独资企业等。有雇工的个体工商户，是指在工商部门登记注册，雇佣劳动者为其从事个体生产经营的个体经济组织。有雇工的个体工商户参加工伤保险的具体步骤和实施办法，由省、自治区、直辖市人民政府规定。国家机关和依照或者参照国家公务员制度进行人事管理的事业单位、社会团体的工作人员因工作遭受事故伤害或者患职业病的，由所在单位支付费用。具体办法由国务院劳动保障行政部门会同国务院人事行政部门、财政部门规定。其他事业单位、社会团体以及各类民办非企业单位的工伤保险等办法，由国务院劳动保障行政部门会同国务院人事行政部门、民政部门、财政部门等部门参照本条例另行规定，报国务院批准后施行。

工伤是指职工在工作过程中因工作原因受到事故伤害或者患职业病。根据《工伤保险条例》第十四条的规定，职工有下列情形之一的，应当认定为工伤：

（1）在工作时间和工作场所内，因工作原因受到事故伤害的。

（2）工作时间前后在工作场所内，从事与工作有关的预备性或者收尾性工作受到事故伤害的。

（3）在工作时间和工作场所内，因履行工作职责受到暴力等意外伤害的。

（4）患职业病的。

（5）因工外出期间，由于工作原因受到伤害或者发生事故下落不明的。

（6）在上下班途中，受到机动车事故伤害的。

（7）法律、行政法规规定应当认定为工伤的其他情形。

同时，根据本条例第十五条的规定，职工有下列情形之一的，视同工伤：

（1）在工作时间和工作岗位，突发疾病死亡或者在 48 小时之内经抢救无效死亡的。

（2）在抢险救灾等维护国家利益、公共利益活动中受到伤害的。

（3）职工原在军队服役，因战、因公负伤致残，已取得革命伤残军人证，到用人单位后旧伤复发的。

职业病就是指《职业病防治法》中授权卫生部会同劳动保障部制定的职业病目录中的疾病。按照职业病防治法的规定，职业病是指企业、事业单位和个体经济组织（以下统称用人单位）的劳动者在职业活动中，因接触粉尘、放射性物质和其他有毒、有害物质等因素而引起的疾病。根据职业病防治法的这一规定，结合工伤保险条例中关于适用范围的有关规定，条例中规定的患职业病的，主要是指条例覆盖范围内的所有用人单位的劳动者在职业活动中，因接触粉尘、放射性物质和其他有毒、有害物质等因素而引起的疾病。

（五）生育保险

生育保险是通过国家立法规定，在劳动者因生育子女而导致劳动力暂时中断时，由国家和社会及时给予物质帮助的一项社会保险制度。

我国生育保险待遇主要包括两项。一为生育津贴，用于保障女职工产假期间的基本生活需要；二为生育医疗待遇，用于保障女职工怀孕、分娩期间以及职工实施节育手术时的基本医疗保健需要。

生育保险关系到广大女职工的切身利益，对社会劳动力的生产与再生产具有十分重要的保护作用。我国生育保险工作的实践证明，在市场经济条件下，实行生育费用社会统筹和社会化管理服务，对于均衡企业负担、改善妇女就业环境、切实保障女职工生育期间的基本权益，发挥了重要作用。同时，对计划生育、优生优育等工作也产生了积极影响。

二、社会保险的作用

社会保险关乎国运，惠及子孙，是社会保障制度的核心，与人民群众的切身利益相关。随着我国社会主义市场经济体制的建立，社会保险制度越来越显示出其迫切性和重要性，可以说没有完善的社会保险制度就无法建立真正的社会主义市场经济体系。

社会保险是现代社会经济生活的重要方面，是一项重要的社会政策，它既是劳动者享有的维持基本生活的权利，也是政府应承担的义务，对保障人民基本生活、维护社会稳定、促进经济发展起着重要作用。其作用主要表现在：它能够保障人民生活基本需要，维护社会稳定，起到社会"安全网"和"稳定器"的作用。社会保险的作用具体体现在下几方面：

1. 社会保险能发挥社会稳定器的作用

社会成员的老、弱、病、残、孕以及丧失劳动能力，是在任何时代和任何社会制度下都无法避免的客观现象。社会保险就是当社会成员遇到这种情况时给予适当的补偿以保障其基本生活水平，从而防止不安定因素的出现。

2. 社会保险有利于保证社会劳动力再生产顺利进行

劳动者在劳动过程中必然会遇到各种意外事件，造成劳动力再生产过程的停顿。而社会保险就是劳动者在遇到上述风险事故时给予必要的经济补偿和生活保障，使劳动力得以恢复。

3. 社会保险有利于实现社会公平

由于人们在文化水平、劳动能力等方面的差异，就会造成收入上的差距。社会保险可以通过强制征收保险费，聚集成保险基金，对收入较低或失去收入来源的劳动者给予补助，提高其生活水平，在一定程度上实现社会的公平分配。

4. 社会保险有利于推动社会进步

保险具有互助性的特点，社会保险更能体现出互助合作、同舟共济的精神。

三、享受社会保险的权利

享受社会保险是宪法赋予公民或劳动者的一项基本权利，用人单位和劳动者参加社会保险是法定的义务。

通过参加社会保险，劳动者在年老、患病、工伤、失业、生育等情况下获得帮助和补偿。用人单位和劳动者必须依法参加社会保险，缴纳社会保险费。劳动者在下列情形下，依法享受社会保险待遇：退休；患病、负伤；因工伤残或职业病；失业；生育。劳动者死亡后，其遗属依法享受遗属津贴。

【案例评析】

案例一：阿米是杭州某公司的职员，2003 年 8 月与单位签订了 5 年的劳动合同，试用期为 3 个月。2004 年 8 月 27 日，阿米在社保站查询缴费记录时，发现单位未给自己缴纳试用期(2003年8月至11月)的社会保险费。根据合同上的有关规定,阿米向单位寄出《解除劳动合同通知》,同时准备申请仲裁,要求单位支付经济补偿以及补缴社会保险费。

分析:《劳动法》第七十二条规定:"社会保险基金按照保险类型确定资金来源,逐步实现社会统筹。用人单位和劳动者必须依法参加社会保险,缴纳社会保险费。"从这条规定可以确定,只要建立了劳动关系就应当依法参加社会保险,缴纳社会保险费。劳动部《关于实行劳动合同制度若干问题的通知》第三条规定,试用期包括在劳动合同期限中,也就是说,试用期同样属于劳动关系的存续期间,因此,试用期内用人单位也应当为员工缴纳社会保险费。

《劳动法》第三十二条规定,有以下情形之一的,劳动者有权随时通知用人单位解除劳动合同:一是在试用期内;二是用人单位以暴力、威胁或非法限制人身自由的手段强迫劳动的;三是用人单位未按劳动合同规定支付劳动报酬或提供劳动条件的。由此可知,用人单位未依法为劳动者缴纳社会保险费,劳动者有权随时通知用人单位解除劳动合同,用人单位需向劳动者支付经济补偿金。只要用人单位未依法为劳动者缴纳社会保险费,劳动者均可依法解除合同而不受正在发生或已经发生的限制。

案例二:失业人员小吴应聘到某家具公司担任营业员。小吴在该公司工作期间,双方签订劳动合同。起初,该公司未给小吴办理录用手续,也没有给小吴缴纳社会保险费。两年后,小吴领取的工资签收单中突然增加了一些批注,说明他所领取的工资中包括该公司该承担的养老保险费、医疗保险费、失业保险费部分。之后,该公司因故辞退了小吴,并于当日开具了退工通知单。小吴在办理失业登记等手续时,却被告知因无缴费记录而无法领取失业救济金。为此,小吴与该公司交涉,要求老板给自己补缴社会保险费,但遭拒绝。家具公司老板认为公司已将该承担的社会保险费以工资现金形式支付给了小吴,且双方当时约定,由小吴自己缴纳保险费。

分析:该公司不能以工资形式将社会保险费支付给个人,应为小吴补缴社会保险费(包括个人应缴纳部分)。小吴应将个人应缴社会保险费交付给家具公司,由其代缴到社保机构,并将已领取的社会保险费返还给家具公司。本案是一起用人单位与劳动者私下约定,规避社会保险费缴纳义务的案例。

《劳动法》明确规定,用人单位和劳动者必须依法参加社会保险,缴纳社会保险费。因此,依法参加社会保险,缴纳社会保险费,是用人单位和劳动者法定的责任和义务。在现行的政策框架下,由于企业与自由职业者的缴费比例有所不同,部分用人单位为降低成本,常采取与劳动者私下约定以工资形式支付一定金额,由个人按自由职业者的标准自行缴纳方式逃避社会保险费缴纳义务。部分劳动者因贪图眼前利益或迫于无奈,接受了用人单位这种规避法律的行为。殊不知,用人单位逃避了缴费义务,计入个人账户的费用也就相对减少,直接影响到劳动者将来的享受养老保险的待遇。同时,因用人单位缴纳的部分费用将用于社会统筹,这种逃避缴费义务的行为也阻碍了社会保障制度的发展、完善。因此,法律对此明确禁止。家具公司作为用人单位,在小吴与其建立劳动关系后,非但未及时为小吴缴纳社会保险费,反而以直接支付劳动者现金的形式逃避社会保险费缴纳义务,此做法与《劳动法》的规定相悖,是逃避法定义务的行为,应当依法予以纠正。

有关法律规定,用人单位应以本单位月平均工资总额的一定比例缴纳养老保险费等社会保险费用。法院在处理社会保险费纠纷时,一般将劳动者本人上一年度月平均工资收入和少缴社会保险费的期限提供给有关社会保险机构,由其核定具体缴费数额。

劳动者以下收入不属于工资范围：一是单位支付给劳动者个人的社会保险福利费用；二是劳动保护方面的费用；三是按规定未列入工资总额的各种劳动报酬及其他劳动收入。根据上述规定，该家具公司支付给小吴工资的签收单上所列明的社会保险费不应作为小吴的劳动报酬计入其工资收入。

案例三：卞先生从事电工工作已经 10 余年。2010 年 1 月，卞先生经人介绍到某酒店从事电工工作，双方签订了 2 年劳动合同，至 2012 年 1 月结束。不料 2011 年 3 月，在一次维修电路过程中，由于发生意外卞先生受伤，经鉴定为工伤 10 级。

2012 年 1 月合同期到时，卞先生不愿再续签合同，要求酒店在终止劳动合同的同时支付一次性伤残就业补助金和一次性伤残补助金。而酒店认为，根据劳动合同的约定，卞先生未丧失劳动能力，故不许支付一次性伤残补助金；一次性伤残补助金依法应由工伤保险基金支付，不应由酒店支付。因为酒店为卞先生按时缴纳了社会保险费，所以按规定有些费用不应由酒店承担。

分析：根据《工伤保险条例》第三十四条规定，职工因工致残被鉴定为 5 级、6 级伤残的，享受以下待遇：一是从工伤保险基金按伤残等级支付一次性伤残补助金，标准是 5 级伤残为 16 个月的本人工资，6 级伤残为 14 个月的本人工资。二是保留与用人单位的劳动关系，由用人单位安排适当工作；难以安排工作的，由用人单位按月发给伤残津贴，标准是 5 级伤残为本人工资的 70%，6 级伤残为本人工资的 60%，并由用人单位按照规定为其缴纳各项社会保险费，伤残津贴实际金额低于当地最低工资标准的，由用人单位补足差额。经工伤职工本人提出，该职工可以与用人单位解除或者终止劳动关系，由用人单位支付一次性工伤医疗补助金和伤残就业补助金。具体标准由省、自治区、直辖市人民政府规定。

按照《工伤保险条例》的规定，工伤人员因工致残被鉴定为 10 级伤残，享受以下待遇：从伤残保险基金支付一次性伤残补助金(10 级伤残的为 10 个月工资)。

劳动合同期满终止，或者工伤人员自己提出解除劳动合同的，由用人单位支付一次性工伤医疗补助金和伤残就业补助金。工伤人员可以享受从工伤保险基金支付的一次性伤残补助金，再由用人单位支付一次性工伤医疗补助金和伤残就业补助金，本案中卞先生要求酒店支付全部的工伤待遇显属不妥。如果用人单位未为劳动者缴纳社会保险费那情况就不一样了，这笔工伤待遇费用的支付就得由单位全部承担了。但如恰逢劳动者到达退休年龄，则只能享受前一项待遇，如果工伤职工辞职可享受工伤待遇。

案例四：毕业生王云是一位性格内向的女孩，在求职中多次碰壁，终于在一次招聘会上找到了一家国营单位，签订了就业协议书，在协议书上备注了以下条款：一是试用期 6 个月；二是服务期 5 年，若 5 年内提出调动、考研等要求需向用人单位缴纳每年 3000 元的违约金；三是其他未尽事宜按本单位的规定执行。王云当时一心想把工作定下来，也想当然的认为这是一家国营大单位，应该没什么问题，所以就毫不犹豫地签上了自己的名字。工作 3 年后，她越来越感觉在单位僵硬的管理模式和复杂的人际关系之下，自己的能力得不到发挥，于是暗中准备考研，以期离开这家单位。她认为此时报考，只要缴纳最后两年 6000 元的违约金就行，当她正式提交报告请求单位出具证明同意她报考研究生时，单位很不高兴，要她缴纳 15000 元的违约金。王云认为很不合理，和人事部门争执起来，人事部门领导振振有词："当初的就业协议书上，不是黑纸白字写明了'服务期 5 年，若 5 年内提出调动、考研等要求需向用人单位缴纳每年 3000 元的违约金嘛'。"王云尽管气愤填膺，但是没有办法，协议书上这一句话简单笼统，后来也没有在劳动合同中进一步明确服务几年后，减免几年的违约金，加上档案还在单位手上，只好哑巴吃黄连，自认倒霉。

分析：因此，毕业生在签订就业协议时，应该注意协议内容有关条款是否明确，是否完整，是否模棱两可、含糊不清或过于简单笼统等。尤其对关系自己切身利益的工资待遇、工作期限(包括试用期或见习期)、发展前途、社会保障、违约责任等方面的条款更不能含糊，应逐字逐句仔细推敲、斟酌，以免日后产生歧义。

第九章　职业适应与发展

　　大学生完成学业，选择了理想或较理想的职业，进入社会开始人生的职业生涯，这是其人生历程的重大转折，标志着自己的人生坐标发生新的质变。面对陌生的职业社会，面对新的环境和生活，如何实现角色转化和角色适应是摆在每个大学毕业生面前的现实问题，角色转换的成功与否将直接影响其事业的成败。本章所阐述的内容，主要是针对这一特定转折时期的具体情况，提出一些应注意的原则和方法，目的是为了帮助刚刚离开校门的大学毕业生及早适应社会，迈出走向成功的第一步。

第一节　实现社会角色的转变

一、角色及角色转换认知

（一）角色

　　社会心理学认为：个体通过社会化，就成为一个符合社会要求的人，变成为一个社会角色。什么是"角色"呢？角色，是指一定社会身份所要求的一般行为方式及其相应的内在心理状态。社会对于一个人的要求，直接决定于他在社会结构中所处的位置和所担负的社会角色。一个人的态度、行为如果偏离了对他的角色期望，就可能会引起周围人的异议或反对。角色对于每个人来说都是相对的。因此，人们总是同时扮演着各种不同的角色。这些角色是由个体的人在不同时间、不同场合、不同环境占据着不同的社会位置，履行着不同的社会义务，遵循着不同的社会规范而确定的。

　　1.社会角色三要素

　　社会角色由角色权利、角色义务和角色规范三要素组成。角色权利，就是依法应享受的权益，或应取得的精神和物质报酬；角色义务就是角色的社会责任；角色规范就是社会提供的行为模式。

　　2.学生角色与职业角色的区别

　　学生角色与职业角色的根本不同就在于社会权利，社会义务和社会规范的不同。社会权利的不同在于：学生角色的权利主要是依法接受教育，并取得经济生活的保证或资助；职业角色则是依法行使职权，开展工作，在履行义务的同时取得报酬。

　　社会义务即社会责任的不同在于：学生角色的主要责任，是努力吸取知识，德、智、体全面发展，掌握在社会主义建设浪潮中奋勇搏击的本领。这是一个接受教育、储备知识、培养能力的过程；而职业角色的责任，是以特定的身份去履行自己的职责，依靠自己的本领或技能去为社会服务，完成某个事项的过程。两种责任的履行产生的后果也是有区别的。学生角色责任履行自己的职责，依靠自己的本领或技能去为社会服务，完成某个事项的过程。两种责任的履行产生的后果也是有区别的。学生角色责任履行得如何，主要关系到本人知识掌握的多少和能力培养的强弱程度；而职业角色责任履行得如何，则影响较大，人们在评判职业角色时总是和工作单位密切联系在一起的，总是将其作为身负重任的工作人员来看待的。例如，一名医生，若能认真履行自己的责任，不仅可以有效地救死扶伤，而且会为医院赢的荣誉，为医疗工作者树立风范；反之，既影响个人，也会影响到医院甚至医疗队伍的形象。一个教师能认真履行自己的责任，就可以培养出高质量的人才。一个国家工作人员能认真履行自己的责任，就可以为国家做出应用的贡献。职业角色要求能够独当一面，并与同事密切合作，充分履行职业责任。

社会规范的不同在于：学生规范多是从培养、教育的角度出发，引导学生德、智、体全面发展，健康顺利地成长为合格人才的行为模式；社会赋予职业角的规范、提供的行为模式，则因职业的不同而不同。这些模式既具体又严格，违背了就要承担一定的责任，甚至法律责任。比如国家工作人员，玩忽职守、收受贿赂就要受到法律的处罚。

综上所述，可以看出，学生角色与职业角色的不同点就是：一个受教育，掌握本领，接受经济供给和资助，逐步完善自己；一个用已掌握本领，通过具体工作为社会付出，独立作业，以自己的行为承担责任。

（二）角色转换

每个人在社会中所扮演的主要角色也不是固定不变的，往往会发生多次角色转换。人的社会任务或职业生涯不断变化，角色也随之变化，从一个角色进入另一个角色，这个过程称为角色转换，角色转换是个体的人在社会关系中的动态描述。角色转换的变化从根本上说是社会权利和义务的变化，社会角色的本质是社会赋予人的社会权利与社会义务的统一体。它反映了每个人在社会中的地位和在人际关系中的位置，是个人身份的显示。

二、大学生就业后的社会角色转换

（一）影响角色转换的因素

大学生圆满完成学业，走向社会，开始新的工作，承担新的任务。从这一时刻起，他们由原来主要担当的学生角色变为另外一个新的社会角色。但是，大学生对角色转换的认识，有的比较明确，有的还较为模糊。有些大学生由于受种种因素的影响，还不能正确地认识角色转换。主要表现在：

1. 依恋性

大学生，在角色转换中易出现怀旧心理。多年来的学生生活使大学生养成了一种习惯的学习、生活和思维方式。刚走上工作岗位，大学生常常会自觉或不自觉地将自己置于学生角色之中，表现出对学生角色的依恋，以学生角色来要求自己和对待工作，以学生角色的习惯方式观察事物和分析事物和对待周围的环境，这是一部分大学生依恋学生角色的一种反映。

2. 畏缩、自卑性

有些大学生走上工作岗位后，面对新的工作环境，生疏的人际关系，缺乏应有的自信，工作中放不开手脚，特别是在知识分子密集的工作单位，看到别人工作经验丰富，驾轻就熟，而自己相形见绌。进而出现畏缩，不思进取，甘居人后，产生不求有功但求无过的消极心理，导致自身的聪明才智不能正常发挥。

3. 自傲性

有些大学生常以文凭、学位或毕业于名牌学校而自居，自以为接受了系统教育，已经学到了不少知识，已经是人才了。因此，轻视实践，放不下架子，只想从事高层次的工作，看不起基层工作和基层工作人员，甚至认为作为大学生干这些不起眼的事是大材小用，有失身份。而实际上是眼高手低，大事做不了，小事又不做。

4.浮躁性

部分大学毕业生在角色转换中表现出不踏实的作风，不稳定的情绪。不安心工作，整日恍惚不定，工作浮在表面，不能深入了解工作性质、工作职能及工作技巧，难以完成本职工作。就职很长时间后，仍然不能进入工作角色。

(二)角色转换的实现

大学生在角色转换过程中有些不适应是自然的，应对这一点有充分的认识，加强角色转换意识，积极缩短适应期，而不应因此而造成职业心理障碍，失去信心。如果把求职比作职业生活的序幕，那么就业才是正剧的开始。大学毕业生步入社会舞台之初，一般要经历角色领悟、角色认知、角色实现3个阶段。学生角色向职业角色转换的实现虽然只是两字之差，但却是一个艰苦而长期的过程，需要坚持不懈地努力。在此过程中应注意以下几点：

(1)在角色领悟阶段，立足现实，增强独立意识。刚走上工作岗位的大学生应尽快从对大学生活的沉湎中解脱出来。学生时代相对单纯、自由，学习上、生活上依赖教师和家长较多，缺乏主动性，独立意识较差。工作后，人们开始把大学生作为一个独立的社会人来看待，要求大学生承担一定的社会责任，能在工作中独当一面，并逐步成为工作的主导者。这就要求大学生在步入工作之初，就立足现实，逐步培养自己的独立意识，增强主动性，为未来的职业生涯打下良好的基础。

(2)在角色认知阶段，虚心学习，树立岗位意识。大学毕业生作为职业岗位上的新手，必须充分地了解和熟悉工作环境及相关情况，掌握工作对象的特点和规律，从而对新工作有较为全面的认识和把握。因此，大学生在角色认知阶段就应主动地关关注和搜集有关信息，比如本职业的传统和现状，本单位的历史和前景等等。在工作之余，应主动与单位的领导和同事交往，了解情况；对本职工作所需的知识、技能，尽早有针对性的注意积累，这样才能在适应角色上领先一步。

(3)在角色实现阶段，大胆实践，加强协作意识。大学生理论方面有了一定的积累，但在具体的实践活动中还是一个新手，对许多实际工作，还缺乏经验和办法。但大学生没有必要因此而自卑、退缩，也不要顶着大学毕业生的光环就趾高气扬、挑三拣四，而应打破大学生是"时代骄子"的说法造成的心理压力，敢于实践，善于请教，才能把理论知识和实际工作结合起来，在实践中完善自己的知识结构，并最终充分发挥出知识上的优势。在角色实现过程中，良好的同事关系是事业成功的重要保证。在学习时代，同学之间虽然也有一定的协作，但完成学习任务主要还是靠自身的努力；而在现实生产生活和科研活动中，集体的协作体现出越来越重要的作用。如果不能很快地适应这种协作关系，就难以处理好同事间的人际关系，难以在工作中打开局面。因此，增强协作意识，不但对更快、更好地完成角色转换，而且对今后的迅速成长，走向成功都具有重要意义。

此外，当代大学生大多在老师、父母、亲朋的充分关注中长大，一直生活在学校这一比较单纯的环境中，观察能力、独立思考能力、职业决策能力、承担压力能力都还有待提高，敢于担当、奉献精神也大多不足。因此，步入职业之初的大学生还应该努力从以下方面提升自我，以加快实现从学生角色向职业角色的转换。

（1）善于观察，勤于思考。要进入职业角色，还要开动脑筋，善于观察，勤于思考。只有善于观察，才发现问题，并运用自己多学得的知识努力去解决问题才能掌握大量的第一手资料，才能真正掌握职业对象的内部规律。同时，只有勤于思考，在工作中才会有自己的见解，逐步具备独立开展工作的能力，更好地承担角色责任。

（2）合理流动，促进角色转换。在我国，个人的职业岗位是相对稳定的，许多人第一次选择的职业成为其长期从事的职业，甚至是终身职业。在这种条件下，就业以后，人们往往立足本职，努力做好工作以求得进一步的发展。但也应看到，在改革开放建立社会主义市场经济体制的新形势下，社会分配角色逐渐减少，职业流动也越来越频繁。职业流动是指劳动者在不同职业之间的变动，也是角色转换的过程。当一个人不适于在原岗位上发展时，也可以另辟蹊径，转换职业，寻求新的目标和新的成才道路，去创造出新的业绩。合理的职业角色转换不仅能满足社会的需要，也符合个人追求成就的愿望。需要指出的是，并不是所有的职业流动都是合理的。合理的职业流动能够促进角色转换，反之将使角色转换发生障碍。合理的职业流动是指由于个人的能力不能发挥，或确实不适合某一职业而流动。但是有的流动却是受社会环境的其他因素的影响，如从众心理，这山望着那山高，这样的流动仍然不能解决角色的适应问题。因此，选择应当是审慎的，盲目的非科学的强迫性转换，会对社会造成一定的损失，对个人的角色适应也是不利的。

（3）勇挑重担，乐于奉献。勇挑重担、乐于奉献，是完成角色转换的重要标志。大学毕业生奔赴工作一线后，应当从一开始就严格要求自己，树立主人翁意识，增强社会责任感和培养无私奉献的精神，任劳任怨，不计个人得失，努力承担岗位责任，主动适应工作环境，促使自己更好、更快地完成角色转换。

第二节　主动适应职业需要

大学生要主动适应职业的需要，要求在社会认知和社会生活的基础上，不断调整和改变自己的观念、态度、习惯、行为等，以适应职业的要求和变化。社会生活中的任何个体，只有经过对复杂的社会环境、社会文化和社会规范的观察、认知、模仿、认同、内化等一系列的学习和实践过程，才能达到对社会能动地适应。适应的实质，就是个体由自然人向社会人的转化。

一、职业适应及其影响因素

职业适应，也称工作适应，是指人在职业活动中，对工作提出各种问题时的一系列心理过程。主要是指个体对工作环境、工作任务、工作活动的适应，以及对自身行为和新的工作需要的适应。具体地说，就是人在工作生活环境中根据职业工作总的性质的外在要求，对自身的身心系统进行评价，对职业行为进行自我调适，并努力达到自我与经验相互一致的心理过程。它包括人对工作环境和职业行为规范的同化与顺应，对职业工作价值和职业生活意义的评价，以及对自身工作能力、工作状态和工作压力的体验与认知。职业适应不是简单的在工作情境中的反应，是个人心理发展水平的综合表现。

（一）对职业变化的不适应

任何人进入一个新的职业领域，都会出现程度各异的不适应感。这主要是因为我们的社会还没有达到让劳动者能自由支配自己劳动力的程度，劳动者的劳动还只能作为谋生的手段而存在。当你进入一个新的工作岗位时，无论是否喜欢，都必须重新面对新的工作环境、人际关系、工作内容及工作性质等一系列问题。这些问题与原职业不同，每一个劳动者都有一个不断熟悉和适应的过程，这个过程有的人长些，有的人短些。因此，对于职业岗位的变化大学生必须尽快调整好自己的心态，尽可能地缩短适应的时间。

（二）对新职业提出的新要求产生的不适应

任何一项职业都有它各自特定的需求。虽然大学生在择业前，通常经过大学学习或培训，能基本达到所从事职业的要求。但由于当今科技、信息发展速度加快，尤其是知识经济时代的来临，使得职业领域也在不断地变动和发展，而且速度越来越快，周期越来越短。面对知识与技术的创新，大学生原有的知识和技能可能已有相当一部分不能适应新职业的要求，需要重新学习或不断学习后才能适应。

（三）新的政策环境变化使人产生不适应

选择或变动职业，大多涉及到角色重新定位的问题。不同的工作岗位，其工作环境、工作要求及内容性质肯定是不同的，原有的思想观念、行为方式都形成了一种相对固定的"心理定势"，这种心理定势与新工作岗位的新要求、新政策、新环境产生碰撞和矛盾。这种不适应完全是由一种习惯性引起的，在经过一段时间磨合之后会逐步由不适应到适应，但这个磨合过程不能太长，否则将会失去这一岗位。

（四）人的观念与职业的不适应

在我国，人们所从事的职业只存在分工不同，并无高贵低贱之分，但在现实生活中由于政治地位、经济条件、工作环境及地理位置等方面的差异和人们心理习惯上的原因，却逐步形成了约定俗成的职业等级观和人生价值观，使人们对所从事的各种职业能否实现自我最大的人生价值产生了不同的看法和评价标准，这些不同的看法和评价标准影响着人们的择业观，制约着人们适应市场、适应环境、适应工作的积极性，这种传统观念是产生对工作岗位不适应的一个重要因素。

除此之外，性格、就业准备程度也对职业适应产生影响。性格越外向，适应越快，有助于个人在受挫折时积极调整好心态，从逆境中奋起，再创辉煌。就业准备越充分，在同等条件下，找到合适工作的机会越多。大学期间社会实践活动的经历、兴趣爱好、工作单位领导的作风、工作效率等职业要素也影响着大学毕业生的职业适应。

二、职业适应的基本要求

认识是行动的先导。马克思在《青年选择职业时的考虑》一文中说："人们只有为同时代人的完美，为他们的幸福而工作，才能使自己也达到完美。"因此大学毕业生在职业活动中，要想迅速的适应职业的要求，必须树立正确的职业观。

（一）树立正确的职业待遇观

物质需要的满足不一定能给人带来幸福和快乐，只有加上精神需要，人才有强烈的幸福感。除金钱观外，人还有道德观、事业心、成就感、责任感、理想与信念等诸多观念的需要。所有这些，构成了人的价值观念体系。因此，必须正确对待职业待遇，不能只要物质待遇而不要精神待遇；即使从物质需求的角度看，也要通过自己的诚实劳动来改善物质条件，最后才能心安理得地获取相应的物质报酬。

（二）树立先进的职业苦乐观

在社会主义市场经济条件下，人们的职业苦乐观有 3 个层次：最高层次是忘我地劳动，有强烈的事业心和高度的责任感，无私奉献；中间层次是主动地劳动，履行职业责任，关心集体，努力改善职业待遇；较低层次是被动地劳动，仅把职业当成个人谋生的手段和致富的途径。要抵御落后的职业苦乐观，克服享乐主义的思想，正确处理个人地位、待遇与乐于奉献的关系。

（三）树立客观的职业地位观

所谓职业地位观，就是对职业地位（如权力、工资、晋升机会、发展前景、工作条件等）的认识和态度。职业地位观不可避免地带有个人偏见以及社会环境、舆论氛围等其他因素的影响，因此，大学生要做到不以一时的主观判断来选择职业，而是客观地看待职业的社会地位，充分认识社会和自我。

（四）树立远大的职业理想

注重实现自我价值的倾向，是当代大学生职业价值观的最大特点，不能随便加以否定。但在实现自己的个人价值和追求物质待遇时，大学生一定要挣脱"就业挣钱，养家糊口"等狭隘观念的束缚，要在社会、国家需要的坐标中寻找自身的位置；要认识到自我价值并不简单地等同于个人知识、智力等功能素质，任何忽视或否认人格品质所具价值的观念和言行都是十分有害的。大学生只有坚持崇高的理想和信念，不断进行品德修养，才能更好地发挥自己的聪明才智。

三、职业适应的主要途径

（一）主动培养自己所从事的职业兴趣

在社会主义市场经济条件下，大学生自主择业，自主流动，自己掌握自己的命运，但并不意味着每个大学生都能在短时间内找到自己所喜爱的工作。因为能力、性别、年龄、文化程度及机遇等内外因素往往导致一时难以选择到理想的职业。在这种情况下，就应该主动培养自己所从事的职业兴趣。从某种程度上说，兴趣能够克服职业中的许多不适应。

（二）职业适应须把握的两个基本方面

通常来说，职业适应包括两个基本方面，一是适应新工作岗位，二是适应新的环境。适应新工作岗位，就是要熟悉该职业的具体规范，如工作效率、工作能力、技术规范等等。大学生要在短时间达到对新岗位的适应，就必须积极参加职业培训，这样才能使自己更快地投入新工作，并提高工作效率。适应新环境，除了工作环境外，最主要是适应新的人际关系。不同环境下的人际关系肯定是有所不同的。但在任何环境下人际关系良好是顺利开展工作的基本前提，而坦诚、谦虚、公正等正是良好人际关系应具备的基本品质。对同事热情友好、谦虚、互帮互学；在领导面前工作勤奋，学有所长，发挥出自己最大的能力。只有这样同事才会信任，领导委以重任，更好地发挥工作才能。总之，适应新工作和适应新环境是互为前提的，两者任何一方面不适应，都会影响到工作的进程和效率，影响到人的积极性发挥，进而加剧对职业的不适应。

（三）重视多种能力的培养和锻炼

职业适应最关键的因素是人的能力。如果能力强，与职业要求相符，那么职业的适应性就强，所以培养或增强与职业相适应的能力是非常重要的。但这里指的能力应该是综合性的，如工作能力（工作效果、工作效率）、适应能力（工作技能、工作质量、人际关系）、对新事物的接受能力及对工作的创新能力等。显然人的综合能力提高了肯定有助于他在新的工作领域更快更好的适应。

（四）树立终身学习的理念，不断扩展知识面

知识是生存和职业适应的先决条件。在知识经济社会里，更多的工作需要大学生有良好的科学文化素养、坚实的专业技术知识和勇于开拓的创新能力，即使是普通岗位上的大学生亦是如此。在知识经济社会中，知识是最重要的生产要素，但各种形式的知识又都有一个共同特点，即要利用知识，必须有个人的吸取和加工。实践证明，广博的知识，可以使人们在不同职业中有更多的选择余地和更强的适应能力。只有在掌握了职业技术和基本知识的基础上，才能做好工作，取得工作成就。所以，树立终身学习的理念，不断扩大知识面，学习新知识，是知识经济时代大学生生存和择业的"基石"。

第三节　建立良好的人际关系

人际关系是职业生涯中一个非常重要的课题，特别是对职业人士来说，良好的人际关系是舒心工作安心生活的必要条件。如今的毕业生，绝大部分是独生子女，刚从学校里出来，自我意识较强，来到社会错综复杂的大环境里，更应在人际关系方面调整好自己的坐标。

一、人际关系的含义及类型

（一）人际交往与人际关系

人际交往是指人与人之间通过一定方式进行接触，在心理或行为上产生相互影响的过程。

人际关系是在社会生活中人与人之间的直接交往关系，它是在人们物质交往和精神交往的过程中产生和发展起来的关系，反映的是人与人之间心理距离的具体状态。人是社会的人，是一切社会关系的总和。社会关系是指人们在共同的社会实践中结成的一切关系的总称。生活在社会中的人总是通过一定的纽带联系起来，总是处在各种联系之中。人与人之间在政治、经济、文化、思想等方面都有联系，由此产生政治、经济、文化、思想上的关系。这种关系是相互的，广泛的，具有普遍性和客观性。所以，人际关系本质上是一种社会关系。人际关系存在于社会关系的各种具体形式中，是社会关系的一个缩影和直接表现。

人际交往与人际关系有区别也有联系。两者的区别是：人际交往与人际关系的含义不同，人际关系一般是从静态角度看的一种状态，人际交往是从动态角度看的一个过程，是指人的行为和活动。人际交往与人际关系两者联系十分紧密：一方面两者互相依赖，人际交往是一切人际关系实现的根本前提和基础，任何人际关系都是以往人际交往的产物；而人际关系又是人际交往的起点和依据，是人们进行人际交往的渠道。人际关系通过交往表现，又通过交往实现。另一方面两者又互相影响，人际关系发展和变化是人际交往的结果，交往的状况与人际关系发展程度成正比；人际关系的程度又影响和制约着人际交往的深度和广度，决定交往的内容和性质。

（二）人际关系的类型

现代社会人际交往与人际关系错综复杂，而对人际关系的分类已有众多的研究。根据不同的分类标准和方法，人际关系的类型可以有不同的划分。如有根据人际交往的内容来划分的，根据交往的主体情况来划分的，根据人们对人际交往的需求不同来划分的等。这里介绍根据人际关系联结的纽带来划分的人际关系的基本类型有：①血缘关系，指因血缘联系和婚姻联系而形成的人际关系；②地缘关系，指以地理位置为联结纽带，由于在一定的地理范围内共同生活、活动而交往产生的人际关系；③趣缘关系，指人们在社会生活中因为情趣相投交往而建立的人际关系；④业缘关系，指以职业、行业、专业或事业为纽带而结成的人际关系。在工作中常见的人际关系类型有横向的和纵向的人际关系，横向的人际关系主要是与同事之间的合作关系，纵向的主要是与领导的上下级关系，影响最大的是上下级关系、师生关系、同事、同学关系等。

二、如何建立和谐的人际关系

(一)建立和谐的人际关系的意义

人际关系是人与人之间心理上的关系和距离，是以一定的群体为背景，在互相交往的基础上，通过认识调节、感情体验、行为交往等手段形成的，是人们长期交往的结果。人际关系既可表现为个体与个体之间、个体与团体之间的交往，也可表现为团体与团体之间的交往。

人际关系是社会关系的一部分，也有人称之为社会关系的一个"截面"。社会关系分为两部分，一部分是人与人之间彼此为得到物质需要与精神需要的满足而产生的心理关系。在交往过程中，需要得到满足时，则产生友好、亲近的关系；得不到满足时，便产生疏远、厌恶的关系，这就是人际关系。另一部分是人与人之间的生产关系。在阶级社会中，这种生产关系便表现为阶级关系，这是社会关系中最基本的构成，制约着其他一切社会关系，自然也制约着人的心理关系。我们既不能脱离生产关系、阶级关系、抽象地研究人际关系，把人际关系看成是决定人的行为的本质东西，也不能忽视人际关系的地位和作用。

对于刚刚走上工作岗位的大学生来说，建立和谐的人际关系的意义在于：

1. 可以尽快消除陌生感，适应人际环境

大学生到工作单位后，父母、亲人远在他乡，同学、朋友各奔异地，生活和工作环境发生了变化，人际关系比较陌生。如果大学生一开始就注意建立良好的人际关系，主动交往，热情待人，豁达处世，尽快与大家融为一体，便可顺利打开局面，消除陌生感，摆脱孤独的笼罩，顺利度过适应期。

2. 可以使工作顺心，生活愉快

良好的人际关系，可以使人感到工作顺利、生活惬意。当工作还不熟悉时，人们会热情地给其以帮助；当工作遇到困难时，人们会给其以信心和勇气；当工作不慎失误时，人们会给其以理解、安慰和指导；当生活遇到挫折时，人们会给其以温暖和帮助；当工作取得成绩时，人们会告诫其戒骄戒躁，继续努力。良好的人际关系，还会提高工作效率，使人不断从集体中间汲取营养，充实自己，健康成长。

3. 可以保持心情舒畅，心理健康

人际关系的适应是人类心理适应的重要内容。一些大学生工作后感到不顺心，其中一个原因就是人际关系紧张，同事间互相猜疑，工作中矛盾丛生，在心理上与大家产生隔膜，思想包袱沉重。良好的人际关系，可消除隔阂，打破封闭，使大家处于一种互相理解、互相尊重、平等友好的关系中，当人苦闷的时候，宣泄一下情绪而不必顾虑；愁苦的时候，诉说一下衷肠而不必提防。从而保持心情舒畅，身心健康。

4. 可以增进团结，有利集体

良好的人际关系是团结的基础。人际关系状况从一定程度上反映出一个单位的精神文明状况。人际关系好，这个单位就团结，同事及上、下级之间会齐心协力，工作高效而愉快；反之必然内耗丛生、涣散无力、缺乏生气。良好的人际关系，离不开每个人的奉献和努力，只有每个成员都为集体添砖加瓦，才会形成整个单位的和谐的人际关系氛围，利于团结，利于集体，利于工作。

（二）如何建立和谐的人际关系

社会主义精神文明建设，为我们建立良好的人际关系奠定了基础。改革开放的深入和扩大，社会主义市场经济体制的不断完善，互联网的迅速普及和广泛应用，知识经济时代的到来，这些都呼唤着人与人的相容与合作，促使人们的交往进一步扩大，这为大学生建立良好的人际关系提供了有利条件。大学生要利用这些有利条件，更要靠自身的努力去建立和谐的人际关系。

1. 人际交往的原则

（1）遵纪守法原则。在人际交往中，要以理至上、以法至上，遵纪守法、遵守道德规范，这是人际交往的首要原则，也是做人的前提。

（2）诚实守信原则。诚实守信为做人之本，在人际交往中，诚实、诚恳、信用、信任，是处理人际交往的最基本的道德要求。

（3）互助互利原则。互助表现为交往双方相互关心、相互帮助、相互支持、相互理解，互助是前提，是出发点。互利是行为的良好结果，包括物质和精神两个方面，平等相待是这一交往原则的本质要求。

（4）合作竞争原则。积极的良性竞争推动着社会的进步和个人的发展，在同一集体生活中，也要有合作精神，只有相互配合，优势互补，形成合力，才能取得更大的成功。

（5）谦恭礼貌原则。谦恭礼貌是中华民族的传统美德，是建立良好人际关系的前提。

2. 掌握人际交往的艺术

（1）提高交往品质。一是交往要诚，以真诚待人。二是交往要信，不讲信用，或不信任朋友，交往很难深化。三是交往要厚，就是对人要仁厚、宽厚，与人相处要热情，以心换心。

（2）微笑待人。微笑是友好的天使，它凝结了善良、理智、才学、胆识、情感和力量，把尊重、喜爱、信任、关心和温暖送给相识人们。

（3）交谈。谈话之道讲究措辞文雅，态度诚恳自然，语言富有感情。

（4）人际称呼。人际称呼是人们直接交往说出的第一个词，反映了人与人之间关系与感情的亲密程度，称呼任何人都要符合对方的身份、年龄、职业、民族、生活特点，力求准确无误。

3. 消除人际交往的障碍

（1）自我中心。表现为在交往中只关心自己的需要，用自己的观点或标准去评价他人、社会，而忽略他人的需要和利益。人际交往是互动行为，必须双方都有利时，关系才能维持和发展。因此，交往中不仅要考虑自己的需要，更要考虑了解他人的需要。

（2）自卑羞怯。有的同学有交往的欲望，但缺乏交往的勇气，原因主要是性格过于内向，对安全过分追求，缺乏交往实践等导致谨小慎微。克服自卑羞怯心理一是要增强自信心，看到自己的长处和优势，肯定自己的价值；二是不要过分在意别人的评价，患得患失；三是争取更多的锻炼机会。

（3）社交恐惧。恐怖是面临可怕或危险的情景而又缺乏应付能力时所产生的一种企图摆脱、逃避的情绪体验。克服社交恐怖需要树立自信心，树立新型的交往观念和意识。

（4）嫉妒和猜疑。嫉妒是缺乏事业感的一种极端消极和狭隘的病态心理。猜疑，是"以小人之心度君子之腹"，在交往中总是处处防范别人，戒备心非常强，有时甚至口是心非。防止和克服这种消极心理要加强事业感，端正事业观，开阔自己的胸怀。

4.处理好人际的横向和纵向关系

大学生到新的工作岗位后，人际关系横向的主要是与同事之间的合作关系，纵向的主要是与领导的上下级关系。怎样处理横向和纵向的人际关系呢？以下几个方面值得注意。

（1）尊重他人，不自持清高。共同的理想，共同的目标，共同的事业，使彼此不同的人结为一个共同的群体。到了新单位，尽管每个人的秉性各异、爱好不同，但每个人都是自己的老师，因为他们都可能掌握了丰富的工作经验、娴熟的业务技能。要像尊重老师那样尊重他们，尊重他们的劳动和劳动成果，尊重他们的人格和感情，虚心向他们求教，不自持清高，不要妄自尊大甚至摆架子。不能嘲笑歧视他人，不要以己之长比人之短，应该谦虚待人。如果自满而轻视他人，就会损伤他人的自尊心，造成人际关系的疏远。在互相交往中尊重他人，也要尊重自己。自尊自重，才能在尊重他人的同时，也能赢得他人的尊重。总之，尊重他人、谦虚谨慎，乐于和群众打成一片的大学生容易建立和谐的人际关系。

（2）平等待人，不厚此薄彼。在工作单位，应当以平等的态度对待每一个同事。不要以职务的高低、工资的多少来决定对待他人的态度；不要亲近一部分人，故意疏远另一部分人；不要认为某人对自己有用就打得火热，某人暂时不用就疏远不理；不要见到领导就低头哈腰、满脸堆笑，见到群众就置之不理，甚至冷若冰霜；不要卷入是非矛盾，拉帮结派，搞小团体，而应该尽力与所有同事发展平等互助的友好关系。

（3）热心助人，勿见利忘义。患难见真情，同事之间的相互帮助，既可以锦上添花，更应当雪中送炭。当别人有困难时，应伸出热情的双手给予帮助，绝不能袖手旁观、坐事不管，更不能落井下石、见利忘义。要淡泊名利，不要为了蝇头小利而做有损人格的事。只有热心帮助他人的人才会得到别人的帮助，也只有热心助人的人才会得到人们的认可和赞扬，才会于无形中赢得别人的好感。

（4）诚实守信，不贪图虚名。诚实，就是真心真意、实事求是，不三心二意，口是心非，不当面一套、背后一套。诚实是做人的基本要求，也是建立良好的人际关系的重要条件。守信，就是恪守信用，言行一致、说到做到，不做说话的巨人、行动的矮子。诚实守信，才能在交往时互相了解、肝胆相照、互相信任。在交往中，即使发生一些误会，只要诚实守信，误解也会冰消雪融，和好如初；有了矛盾，彼此真诚，也能互相谅解，互相容忍，甚至和解。

（5）主动随和，不孤陋寡闻。谦虚随和、平易近人，就会给人一种较亲切的感觉，大家会乐意同其交往，觉得彼此之间愉快舒畅。切忌孤陋寡闻而又自命不凡。古语道："独学而无友，则孤陋而寡闻"。说明交往少，就会学识陋、见闻少。大学生到了新的工作单位后，应主动交往，不要固步自封。只有主动交往，才能获得各种知识，找出自己的不足；才能学到别人的优点，扩大自己的知识视野，增长见识，不断提高自身素质和水平。

（6）律己宽人，宽容大度。律己，就是严格要求自己，以各种道德规范和行为准则严格要求自己。不利于团结的话不说，不利于团结的事不做，不挑拨是非，不猜疑嫉妒，堂堂正正做人，踏踏实实干事。当自己受到委屈或误解时，要胸怀宽广，克制自己的感情，冷静处理。当工作出现失误或过错，更要勇于剖析自己，主动担负责任。宽人，就是要与人为善，宽容大度，不斤斤计较，不苛求他人，多一些谅解和理解。理解是建立感情的桥梁，是培植友谊的土壤。同事做错了事或造成一些失误，要善意地指出，多给些帮助，多一些关心，少一些指责。不可否认，尽管在社会主义社会中，人与人之间的平等、友好关系得到了确立和发展，但交往中的各种矛盾仍然存在，仍有很多不和谐的地方。"金无足赤，人无完人"，只要我们能正确地对待，坚持以严格的规范要求自己，宽厚的态度对待别人，就一定能建立和谐的人际关系。

（7）服从领导，不无理抗上。一个单位或一个组织的工作运行，主要是通过下级服从上级的有效机制来完成的。下级对上级的无理拒绝，将使运行机制遭到破坏，工作无法进展。因此，这种现象是不允许出现的。当然，上级是人不是神，也有很多不足。有出色的上级，也有无能的上级；有宽容大度的上级，也有心胸狭窄的上级；有埋头苦干的上级，也有得过且过的上级。无论那种上级，只要你在这个单位工作，就必须听从其正确指挥。上级的正确指挥，不是代表个人，而是受组织之托，代表组织行使权力。因此，要尊重上级，自觉服从上级的指挥，听从上级的工作安排。对分配给自己的工作，能完成的要提高效率，保质保量；难以完成的，最好单独找上级陈述理由，不要当众拒绝，要维护上级的威信。要善于向上级学习，在工作上和他们保持密切联系，尽快熟悉自己的工作，并力求得到他们的支持和帮助。

应当指出，以上几个方面对于建立良好的人际关系固然是必不可少的，但最根本的还是要树立正确的世界观、人生观和价值观，培养良好的道德品质。

第四节　克服职业挫折

近年来，随着就业市场竞争的加剧，职业挫折问题越来越多地受到关注，职业挫折问题也成大学生适应职业过程中必须面对的重要问题。

一、职业挫折浅析

（一）职业挫折的含义

挫折，是指人们在从事活动方面，由于遇到了障碍而导致需求不能满足、行动不能开展、目标不能实现的失落性情绪状态。从挫折产生原因的角度，可以分为需求挫折、行动挫折和目标挫折。需求挫折是由于人的心理需求不能满足所引起的挫折；行动挫折是人想采取的行动不能进行所引起的挫折；目标挫折是个体虽然已经采取了行动，但仍然达不到既定目标时所引起的挫折。

职业挫折，则是人们从事职业活动和个人职业生涯发展方面的需求不能满足、行动受到阻碍、目标未能达到的失落状态。例如，一个人要谋求某个职位但却屡屡不能得到；要想晋升部门经理却一直不能如愿；要想发挥才能却没有条件、无人识才；经过大量努力、做了大量工作，却由于主、客观的原因不能达到目标而陷于失败。

（二）职业挫折的意义

职业挫折是人生生涯中相当常见的一种社会现象。挫折本身当然不是好事，但生涯成功、人生辉煌的"好事多磨"恰恰"磨"在这些挫折上。我们分析职业挫折，是要使人们理性地认识挫折、正确地应对挫折、减少挫折发生的频率、降低挫折这种"磨难"对人的伤害程度。实际上，挫折也会磨炼人、造就人、缔造职业生涯的辉煌。须知"文王拘而演周易，仲尼厄而作春秋，屈原放逐乃赋离骚，左丘失明厥有国语，孙子膑脚兵法修列，不韦迁蜀世传吕览……诗三百篇，大抵是圣贤发愤之所为作也"。

（三）产生职业挫折的原因

产生职业挫折的原因包括以下几种：

（1）因人职不匹配导致的职业挫折。如果职业岗位对人的素质要求与从业者个人的能力和人格不相匹配，工作不能干好，自然会使人产生职业的挫折感。一个人处在工作难度很大，自己无法完成任务，与别人对比相形见绌的情况下，当然更会产生"自己无能"的挫折感。

（2）因才能不能发挥导致的职业挫折。当一个组织在对人的工作安排上大材小用，浪费了人才，个人觉得不能发挥专长时，会产生"被埋没"的挫折感。特别是领导者用人不公正，有人通过"关系学"而得到好职位，个人的能力不能够得到发挥时，这种基于价值判断的挫折感不仅会大大加强，而且会进一步造成挫折者个人与组织的离心离德。

（3）因组织本身的问题导致的职业挫折。在组织结构的设置及其运行中，不可避免会存在一定的问题。其中有的问题会影响人的工作、影响人的职业、影响人的生涯。在一个组织中，可能存在下述问题：上级领导的作风不民主，监督和控制过分严厉以致对员工进行惩罚；在组织中个人没有发表意见的机会，使员工失去主人翁的感觉；组织运行机制不健全和领导者不公正，导致劳动报酬不合理，提薪、晋级、升职不公平，员工的辛劳和贡献得不到承认；员工被当作"劳动力"，在工作中无法获得信任和尊重，发挥自身的才能与潜能方面的需要不能得到满足。这些组织方面的问题，都会使成员产生挫折感。

（4）因人际关系不佳导致的职业挫折。组织是由人构成的，在组织之中会存在一定的人际关系问题。诸如，上下级之间缺乏有效沟通；上级对下级不信任、不尊重；组织成员关系紧张，互相猜疑、嫉妒，人与人之间不能做到心理相容，等等。这会使组织成员的友爱、互助、合作需要得不到满足，从而使人产生职业生活的挫折感。

（5）因其他因素导致的挫折。工作的非人性化（如工作过于单调）、单位的工作时间安排不当、工作量过大等非正常压力、职业的社会评价不佳等等，都可能造成人的工作不顺利和工作成果得不到承认，进而导致职业挫折感。

二、职业挫折的反应与影响

人遇到挫折以后，会有一定的反应，并会对自己以至他人造成一定的影响。具体来说，职业挫折的反应与影响有以下几个方面：

（一）攻击行为

人遇到挫折的时候，自然会产生不满的情绪。当这种情绪发展到"愤怒"和难于控制的地步，就可能对阻碍满足自己需要的障碍做出反抗，形成攻击行为。

人的攻击行为可以分为直接攻击与转向攻击两种。直接攻击是把攻击矛头指向造成其挫折的人或物；转向攻击是遇到挫折的个人把攻击的矛头发生转移，指向与挫折原因无关的目标，例如，夫妻吵架后第二天上班却向同事发火。

造成个人转向攻击的情境有 3 种：

（1）由于造成自己挫折的对象所处地位、角色等因素的影响，或者挫折者出于利益和道德等方面的考虑，而不能直接攻击、不能把愤怒的情绪直接发泄到对象身上，于是"迁怒于他人"。

（2）造成自己挫折的原因不清，对象不明，例如，有流言蜚语损害了个人声誉，但自己又不知道流言蜚语的制造者是谁，这时就可能"乱发邪火"。

（3）当受到挫折的人感到无能为力，不敢面对现实时，也可能把攻击的矛头指向自己。例如，一些人在遭受挫折后进行严厉的自责、自虐甚至自杀。

人在职业活动以至职业生涯方面受到挫折时，会有着不同的攻击行为。"迁怒于人"和"自我攻击"显然不是好的对策；对于工作、事业和职业生涯本身的目标和手段进行攻击（包括直接攻击和间接攻击），则是人们应当采取的正确态度。有的人从事某项工作失败了，虽失败但不泄气，转而采取别的措施和方法，对完成这项工作目标作进一步努力。

（二）目标转换

有的人在一项事业上遇到障碍时，转为攻击其他的目标。在这种情况下，比较好的选择是，具体目标虽然变化，但不离开大目标、另起炉灶，所选择的攻击目标与原攻击目标有一定的联系。例如，一个人做服装生意亏损了，转而从事食品批发，或饭店经营，而不是去开矿。这可以把以前商业经营的渠道、方法、技能等迁移过来，以减少职业生涯发展过程中不必要的时间耗费。

（三）冷漠态度

冷漠是指个人受到挫折后不以愤怒和攻击的形式表现，而是采取一种无动于衷的冷淡态度。实际上，挫折者绝不是没有心理上的不满和愤怒情绪，而只是将这种情绪反应暂时压抑下去，在外部行为上表现出对造成自己的挫折沉默冷淡的样子。当一个人在职业中受到挫折又无法脱离这种工作时，往往会产生冷漠的反应，其结果是对工作丧失热情，以至消极怠工。

（四）行为退化

退化反应是指人在遭受挫折后，做出与其年龄不相称的幼稚行为。其行为表现似乎有回复到儿童时期的习惯与行为方式。例如，有的人在遭受挫折后大哭大闹、撒泼打滚；有的人在受挫折后盲目地追随和相信别人。从职业生涯的角度看，一个人受到挫折，也可能会有行为退化，从一定层次的职业阶梯位置下行，去从事那些相对简单、低级的工作，而不能使职业维持和前进。

（五）固执反应

固执反应是指人受到挫折以后，执意地重复某些已经失败了的行动。在大多数情况下，这些挫折、失败后的重复性活动是没有效果的，是在作无用功。一般来说，人遭受职业挫折以后，应当进行反思，要对自己所从事活动的目标、方法进行必要的调整，而不能完全沿袭过去的行为，遭受重复性的失败。但有时执著也能够带来新的生路，这往往是在工作和生涯的大目标没有发生错误的情况下，执著给人带来（实际上是等来了）了外界或组织内部的机遇。

三、培养对挫折的承受力

人在受到挫折时，也可能会主动或被动地进行抵抗，进而生成对挫折的承受能力。正如一个人感冒发烧后，会形成对某种病菌的抵抗力。这种对挫折的抵抗力，被人们称为"挫折商"。所谓挫折商，就是个人在遭受挫折的时候能否经得起打击、失败的心理品质。

一个人在职业生活中，在事业发展中遇到挫折，是不可避免的。有的人历尽艰险，屡遭挫折，仍然坚忍不拔、百折不挠，这意味着他们的挫折商很高；有的人稍遇坎坷就一蹶不振、消极颓废，这反映了他们的挫折商很低。由于挫折商的水平不同，人们对于同样的挫折，会有不同的心理和行为反应。例如，同为高考失利，有的人痛苦万分，感到前途无望、无地自容，甚至轻生；有的人则心怀坦荡，不太在乎，一笑了之，所想的是"这一年如何创造条件，大幅度提高水平，下一次如何取得好成绩"。

应该指出，如果遇挫折就悲观失望，长时间陷入痛苦，不但对工作不利、对事业不利，对自己今后生涯的合理设计、正确选择不利，而且对自己的身心健康也不利。

因此，达到比较高的抗挫折水平，对于个人有效地适应职业环境、维持正常的心理和行为是非常重要的，也是抵抗生涯道路上遭遇困难所不可缺少的。

四、职业挫折的克服

（一）正确认识挫折

人们从事工作、学习、研究、创造活动，都是在一定的自然环境、社会环境、人文环境和组织环境中进行的。保持这些活动的顺利，当然是人们的共同愿望，但维持职业生涯永远一帆风顺而不出现挫折，只是脱离实际的幻想。要知道，人们所设定生涯目标的实现过程，受到种种条件的限制，不可能毫无阻碍地完全实现。因此，应当对挫折有充分的心理准备，以达观、坦然的态度对待挫折，这样，在遇到挫折时就不至于过分激动和苦恼，而是保持冷静的态度，比较理智地分析造成挫折的原因，根据自身职业发展的各种条件，做出相应的对策。

（二）采取针对性措施

造成挫折的原因有多种多样，因此，对具体问题一定要做具体分析，寻找原因，找到适合自己的解决办法。在此，列举一些主要原因和对策：

1. 个人的水平问题

在一个人感觉到从事工作力不从心甚至有很大困难，而同事在相同的情境却很轻松时，说明自己存在着专业水平、技能水平低于职业岗位要求的能力素质问题。有这种问题的人为数不少，甚至有些高文凭者也存在。这时，就不得不重新"充电"，接受培训，以使自己扭转颓势，不致被单位排斥出来和落在社会的后面。在学习内容的选择方面，可根据实际需要和客观条件，参加一些培训班。如果这样做困难较大、难于兼顾，也可以考虑放弃现在的岗位，脱产学习，集中精力完成学业，再图发展。显然，后者所付出的时间成本要很大。

2. 不熟悉工作的问题

与上述情况有所区别的是，一个人的基本素质较好，能够胜任职业岗位，只是在实际工作中不能很好地应用理论知识，尚需一个"磨合期"。这种挫折显然是比较小的挫折，是人的职业生涯很正常的挫折。这里把它作为挫折加以分析，有益于人们重视这一问题，恰当地解决这一问题。

当一个人处在"不熟悉工作"的情况时，需要在职业岗位上多加锻炼，从实践中学习，要多听、多看、多问其他人是怎么做的，从中吸取宝贵的职业技能经验以及生涯发展的经验。

3. 组织环境不好的问题

如果一个人不适应组织的文化，与同事不能和谐相处甚至难于相容时，或者有能力而在单位中被压制，特别是一个单位存在着严重的不公平、领导对自己有成见从而对自己的发展存在障碍时，就需要考虑"树挪死、人挪活"的办法，在适当的时候考虑去一个更能发挥自己特长或者自己更加喜欢的工作环境。

4. 职业选择失误的问题

如果一个人在职业生涯一开始时就选择失误，在工作实践中已经发现这个职业根本不可能做好，就应该马上了断，重新选择职业，以找到适合自己的岗位，让自己轻松、愉快地工作。如果一个人的生涯道路已经走了比较长时，事情就不那么容易了。这时是在从事着一种"非零决策"，即已有一定基础和负担，而不是完全自由的决策。

在对职业生涯再次选择的时候，应当根据个人的条件、组织与自己的相容性和社会能够给予自己的机会，进行"维持"和"离开"两种方向的成本—收益分析比较，作出决策。如果选择"离开"的道路，则要有慎重和严密的考虑，应当在进行类似"可行性研究"的分析以后再做出决策。

（三）纾解挫折情绪

遭遇挫折在所难免。一个人既然在生涯中已经遇到挫折，成为历史，再想避免是不可能的，只有正确对待。达观、乐观是对待挫折的心理准则，改善外部环境，纾解情绪是减缓受挫折心理的重要途径。

纾解挫折情绪的方法有：暂时脱离受挫折的情境，避免"触景生情"，减弱受挫折后的不快心情；为受挫折者提供良好的人际环境，提供关怀，使其感到温暖，使其尽快从郁闷、痛苦的情绪中解脱出来；避免对受挫折者采取冷淡、疏远和训斥态度；变换活动内容、转移心理关注方向，忘却挫折之事等。纾解情绪，有时受挫折者自己就可以实现，有时则要亲人、朋友、同事、领导等帮助，才能够达到。

（四）适当进行宣泄

宣泄，是通过某种渠道，采取一定的方法，使自己把受挫折后的压抑情感表达出来，以减轻受挫折的心理压力，逐步回到正常的精神状态。例如，向亲人和知心朋友倾诉自己的不快和愤懑；在空旷之处大喊几声；写一封给导致挫折者的信（不必发出）来发泄自己的不满，等等。这虽然不是解决挫折问题的根本办法，但也不失为一种缓解痛苦情绪的有效方法。

（五）提高挫折商

提高挫折商是应付挫折的根本措施，是生涯成功的重要条件。思想成熟、有修养的人往往具有很高的挫折商，他们无论在遇到什么样的挫折时，都能保持乐观向上的情绪。通过陶冶情操、宽阔胸怀、加强修养、培养意志等方式，提高挫折商水平。据有关专家研究，挫折商的水平主要是在人的早年活动挫折时受到权威人物（父母、老师等）反复评价的作用下形成的，如果权威人物以体谅或鼓励为主，挫折商就高；如果权威人物一再叱责或打击，挫折商就低。当然，在人们成年以后，挫折商仍然可能通过教育训练等途径加以改善。

人的职业生涯际遇和挫折商水平之间，也有着一定的互动关系。要努力通过各种办法提高挫折商，这样在生涯遭遇挫折时就比较坚强，这又进一步强化了人的高挫折商，从而改善自己的职业生涯。

【案例评析】

王路，某大学2006届毕业生。该生在校期间，曾任校学生会主席，品学兼优，处事老练，威信颇高。2006年国家全面推行公务员考试录用制度，经过深思熟虑之后，他依照自己的特点，认为到政府机关比较适合自己的发展，遂义无反顾地报名参加了本省省府机关公务员考试。因基本功扎实，再加上准备充分，考试几乎没有遇到多少困难，便得以如愿以偿。7月初他告别母校，高兴地去新单位报到。王路坚信，凭自己的智力和才能，只要工作认真卖力，不怕吃苦，显然无需多久，就能在机关里崭露头角，体现自己的价值。没想到，头两个月的工作竟是如此地无聊，无聊得他每天可以喝两壶开水，看八份报纸。由于需要他的处室当时还没成立，他被暂时挂在人事处，就像一个被遗忘的人，没有人叫他干什么，更没有人教他干什么，除了每天擦擦桌子、扫扫地外，似乎所有的工作就只剩下看看天上的云彩了。这时，他感到了惆怅、失落和迷茫。

另一位青年朋友也有着类似于王路的这种感受，他这样说："大学毕业的头两年，似乎是我人生中最痛苦、最茫然的一个时期。"

请你结合以上案例，谈一谈你对大学生步入社会后及早实现角色转换的认识，你准备如何度过职业适应期？

第十章　大学生自主创业

创业，即创立事业。本章重点讲述大学生自主创业的基础知识、大学生自主创业的基本思路以及自主创业中的常见问题及对策。

第一节　创业基础知识

一、自主创业的含义

大学生自主创业就是大学生改变传统的就业观念，利用自己的知识、才能和技术创办新的就业岗位，即大学毕业生不做现有就业岗位的竞争者，而是为自己、为社会更多的人创造就业机会。

创业是一个人潜在价值自我表现实现的一条重要通道。千千万万的创业者之所以能够取得成功，首先在于抓住了生命中那些稍纵即逝的机遇，正如美国企业家协会的信条所说："通过发现并捕捉而成为一个创业者，通过创业而使自己成为一个有建树的人。"那么，对于创业，究竟该如何理解呢？

创业的英文单词为"venture"，在英语中用作动词时有冒险的意思；在创业管理理论中，"创业"是一个具有特定内涵的学术术语，指"通过产品和市场创新创建新的企业的过程"。事实上，不同的创业理论学派之间对"创业"内涵的理解也存在较大的差异。

创业实质上是就业的一种表现形式，不同的是，创业具有自己独特的内涵：

（1）创业是一种创新活动。创新蕴涵着从无到有，从小到大，由旧变新的过程，因此，新事物、新价值、新内容、新功能是创业的本质含义，这也意味着要完成创业过程，就必须付出艰辛的劳动。

（2）创业是一种存在风险的活动。创业存在风险，是指创业结果的不确定性。当前的创业大多发生在高科技产业，如信息 生物、新材料、新能源等，并且更多的是凭借创业者的高智力劳动进行的。高智力劳动使创新过程更难以把握，创新结果的不确定性更大，这也就加剧了创业的风险，所以，强化风险意识，尽早化解风险，是创业者在创业活动中最重要、最紧迫的任务之一，即使在比较成熟的大企业的创业活动中也不例外。例如联想集团提出"联想要长远地发展下去，每个联想人都必须要树立自己的危机意识，居安思危，放下从前的成就，培养我们白手起家、从头再来的本领"。

（3）创业活动是在企业管理过程中实现的。一个真正的创业者在制定创业计划、组织创业资源时，便已经开始了创业管理活动。对于企业发展来说，任何意义的创业行为，最终都必须转化为有效的管理行为。所以，有效的创业管理，是创业成功不可或缺的因素和有利的保障。

自主创业不论对创业者本人还是社会都具有重要的意义，通过自己的创业，创业者可以获得可观的收入，创业过程本身又可以锤炼一个人的意志和信念，并实现自己为社会做贡献的崇高理想；同时，自主创业还可以为社会创造更多的就业机会，缓解社会的就业压力。

二、创业者必备的基本素质

创业是一项非常具有挑战性的社会活动，是对创业者自身智慧能力、气魄胆识的一种全方位的考验。创业者要想取得成功，其自身必须具备基本的创业素质。创业基本素质包括创业意识、创业心理品质、创业能力和创业知识结构 4 大要素。

1. 创业意识

创业者应该具有强烈的创业意识。要想取得创业的成功，创业者必须具有创业的意识，对市场进行长期细致的观察和思考。创业的成功是思想上长期准备的结果。没有强烈的创业意识，也不易克服创业道路上的各种困难。事业的成功总是属于有思想准备的人，创业成功也属于有创业意识的人。

2. 创业心理素质

创业心理素质是指在创业实践过程中对人的心理行为起调节作用的个性特征。它与气质、性格关系密切。其核心是意志和情感。气质反映一个人的心理素质，在一定程度上影响着创业的成功。为此，创业者应当考虑自己的特点及创业实际，使气质与职业之间合理匹配，扬长避短，充分发挥自己的气质优势，促进创业的成功。作为创业者，他的自我意识特征应为自信和自主；他的性格应刚强、坚持、果断和开朗；他的情感应更富有理性色彩。成功的创业者大多是不以物喜，不以己悲的，面对成功和胜利不沾沾自喜，得意忘形；在碰到困难、挫折和失败时不灰心丧气，消极悲观。

3. 创业能力

强烈的创业意识是创业活动产生的源泉和动力，而创业能力则是创业者能否获取创业成功的保证。创业能力是一种特殊能力，除了具有能力的一般含义外，还有自己的独特内涵。首先，创业能力是促使创业实践活动顺利进行的主体心理条件；其次，创业能力比其他能力具有更强的综合性和创造性；再次，创业能力是知识、技能经过类化、概括化后形成的，表现为复杂而协调的行为动作。创业能力主要有专业技术能力、经营管理能力、知识管理能力、综合能力等。

4. 创业知识结构

即创业者所掌握的专业、职业方面的知识以及经营和管理方面的综合知识。创业者的知识素质对创业起着举足轻重的作用。在知识大爆炸、竞争日益激烈的今天，单凭热情、勇气、经验或只有单一专业知识，要想成功创业是很困难的。创业者要进行创造性思维，要做出正确决策，必须掌握广博知识，具有一专多能的知识结构。具体来说，创业者应该具有以下几方面的知识：做到用足、用活政策，依法行事，用法律维护自己的合法权益；了解科学的经营管理知识和方法，提高管理水平；掌握与本行业本企业相关的科学技术知识，依靠科技进步增强竞争能力；具备市场经济方面的知识，如财务会计、市场营销、国际贸易、国际金融等；具备一些历史、地理、社会生活、文学、艺术等方面的知识。

三、企业创办基本法律知识

(一)创业应了解的法律

开始创业前,需要了解我国的基本法律环境。我国尚处于社会主义市场经济的初级阶段,在许多领域仍有很多计划经济的痕迹,政府对经济的管制还比较多,许多经营项目需经审批,行政检查比较多,税外费用也时有发生。随着政府经济管理水平和企业自律能力的提高,上述问题将逐步得到解决。

我国是成文法国家,执法和司法均以法律、法规、规章以及规范性文件为依据,判例不是法律,没有普遍约束力,但具有越来越大的参考意义,特别是最高人民法院公布的案例。

设立企业从事经营活动,必须到工商行政管理部门办理登记手续,领取营业执照,如果从事特定行业的经营活动,还须事先取得相关主管部门的批准文件。我国企业立法已经不再延续按企业所有制立法的旧模式,而是按企业组织形式分别立法,根据《民法通则》《公司法》《合伙企业法》《个人独资企业法》等法律的规定,企业的组织形式可以是股份有限公司、有限责任公司、合伙企业、个人独资企业,其中以有限责任公司最为常见。设立企业您还需要了解《企业登记管理条例》《公司登记管理条例》等工商管理法规、规章。设立特定行业的企业,还有必要了解有关开发区、高科技园区、软件园区(基地)等方面的法规、规章、有关地方规定,这样有助于选择创业地点,以享受税收等优惠政策。

我国实行法定注册资本制,如果不是以货币资金出资,而是以实物、知识产权等无形资产或股权、债权等出资,还需要了解有关出资、资产评估等法规规定。

企业设立后,需要税务登记,需要会计人员处理财务,这其中涉及税法和财务制度,需要了解企业需要缴纳哪些税?营业税、增值税、所得税等等,还需要了解哪些支出可以进成本,开办费、固定资产怎么摊销等等。需要聘用员工,这其中涉及劳动法和社会保险问题,需要了解劳动合同、试用期、服务期、商业秘密、竞业禁止、工伤、养老金、住房公积金、医疗保险、失业保险等诸多规定。还需要处理知识产权问题,既不能侵犯别人的知识产权,又要建立自己的知识产权保护体系,需要了解著作权、商标、域名、商号、专利、技术秘密等各自的保护方法。在业务中还要了解《合同法》《担保法》《票据法》等基本民商事法律以及行业管理的法律法规。

以上只是简单列举创业常用的法律,在企业实际运作中还会遇到大量法律问题,需要对这些问题有一些基本的了解,专业问题须由律师去处理。

(二)企业法律形式

根据我国相关法律的规定,创业者可以选择有限责任公司、股份有限公司、合伙和个人独资等企业形式。股份有限公司由于注册资本要求较高,且需经省级政府的批准,不为一般的创业者所采用。合伙和个人独资因创业者须承担无限责任,选择这两种企业形式的也相对较少。有限责任公司是绝大多数创业者所乐于采用的组织形式。表10-1为3种企业形式的对比。

表 10 – 1　3 种企业形式的对比

项　目	有限责任公司	合伙企业	个人独资企业
法律依据	公司法（自 2014 年 3 月 1 日起施行）	合伙企业法（自 2014 年 3 月 1 日起施行）	个人独资企业法（自 2014 年 3 月 1 日起施行）
法律基础	公司章程	合伙协议	无章程或协议
法律地位	企业法人	非法人营利性组织	非法人经营主体
责任形式	有限责任	无限连带责任	无限责任
投资者	无特别要求，法人、自然人皆可	完全民事行为能力的自然人，法律、行政法规禁止从事营利性活动的人除外	完全民事行为能力的自然人，法律、行政法规禁止从事营利性活动的人除外
注册资本	最低 3 万元	协议约定	投资者申报
出　资	法定：货币、实物、工业产权、非专利技术、土地使用权	约定：货币、实物、土地使用权、知识产权或者其他财产权利、劳务	投资者申报
出资评估	必须委托评估机构	可协商确定或评估	投资者决定
成立日期	营业执照签发日期	营业执照签发日期	营业执照签发日期
章程或协议生效条件	公司成立	合伙人签章	（无）
财产权性质	法人财产权	合伙人共同共有	投资者个人所有
财产管理使用	公司机关	全体合伙人	投资者
出资转让	股东过半数同意	一致同意	可继承
经营主体	股东不一定参加经营	合伙人共同经营	投资者及其委托人
事务决定权	股东会	全体合伙人或从约定	投资者个人
事务执行	公司机关、一般股东无权代表	合伙人权利同等	投资者或其委托人
利亏分担	投资比例	约定，未约定则均分	投资者个人
解散程序	注销并公告	注销	注销
解散后义务	无	5 年内承担责任	5 年内承担责任

第二节　创业路径选择

一、了解自主创业的行业现状

为了获取经验，大学毕业生应树立起"先就业，后择业，再创业"的新认识，走一条面对现实，降低起点，先融入社会再寻求发展的道路。"先就业，后择业，再创业"就是大学生毕业时，只要有条件基本认可的单位接纳，就应采取选择职业。有了一段就业和择业的经历，自己各方面的能力都有所提高，当具备了创业的自信心和一定的主观条件，客观上时机也到来时,可以考虑走创业之路。这是一种完善自我、减少创业风险的好途径,但也不能苛求每个人都这样循规蹈矩。对有一定知识产权、发明创造的毕业生,可将自己的技术作为资本投入企业或自己开办公司直接进入创业阶段。对大多数毕业生而言,通常都应有一个"先就业,后择业,再创业"的过程,这种就业观是以职业流动观、创业观等取代就业观为基础,并符合市场经济发展规律的。这种就业观是一个有志有为青年在市场经济环境下奋力拼搏、追求发展、事业有成的鲜明写照,是人生事业发展的三部曲。

当确定了创业的志向后,不一定能立即实现,除了创造必备的条件外,必须在思想上做好准备。首先,要有创业的坚定信念。因为一个人的信念具有不可思议的力量。其次,要树立终身创业的意识。创业就是激励自己,开发自己最大的潜能,发现和挖掘通往成功的潜在时机。创业就是创造,创造新的就业岗位,创造新的成功机遇,创造新的富于挑战的人生。只有立志不断创造,才能提高创业成功的概率。第三,勇敢地走向市场,走向竞争。在瞬息万变的社会里,只有适者才能生存。因此,为了达到上述目的,必须一步一步地进行心理激励并重新认识自我。

有了创业的志向,但主客观条件不具备时,可以先就业。即使从事的工作与创业的志向不一致,也必须为了解决基本生活问题先稳定下来。当基本条件成熟,可以先进入想创业的行业,目的是为了观察、了解和熟悉该行业。因为对特定行业熟悉是创业成功的基础。仔细观察各行各业,成功的关键只在"熟悉"二字。熟悉一个行业到一定程度,研究它的规律,具备比较成熟的业务关系和一定量的资金,才可以自己创业。

能够选择自己熟悉并喜欢的行业去创业是最佳的。比尔·盖茨为什么选择了电脑而不改行?因为他喜欢电脑。沃伦·巴菲特(美国第二大富翁)为什么不建汽车厂?因为他熟悉金融市场,能从股票市场找到赚钱的感觉。有一条规律对有志创业者是有用的:一年入行,二年入门,三年有小成。如果不敢确定自己是天才,那么熟悉想创业的行业,选择创业时机,预测创业结果,最终付诸行动,这条规律人人都可以作为参考。

由此可见,创业成功者的秘诀就是对行业的熟悉再加上勤奋和自信心。许多工作、许多行业需要的是熟悉、熟悉、再熟悉,而不是天才。只有熟悉以后,才能总结出规律,找到成功的诀窍。

【案例评析】

江喜允——自主创业 3 年产值超千万

江喜允是深圳技师学院数控技术专业 2006 届毕业生,2001 年他初中毕业后考入深圳技师学院学习数控技术,通过 5 年的刻苦学习,扎实掌握了数控机床的相关知识和技能。

2005 年,在学校的安排下他进入先进微电子公司实习,半年的实习大大开拓了他的眼界,他萌发了毕业后凭借一技之长自主创业的想法。2006 年,班上的同学都进入数控机床行业的相关单位工作,而江喜允却坚定地选择了创业之路。

他与几个志同道合的朋友创立了深圳市钜匠科技有限公司,并担任总经理。通过对深圳数控机床生产企业和市场的深入调查,他发现深圳和珠江三角洲是中国乃至世界最大的手机生产基地,与手机制造配套的数控机床需求巨大,而其中高速雕刻机和高速雕铣机存在较大的机会。通过 2 个月夜以继日的研究,第一台雕铣机终于研制出来了。经过客户试用,评价非常好，江喜允终于松了一口气，他马上开展市场推广，参加数控机床行业展览会。创业当年，营业额达到 250 万，第二年，产值达到 600 万元。江喜允继续开发新产品，重新租赁了新的厂房，进一步扩大生产规模，第三年公司产值超过 1000 万元。

目前，钜匠科技公司已经成为深圳和珠三角手板行业市场占有率名列前茅的专业数控雕刻机制造企业，每月产量达 60 台，产品供不应求，客户需要提前半年订货，产品销往全国各地。由于技术含量较高，国内部分开设数控机床专业的大学也向他订购雕刻机，作为教学和科研设备使用。

从江喜允创业成功的案例可以看出，大学生自主创业成功与否，与学生本身的学历高低、所学专业无关，也与创业者自身所处的行业领域、所拥有的地理条件等没有必然联系，但却与创业前的心理准备、市场调研、团队选择，创业中的目的确定、计划制定与落实，创业后审时度势、努力坚持、适时改变等息息相关。如果创业前，创业者来自于某一领域，对该领域的政府政策、市场供求、技术发展状况等有较深入的了解，就有助于提高创业成功的可能性。

二、在实践中成长

对想要创业的大学生而言，修炼自我的过程，单凭在学校中学习是不能完成的，在实践中完成自我修炼是基本途径。欲创业的大学生具体应从哪些方面修炼自己，掌握创业的本领呢？

（1）了解和熟悉企业产品的生产工艺、原材料购进渠道、产品的销售渠道，这是创业者应具备的基本常识，即明确生产什么、如何生产、原材料从何而来、产品又如何销售出去等问题。

（2）了解该企业产品的特点、优势和劣势。不同企业生产的同类产品，除了有共同的基本功能外，通常都有各自的特色。通过比较分析，博采众长，设计出更能满足消费者需要的产品，为创业产品做好准备。

（3）了解企业的机构设置和管理方式。企业管理界有一句话："管理无定式"，意思是说企业的管理没有固定模式可循，因为不同行业、不同产品、不同的技术条件，甚至不同的地域和人文环境都会影响管理方式和组织机构的设置，所以，对未来企业的管理设想不能局限于理论或某一企业的模式，应了解现有企业的管理现状，分析不足，总结归纳，为创办企业做好准备。

（4）预测市场前景。在企业各部门工作可以有机会观察市场的需求变化，预测产品的市场前景。因为任何一种产品都有其生命周期，在产品成长期投入该行业风险最小。了解和掌握了这些规律，就会为成功创业打下良好的基础。

通过这一过程的锻炼，熟悉和了解了该行业的现状及未来发展前景，当时机成熟时，就可以尝试创业。

三、借助外部力量

创业获取财富，最重要的办法是善于借助外部力量，这也是创业的必修课程。

初创业的人资金有限、经验不足，有了机会，自己却没有力量去干。在这种情况下，最好能合作共赢，即利用合作伙伴的资金、产品、团队共同发展，共享利润。每个企业各有各自的优势，有的有销售渠道；有的有人脉关系；有的信息灵通；有的掌握着新产品的技术专利。在这些情况下，创业者可以用技术、信息、销售渠道、关系网、智慧作股本与他人合作，得利后按比例分成。这样做虽然不如独自经营获利大，但可以化解风险，同时也可减少自己资金数量小的制约。

经济生活中风险与收益是成正比的。一般来说，风险大，收益也大，风险小，收益也小。例如，市场上一种新产品或服务业的出现，通常会产生两种截然相反的结果。一种是企业提供的产品和服务供不应求，价格必然高于价值，收益也大；另一种是企业提供的产品和服务，由于各种原因得不到消费者的认可，就可能产生投入资金后没有收益甚至亏损的结果。这就是风险所在，也正是大多数人望而却步的原因。对于已经有了一定基础，且有多项业务的公司，为了赢得较多的利润，有时冒点风险是必要的，也是可以的。如果企业是多元化经营，东方不亮西方亮，这儿赔了，那儿却赚了，企业还可以存在下去。但是，对于初创业者来说，应该尽量避免做风险大的事情，应该尽量用不多的资金投入风险小、规模也较小的事业中去。先赚小钱，再赚大钱，积少成多，滚动发展。等资金雄厚了，再干大事业。

四、发挥自己的知识优势

随着知识经济的到来，人类社会将进入知识社会。知识社会将是一个依赖知识和知识工作者的社会。美国管理专家彼得·德鲁克认为，在知识社会，知识工作者虽然不占绝大多数，但是知识工作者代表了知识社会的性质和形象。知识工作者可能不是知识社会的统治阶级，但他们肯定是知识社会的领导阶级。

知识创业是促进科学技术进步和高新技术产业化的决定性因素。经济的知识化和知识的资本化使创业行为发生在社会生活的各个角落，使创业成为更多知识工作者的最佳选择。在科学技术日新月异的今天，无论从创业行为实现的价值或是从实现这种价值的机会衡量，几乎都是无限的。由于计算机、通信等信息技术的发展，改变了人们对时间、空间、知识（智力）的理解，同时也改变了人们对需求、市场、管理、价值、财富等要领的基本认知。人类正在走向知识经济时代，这使企业形式也呈现出多样化的趋势，一些新的创业形式纷纷出现，包括大公司创办的小公司、学生创办的公司、个人公司、为一个客户服务的公司等等。

大学毕业生作为知识工作者中的一分子，在创业过程中应充分发挥自己的知识优势。在知识经济时代，知识工作者的创业优势主要有以下几点：

（1）创业将更加容易。由于信息产业的出现与壮大，人们获取市场信息的渠道更快捷、更容易。技术的日新月异、市场的快速变化、人们生活节奏的变化，使创业机会大大增多。根据市场的需要、企业的需要以及技术的需要进行创业构思并实践，是每个正常人都能做到的。在知识经济时代，只要有知识人人都可以找到创业的机会。

（2）创业使得学生与老师、学习与工作、企业与社会的界限更加模糊，当今，知识的快速更新要求人们在工作中不断学习，使以往存在于人们头脑中"学习是吸纳知识，工作是使用知识"的简单认知发生了改变，学习与工作的界限逐渐模糊。这在美国硅谷的企业以及中关村的高新技术企业中体现得很明显，由于企业与社会界限的模糊，出现了许多创业的新模式。例如在公司内创建子公司、鼓励与吸纳新创企业、公司支持员工在社会上创业等。

（3）创业与成功的距离更拉近了。由于创业环境大大改善，创业所需要的信息可以快捷、低廉地获得，创业所需的资金也可以从风险投资家那里得到，届时，由于企业孵化器和创业中心的大量出现，加之资本市场的发育成熟，从开始创业到成功、从投入到回报所花费的时间比以往任何时间都短。

（4）创业的源泉大大增加了。由于知识与技术获取渠道的增多，技术创造者与技术掌握者已经不是主要的创业者来源，知识与技术能够面对更多的选择，创业行为将更加普遍。

（5）利用技术或构思进行创业将更加普通。创业团队的要领将被接受。创业团队是拥有技术、管理等各种专门技能的创业人才的自愿组合。创业者在形成了基于市场需求的创业构思后，无论他是管理者还是技术掌握者，都可以去寻求技术掌握者或管理天才而形成创业团体。

五、运用自身特长

特长是一个人最熟悉、最擅长的某种技艺，它最容易表现一个人在某种行业的能力和才华。事实证明，能够发挥自己特长的事业是最容易取得成功的事业。因此，当你选择了能够发挥自己的最大特长的事业时，实际上就意味着你已经在创业的道路上步入了成功的开端。所以，在走向创业之路之前，首先要尽可能诚实并客观地回答这样一个简单的问题：我究竟有哪方面的特长？我的这些物质能作为我创业时选择行业的依据吗？了解自己的特长，并确定这些特长是否就是你的爱好，就可以很从容地对自己将要从事的事业做出选择。想一想自己周围的或从书上读到的有关创业的成功经验，很多人似乎都是在创业活动中发挥了自己的特长。如果想成功，就应该向他们学习。

一个人往往具有许多方面的特长，比如你喜欢写作或擅长进行商业咨询以及生物学研究等等。你在选择创业行业之初，往往觉得有些眼花缭乱，可能将自己所有的特长都在心中设计成创业的各种方案，但要在多个方案中做出优化选择似乎并不十分容易。其实，选择方案的过程就是对自己的特长选择过程，即在许多方面的特长中，选择自己特长中的特长。这样就会将自己的最大特长转化为创业行业，并在创业致富的道路上不断走下去。

此外，在多种特长中，选择了自己最好的特长作为创业之始，你会由于自己的特长得到了淋漓尽致的发挥而处于高度兴奋之中，你的灵感会不断地涌现出来，从而使你不断地创造出能够为自己赚取金钱的好主意。而且，你的创造力越是丰富，获得新的创意的可能性也就越大，而新的创意会使你走向富裕。如何选择创业行业，并没有统一不变的固定模式。不同的人，所处的社会环境不同，选择创业行业的标准也不同。创业行业的选择，不仅仅是一个理论问题，而更重要的是一个实践问题。当然，创业行业的选择还有许多应该考虑的因素，例如社会风尚、国家关于创业的有关法律条文和个人的投资能力、资金状况等等。这些因素都是在选择创业行业时应该予以考虑的。实践证明，在"八仙过海、各显神通"的创业大潮中，凡有一技之长者往往独占鳌头。

六、精心制定创业方案

创业的方案是以可行性研究的结果为基础制定的创业实施计划，是创业的蓝图和行为纲领。美国电气公司经理索伯说过："当一个相信自己的计划就像二加二等于四一样自然时，他就根本不需要勇气了。他只要遵照去做，就已经踏在了当然的成功之路上，而不是提心吊胆地在迷路上打转。"许多成功的人，常常是你还在替他提心吊胆之时，他就已昂首前进，并达到了成功。因为他对自己所跨出的每一步，都已做好了周全的预定计划。

创业实施计划（即商业计划，Business Plan）是为了保证创业投资行为的正确性，对投资项目的必要性、可能性和经济效益所进行的认真分析。

可行性研究是创业者在投资项目的建立和选择的过程中由浅入深、由粗到细分步完成的。首先是机会研究，即创业者对投资的初步设想所进行的概括性分析，以便确定投资的必要性和可能性的基本因素；其次是初步可行性研究，它是在有了项目概貌的基础上，对关键性的问题进行专题研究，如市场的需求问题等；最后是详细可行性研究，它是在认真调查、掌握足够信息资料的基础上，对项目进行系统分析。其结果应是诞生一个或几个认为较优的方案。创业者通过对不同方案利弊的比较，进行选择决定。

产品或项目的可行性研究内容包括4个方面：

（1）市场研究。市场研究是可行性研究的起点，因为有市场需求的产品或服务才有必要投资。市场研究包括产品分析研究，潜在市场分析研究，产品销售分析研究，产品价格分析研究，目标市场分析研究等。

（2）技术研究。技术研究的目的是为了确定制造工艺流程、机器设备的技术指标和生产能力、厂址、原材料及设备的供应来源和公用基础设施等。通过技术研究，可以确定技术上可行的最优方案。

（3）财务研究。财务研究一方面是对创业项目所需投资额的研究，即估算该项目的前期准备费用及正常运营所需的资金额；另一方面是对资金筹措方式的研究，即说明实际或可能的资金来源，包括自有资金、各种贷款及其偿还条件。因为资金是创业最基本的条件之一。此外，由于成本是确定产品或服务价格的重要依据之一，并对项目的经济评价结果有很大影响，所以还需对生产或服务成本进行研究。

（4）管理研究。有效的管理才能使创业项目计划得以实现，因此需要针对创业项目开展的不同阶段研究不同的管理方法和手段。

七、注重质量管理和企业形象

初创企业，没有知名度，没有关系，没有顾客，靠什么立足？只能是质量。产品必须经得住实用的考验，服务必须要高人一等，所提供的产品或服务的质量一定要慎之又慎，只有这样，才能把握住生存的机会。

（1）质量管理的全面性。常说的"质量"是指产品质量，指产品的适用性，即产品要满足使用要求所应具备的特征，一般包括性能、寿命、可靠性、安全性、经济性。但要想保证产品的质量，就要保证在产品生产过程中每一个程度、每一道工序的质量。因此，质量管理贯穿在产品生产服务的每一个环节和步骤上。欧洲质量管理专家兰纳德·桑德霍尔姆在其质量控制循环过程理论中，把全过程的质量管理分为八个步骤：①市场研究中的质量管理；②产品定义、产品开发中的质量定位；③制造工艺对质量的确定；④采购中的质量管理；⑤生产现场的质量管理；⑥检验中的质量管理；⑦销售过程的质量管理；⑧售后服务中的质量管理。全面的质量管理，就是针对这些环节中影响质量的因素进行改善与控制，实现管理的目标。

（2）质量形象和质量精神的树立。应该说，质量形象是企业的无形财富和宝贵资源。通过建立良好的质量形象，企业才能在竞争激烈的市场中站稳脚跟并发展壮大。一般影响企业质量形象主要有四方面的原因：①产品质量形象方面，如品级率、质量性能、达标率、一次合格率、返修率、外观质量、新产品功能等；②服务质量形象方面，如服务方式、服务态度、服务范围、顾客满意率、纠纷频数等；③环境质量形象方面，如环境卫生、环境保护、布局满意程度和绿化比率等；④人员素质形象方面，如文化知识水平、质量培训和教育程度、管理人员对质量的态度、文明礼貌水平等。

第三节　创业准备工作

大学生要想自主创业成功，应提前做好心理准备、资金准备、知识准备、人脉准备等几个方面的准备。

一、心理准备

（一）坚定的自信心

坚强的自信心是成功的来源。无论一个人的才华有多大，天资有多高，如果没有坚定的自信力还是不行的。"天生我材必有用"，大学生应该始终把成功的可能性建立在自己身上，沿着自己的理想，发挥无限的生命力和创造力。

（二）梦想和强烈的进取心

强烈的进取心是实现梦想，取得成功的途径。每一个进取的人心中至少都有一个梦想，而每一个成功者心中都有一个伟大的梦想，并朝着这个梦想不断进取。马云因为有梦想，有强烈的进取心，创办了阿里巴巴，挤进了福布斯富人榜排名的第 28 名，身价超 1500 亿元，2015 年更是成为中国大陆第一富豪。梦想和进取心让我们敢于挑战权威，让我们在成功的路上坚定不移。

大学生要在职业道路上取得成功，也必须具有梦想和强烈的进取心，这将使大学生在一般人不敢或不能涉足的地方创造奇迹。只有不断挑战自己、坚持不懈、执著进取，才可能创业成功，拥有无憾的人生。

（三）富有责任感，善于团结合作

成功的创业者，往往是富有责任感、善于调节合作的人。他们不会为创业路上的失败寻找借口，也不会把责任推卸给别人。即使是合作者或部下的原因，他们也会主动地承担自己在管理方面的责任。在面临错误时，只有先从自己身上找原因，才能发现问题，并赢得周围人们由衷的尊敬与信赖。所以，大学生要想创业成功，必须做好勇于承担失败责任，与员工相互信赖，主动为员工考虑，为社会考虑的心里准备。

二、资金准备

创业需要有付出才会有收获，但这投人往往是巨大的，许多大学生都为筹不到创业的资金而发愁，许多学生企业因为缺少资金而处于进退两难的尴尬境地，所以创业前要做好资金准备。筹集资金一般有以下几种途径：①自己存钱；②向亲戚朋友借钱；③贷款，贷款分为个人创业贷款和商业银行贷款。个人创业贷款，是一种有关部门和商业银行对符合贷款条件的个人发放满足其融资需要的指定用途的贷款方式，它的用途仅限于个人投资创业。商业银行贷款，是将自己的住房，耐用消费品或者利用存款，国债，保单等抵押给银行，获取贷款的方式；④合伙入股，个人力量是有限的，合伙创业不但可以解决资金不够的问题，还可以互相学习，取长补短，做好分工，完善机制，并且还可以利用每个人在不同场合、不同的资源；

⑤风险投资，当今有很多大公司、大集团甚至个人手中都拥有大量闲置的资金，他们也十分希望能够找到可靠的投资对象，帮他们挣更多的钱；⑥政策性扶持资金，各地政府部门每年都会提供一些扶持资金扶持一些产业，调节经济的发展方向，如果可以争取到一笔政府的扶持资金，资金问题就会迎刃而解。

大学生创业之前，应该有一个创业资金预算，并规划好创业资金的来源。而且，还应该规划好资金超出预算时的筹集渠道，以使创业过程不因为资金准备不足或超出预算而中断。当然，目前国家有关部门对大学生创业有一定的资金扶持，可以为大学生创业提供无息或低息贷款，并给予创业过程中的税收优惠。大学生创业时应预先了解相关信息，充分利用这一政策，减少创业过程中的资金障碍与压力。

三、知识准备

自主创业是否成功，除了必须具备一定的专业特长外，还应该具有一定合理的知识结构。大学生创业者最起码应该对企业最初的建立和运营过程等管理专业知识有个基本的认识，这类专业知识对创业者来说也是十分重要的。因此，有志于创业的大学生，当选定自己创业想要走哪一条路时，必须先掌握这方面的专业知识，并在发展中不断补充新知识，不被别人超越。

2014年，福建省曾进行了一次大学生自主创业问卷调查，数据统计显示，4000名大学生接受调查中，有90%的学生对自主创业具有浓厚的兴趣，其中又有81%的学生希望自己能够干一番事业或者开一家公司，自己给自己当老板。但是大学生们对创业过程中所需要了解的专业知识以及政策问题却了解得不多。在问卷调查中，只有20%的学生认为自己创业过程中所需要的专业知识和技能已经足够用了，有80%的学生希望学校能够建立传授创业技巧和能力的平台。由此可见，大学生应加强培养和学习创业的基础知识和技能，为今后的创业道路奠定扎实基础。在当前知识经济背景下开创创业活动，大学生需要涉猎商业、管理和法律等多方面的知识。

（一）商业知识

大学生创业应具备的商业知识包括市场调研知识、财务知识、上午谈判知识以及一定的经济金融知识等。具备市场调研知识，能帮助创业者利用市场调研分析的知识和方法，了解市场容量与未来趋势，对市场走势和市场份额作出合理的预测，进行准确的市场定位，发现商机，最大限度地避免风险。财务和经济金融知识，能帮助创业者了解宏观经济形势、行业和区域发展特征，合理进行成本估算等。商务谈判是一个重要棘手的问题，在创业过程中，可能涉及的谈判内容包括筹资类谈判、采购类谈判、合作谈判、销售类谈判、竞争类谈判等，这些都是创业成功的关键。因此，大学生创业者还应该具有商务谈判知识等。

（二）管理知识

这方面的知识包括人力资源管理、工商企业管理、财务管理、团队管理等知识。创业之前应做好人员安排，确定好每个人大致的岗位，对员工进行岗前培训。而且，一个团队需要外联者，搞好与工商、税收、卫生、社区客户等相关者的社会关系；还需要谋划者，想主意，出点子，让企业比别的商家更具有特色和风格；还需要企业管理者，对人员、资金、技术、信息等进行调用、配置；还需要市场分析家，科学客观决策市场，看清市场走势；以及企业财务管理者，建立财务制度，分析财务表，管理好流动资产、固定资产、预算、成本、筹资、投资所以，有创业愿望的大学生，在校期间就应该广泛涉猎相关管理知识，为创业提供综合管理知识储备。

（三）法律知识

创业者在工商注册登记时，除了要明白工商注册登记的手续条件、主要内容外，还必须清楚本身所处行业的经营许可的审批流程和条件。创业者作为纳税人在开业的一定时间内应向当地税务机关进行税务登记，我国有 30 多种税以及具有税收性质的附加税和基金，这都需要了解。在与他人发生经济纠纷时，创业者还要能够充分利用法律知识，维护自己的权利。所以，在大学阶段做好法律知识储备，也是有志创业者必不可少的任务。

四、人脉准备

人际关系是创业的必要条件。市场调查表明：良好的人际关系，可以使个人幸福指标和工作成功的机会提高 50% 以上；一个人获得成功的因素中，90% 决定于人际关系，而知识、技术、经验等因素仅占 10%。因此，可以说，创业成功要素，80% 以上来自于良好的人脉关系，外加 20% 的知识、技能。

适合做合伙人的人选有以下几个特点：①彼此谈得来，有共同的理想、信念的朋友，能够共同携手未来，共度风雨，因为朋友彼此都相互了解，有深厚的感情，比较不会因为钱财背叛对方；②遇事彼此易沟通，蛮不讲理的人不适合作为合伙人；③有正确的价值观，立志于通过合法的手段挣钱；④彼此有奉献牺牲精神，能够宽容大度，这样遇到一些利益问题大家就不会斤斤计较；⑤彼此能坚定地支持对方，创业的过程是艰苦的，一定要互相扶持，彼此帮助，才能走过创业中所遇到困难；⑥彼此有一定专业背景，因为是合作关系，最好合作伙伴必须跟自己一样优秀；⑦与正能量的人合作，因为跟他在一起会给你带来正能量，每一天都充满力量。

第四节　创业的难点与重点

一、大学生自主创业面临的问题

应该说大学生自主创业，有一定的优势，譬如年轻、激情，而且随着社会和时代的发展也为大学生自主创业者提供了诸多条件，但也会面临许多问题，那么，问题是什么呢？

（一）心理准备不足

顽强的意志是创业的脊柱。在创业中必然会遇到许多矛盾和困难，如果无好的意志品质、不懈追求的精神，就不会取得成功。意志包括：坚韧不拔的毅力、敢冒风险的果断性和胜不骄败不馁的自制性。然而从对近几年曾涉足自主创业的大学毕业生的情况分析来看，不少创业者往往缺乏这样的意志，他们对创业的艰苦性心理准备不足。由于家庭对学生创业的不理解和不宽容，家长供孩子读书已属不易，自主创业是笔额外的风险投资，与工薪家庭的投资回报期望相去甚远，从而导致家庭矛盾，出现意想不到的麻烦；由于创业之初人手少，无严格分工，创业者不得不同时担任多种角色，既疲劳不堪，又常常不能适应，这容易使人烦恼；由于创业要与社会各方面打交道，这又常常是初涉社会的大学生创业者所不擅长的，遭到碰鼻子办不成事的情形是常有的，这容易使人灰心；由于缺乏挫折承受准备，稍遇失败就心灰意冷，怀疑自己的能力，害怕承担风险，这容易使人半途而废等。这些都要求创业者事前就预见到创业的艰辛、风险和可能的失败，并做好面对的心理准备，以顽强的意志承受这一切。

（二）资本筹措困难

资金不足是刚走出校门的大学生、研究生创业的首要难题。创业需要资金，对于某些领域的创业甚至需要大量资金。对创业者来说资金有三个渠道，一是自筹，二是借贷，三是风险投资。自筹数量有限；借贷一则资信不足贷款不易，二则有期限要求，不能满足创业的长期投资需要；风险投资是最好形式，特别适合大学生创业者。但我国目前的风险投资市场还很不成熟：一是投资者少，资金有限；二是管理不规范，投资风险大；三是上市条件高，投资不能及时抽出，继续其他项目的投资。能为大学生创业提供投资者很少，数量也有限。为此，国家制定相关政策支持风险投资的发展。另外，在当前风险投资市场很不成熟的情况下，针对大学生创业问题，国家专门设立大学生创业基金。但是作为意欲创业的大学生来说，不能等靠国家的扶持，而应发挥自身优势开展创业。

（三）企业管理经验缺乏

首先，从一份抽象的创业计划书到成功的市场运作，整个操作过程还需要借助长时间积累的管理经验加以磨合，这不是靠啃一啃书本理论就能达到的。如中南林业科技大学商学院熊同学认为，"大学生自主创业的可能性不是很大。因为你本身没有什么工作经验，仅仅是依靠在校园里面学到的一点皮毛的东西，一知半解的，就自己去搞创业，既搞技术、又要管理，我觉得不太现实"。其次，在成立了公司之后对于如何建立财务制度、人事制度、行政制度等等，学生创业者并不很清楚。设想一下，要自主创业办一家公司，方方面面的事情都需要自己打理，工商、税务等等部门都要进行沟通、打交道。这个面特别得广，对于一位刚刚跨出校门的学生来说很难，即使有这样的学生，也是极少数的。但是，如果学生本身具备这方面的能力，同时也具备一定的资金的话，作为学校来说，应该是支持、扶持这些大学生的。

二、如何克服自主创业中的问题

（一）有效筹措资金

企业由人才、产品和资金所组成，资金不足，往往会导致创业者支付负担过重，无法成就事业。学生刚刚踏上社会，很少有足够的资金积累，学生创业者应更多地具有"多少实力做多少事"的观念。资金来源可以借于亲朋好友，也可以借贷于银行，如果企业拥有具有市场前景的产品或成果，还可以寻求风险投资商的资金支持。大学生自主创业的首期资金，如果没有企业的信任和投入，一般往往由团队成员共同出资。

（二）组建优势互补的团队

自主创业要处理的事情面广、量重，靠一个人的力量很难有效地应对各类情况。组建创业团队则能有效进行创新与经济管理的互补。如果具有有效的管理，还能保证创业团队形成最大的合力，在市场竞争中取胜。

在组建创业团队时，应注意创业团队成员的性格搭配、角色分工及对公司远近期目标、策略制定、股权分配的认同等等，因为这些都是与企业成长相关的创业团队建设问题。

（三）建立广泛有效的社会关系

一个初期开办的公司往往需要得到各方面的帮助才能得到发展，创业者需要在社会环境中调动一切有利的因素。对于学生创业者，建立广泛有效的社会关系，是摆脱在与社会创业者竞争中处于不利地位的重要因素。

（四）要有长期规划

创业者要选择自己熟悉又专精的事业，初期可以小本经营或找股东合作，按照创业计划逐步拓展。企业应先求生存再求发展，扎好根基。对于大学生自主创业的企业尤其注意不能好高骛远，必须重视经营体制，步步为营以求创造利润。同时作为创业领头人要在企业发展中逐步形成好的经营理念、经营方针和经营策略，发挥企业全体成员的力量，求得企业的发展。

三、如何写创业计划书

"一个组织的基本哲学思想对组织的作用比技术资源、经济资源、组织机构、创新和抓住时机的作用更大。"以价值理念驱动 IBM 的托马斯沃森这样说过。创业计划书要描述的正是这样的一个组织的基本哲学思想。创业计划书是将有关创业的许多想法，借由白纸黑字最后落实的载体。其内容涉及到创业的类型、资金规划、阶段目标、财务评估、行销策略、可能风险评估、内部管理规划等有的创业活动。

如何写创业计划书呢？要依目的即看计划书的对象而有所不同，是要写给投资者看呢，还是要拿去银行贷款，从不同的目的来写，计划书的重点内容也会有所不同。完整的创业计划通常要包含以下几个部分：

（一）封面和扉页

封面通常包括公司名称、公司地址、公司电话、电子邮件及通信地址、日期、创业计划编号等内容，如图 10－1 所示。扉页一般为保密须知，如图 10－2 所示。在保密须知中，要注明创业计划属于商业机密，所有权属于某公司或某项目，未经同意，其他任何人不得将计划全部或部分地予以复制、传递给他人，影印、泄露或散布给他人。

收到创业计划日期		项目编号		项目经理	
创业计划					
	项目名称				
	项目单位				
	地址				
	电话				
	传真				
	电子邮件				
	联系人				
公司					
年月日					

图 10－1　创业计划封面

保密承诺

　　本创业计划内容涉及本公司的商业秘密，仅对有投资意向的投资者公开。本公司要求投资公司项目经理收到本创业计划时做出以下承诺：

　　妥善保管本创业计划，未经本公司同意，不得向第三方公开本创业计划涉及的本公司秘密。

项目经理签字：

接收日期：　　　　年　　　月　　　日

图 10 – 2　保密须知

（二）基本内容

为了方便阅读和查找，应该在基本内容之前设置目录。创业计划的基本内容列于表 10 – 2 中。

表 10 – 2　创业计划的基本内容

1. 摘　要	企业理念，企业的基本现状，企业发展规划
2. 产品和服务	产品的基本性能、竞争优势、市场前景，品牌和专利，产品的研究和开发情况，新产品开发的计划和成本分析
3. 市场预测	市场分析和预测
4. 营销策略	目标市场营销策略
5. 产品制造	产品生产制造方式，生产设备情况，质量控制
6. 管理团队	企业的管理结构，主要管理人员的相关情况机制激励和约束
7. 财务规划	企业过去三年的财务状况和今后三年的发展预测，企业的融资计划
8. 附　录	附件，附表

（三）创业计划书的评价

创业计划的评价一般由三方评价。第一方为创业者，主要判定创业计划是否具有吸引力或实施操作性。第二方为资源提供方，包括创业投资者、一般投资人、管理者、员工等。第三方为独立于计划制定及使用方的咨询机构，受人委托对创业计划进行公正性评价。

1. 评价要素

一份成功的创业计划，应该能够简单清晰地展示市场容量，了解顾客的需要，解释他们为什么会掏钱买你的产品或服务，并要有一个投资退出策略，解释你为什么最适合做这件事。

①报告全面；

②方案可行；

③技术含量高或具备创新性；

④效益评价；

⑤资金筹措方案合理；

⑥市场前景广阔。

2.评价标准

（1）概要：内容清晰，简明扼要，具有鲜明的特色，引人入胜。

（2）新创企业：明确阐述创新企业的目的，企业的性质，企业的背景及现状，自身特有的优势，创业理念及创业的战略目标。

（3）产品/服务：描述产品或服务的基本性能、特征，产品的商业价值，产品的技术含量，产品的发展阶段，产品的所有权状况。

（4）市场分析与营销策略：包括市场容量与趋势，竞争状况，市场机会分析透彻，市场定位准确，成本及产品定价合理，营销渠道通畅，促销方式有效，有一定的创新。

（5）经营计划：包括产品生产服务计划，产品的成本和毛利，经营难度及所需要的资源。

（6）管理团队：包括关键人物的教育及工作背景，机构组织严谨，角色分配恰当，产权、股权划分适当。

（7）财务分析：财务报表清晰明了，列出关键财务因素、财务指标和主要财务报表，财务计划及相关指标合理准确，与计划实施同步。

（8）融资回报：以条款方式提供所需投资，利益分配方式，可能的退出战略。

（9）可行性：一是市场机会，明确市场需要及其适合的满足方式；二是竞争优势，企业拥有的独特的核心能力以及获取持续的竞争优势；三是管理能力，管理团队能够有效地发展企业，并合理规避投资风险；四是财务预算，企业的发展业务具有明确的财务需求；五是投资潜力，创业项目具有真正的实际投资价值。

（10）创业计划写作：专业语言运用准确，表述简洁清晰。

在未来社会，自主创业不仅是大学生自主就业的重要途径，更是成材的重要模式。在上世纪末，国际教育界曾做过这样的预测：就世界范围而言，21世纪的中专生和大学生有将近半数要走自主创业之路。早在1998年10月在巴黎召开的世界高等教育会议就明确提出"高等学校，必须将创业技能和创业精神作为高等教育的基本目标，为了方便毕业生就业，高等教育应主要关心培养创业技能与主动精神"，要使高校毕业生"不仅成为求职者，而且成为工作岗位的创造者"。

人们说，没有学生创业就没有美国硅谷。高校毕业生创业不仅应作为一种能力来培养，更应当作为一种文化来塑造。

【案例评析】

案例一（目录）：

以下是由中南林业科技大学学生所做的一份创业计划书的目录，该计划书获得了2014年湖南省大学生创业大赛金奖、全国大学生创业大赛铜奖。该计划书虽然主要为参赛而作，但其基本结构、内容编写、侧重点等，都可以为大学生自己在实际创业过程中撰写创业计划书提供借鉴。

目录

公司顾问 ···

指导老师 ···

团队成员 ···

第一部分　执行概要

第二部分　公司简介 ··

　一、公司名称 ···

　二、产品与服务 ···

　三、企业定位 ···

　四、企业理念 ···

　五、企业使命 ···

　六、企业愿景 ···

第三部分　市场分析 ··

　一、外部环境分析 ···

　二、内部环境分析 ···

　三、市场需求分析 ···

　四、消费者行为分析 ···

　五、竞争对手分析 ···

第四部分　市场细分与定位 ··

　一、市场细分 ···

　二、细分市场评估 ···

　三、产品定位 ···

　四、目标市场定位 ···

第五部分　市场计划 ··

　一、市场渗透 高利润期 ···

　二、市场开拓 让利扩销期 ···

　三、市场占领 现金回报期 ···

　四、市场稳定 激烈竞争期 ···

　五、市场计划总结 ···

第六部分　营销策略 ··

　一、品牌战略 ···

　二、产品策略 ···

　　三、定价策略 ···

　　四、渠道策略 ···

　　五、促销策略 ···

第七部分　企业发展 ··

　　一、企业 SWOT 综合分析 ··

　　二、公司发展战略规划 ···

第八部分　企业运营与管理 ··

　　一、企业运作 ···

　　二、企业经营 ···

　　三、人力资源管理 ···

　　四、公司管理 ···

第九部分　财务 ···

　　一、财务假定 ···

　　二、报表关键数据摘要 ···

　　三、财务指标: ···

　　四、资金筹措 ···

　　五、财务预算表 ···

第十部分　风险分析 ··

　　一、风险识别 ···

　　二、风险应对 ···

　　附件一: 专利 1 ···

　　附件二: 专利 2 ···

　　附件三: 调查问卷 ···

　　附件四: 公司海报 ···

　　附件五: 国家政策支持 1 ··

　　附件六: 国家政策支持 2 ··

　　附件七: 国家政策支持 3 ··

案例二(成功):

"视美乐"——第一个吃螃蟹的人

　　4 月的清华园内,白玉兰、红桃花开得灿烂,惹人瞩目,招人喜爱。但是,清华的校花却是朴实无华的紫荆花,代表着踏实和务实的学风和校风。

　　清华大学第一家学生公司"视美乐",1999 年 6 月在有关部门正式注册,为清华"休学创业"计划树起了第一面旗帜。公司法人代表、96 级材料系学生邱虹云说,他办公司不是为了当老板，真正吸引他的是实验室里搞出来的发明转化成现实生产力带来的那种喜悦。

邱虹云从小就是个"科技发烧友"。光学、化学、电学都是他从七八岁起就开始琢磨玩味的东西。上了大学，邱虹云的学习成绩并不出众，在班上大都排名在中间，但他丰硕的科研成果令老师和同学们刮目相看，被公认为"发明天才"。在学校的科技大赛中，邱虹云从大一开始就年年获奖。他发明制作了超长变焦镜头和新概念天文望远镜。他潜心研制一种集光学、机械、电子技术于一体的视听设备，历时4个多月，就推出了设备样品。据了解，国外也有功能效果类似的产品，但价格昂贵。邱虹云的作品因为在技术设计上有突破，大大降低了成本，估计其价格仅相当于目前市场价格的1/3。他曾打算以十几万元的价格将产品技术转让，后与几个要好的同学商量，认为自己组成团队技术力量强，成员基本上来源于清华大学计算机、电子、光学、材料学等学科专业，学以致用，正当其时。他们意识到，自己的团队应当保持适度低调，专注于技术的研发，对资本保持开放和合作的态度。他们不把"新经济"动辄挂在嘴边，他们很清楚地知道自己前途的艰难，与当时不可一世的".com族"形成了鲜明的对照。同时，他们清楚地看到了技术和创新与商业和资本结合的重要性。不过，他们也知道，自己缺乏经营能力，更缺乏资本运作能力，因而积极地寻找资本合作方。他们遇上了刚刚成立的、以清华大学经济管理学院为依托的清华兴业投资管理公司。当时，清华兴业急需树立自己国内风险投资先驱的形象和业绩，国内上市公司上海第一百货公司急需在证券上获得概念和想象空间，而"视美乐"的同学们急需资金进行公司日常运营、研发和生产，这三家公司情投意合，一拍即合，各自名利双收。于是，"视美乐"公司在清华诞生了。

通过创业办公司，邱虹云至少获得了三方面的收获。其一是知识上的。在公司里，他要根据市场情况调整产品的发展方向，仍然离不开科研，在这个过程中往往可以高效地积累某种知识。另一种收获是社会阅历的积累。此外，邱虹云认为，自己几乎是在实验室里长大的，性格比较内向，以前几乎连一句完整的话都不会说，通过筹建公司的一系列活动，他明显感到自己变得比较健谈了，从而增加了几分自信。

近一年的功夫，"视美乐"公司把上海第一百货公司的250万元资金花得差不多了，主要用于研发和产品试验。好运再次光临"视美乐"，他们的亲密合作伙伴清华兴业又找来了青岛澳柯玛集团。"澳柯玛"是国内著名的家电企业，"视美乐"的多媒体超大屏幕投影电视是他们感兴趣的方向和技术；而且，当时"澳柯玛"正紧锣密鼓地筹备在国内上市，高科技产品和学生创业的概念使他们极感兴趣。

2000年4月25日，北京视美乐科技发展有限公司和青岛澳柯玛集团，在清华科技园举行了签字仪式，宣告成立北京市澳柯玛视美乐信息技术有限公司。上海第一百货公司功成身退，把股权让给澳柯玛集团，澳柯玛集团以3000万元对"视美乐"进行二期投资。这个时候，上海第一百货公司、澳柯玛集团、"视美乐"以及它身后的投资顾问清华兴业投资公司，四家单位各得其所，再加上为清华大学89周年校庆增了光，五赢的局面皆大欢喜。

分析：邱虹云结合自己的兴趣和特长，在对市场进行充分调研的基础上，组建合理的创业团队，利用上海第一百货公司的投资，组建了清华大学第一家学生公司——"视美乐"公司。在清楚认识到自己的特长与不足的情况下，扬长避短，自己主攻产品研发，而将公司经营权全权委托给清华兴业投资管理公司。此后，又吸收了青岛澳柯玛集团的二期投资，成立北京市澳柯玛视美乐信息技术有限公司。不仅自己创业获得了成功，也给"视美乐"公司发展过程中的相关五个单位带来了各取所需的利益，获得了五家共赢的良好社会效果。

案例三(失败):

忽视风险,创业不成反背一身债

26 岁的秦亮(化名)的 2006 年是个苦涩的开局,大四时他经商失误,惹上了官司。纠缠了两年的案子近日终于二审判决,秦亮背上了 100 多万元的法律债务。这对毕业以来仍处于待业状态的秦亮来说无疑是个沉重的包袱,但是他痴心不改,他的梦想依然是找机会创业。

1. 大四学生大胆创业

2003 年在上海大学读大四时,秦亮通过熟人与中国联通上海分公司一级代理商上海美天通信科工程设备有限公司取得联系,并得知美天正准备推广 CDMA 校园卡业务。秦亮认为可以发动老师同学购买,赢利几乎唾手可得。

由于美天要求必须同公司来签协议,秦亮和几个同学又发动父母成立公司。耐不住孩子的恳求,三个下岗母亲在经济开发区注册了上海想云科技咨询有限公司。

2003 年 3 月,秦亮和想云公司与上海美天签署了《CDMA 校园卡集团用户销售协议书》,约定想云公司在上大发展 CDMA 手机及 UIM 卡进行捆绑销售,并约定想云公司对校园卡用户资料真实性及履行协议承担保证责任,用户必须凭学生证和教师证购买,一人一台等。如想云公司发展用户不真实,美天有权停机,想云承担不合格用户的全部欠费。

2. 火热销售后欠费

在同学老师的帮助下,秦亮的"生意"一下子很红火。秦亮一共发展了 4196 户,按照与美天的协议,秦亮和想云公司可拿到 10 余万元的回报。

但是美天刚支付给秦亮 2 万元钱后,2003 年 12 月联通公司发现想云递交的几百名客户资料虚假,有一部分根本不是校园用户,还有身份证冒用别人的,最终形成了大量欠费。

美天为此赔偿联通 442 户不良用户的欠费 52 万余元,联通还扣减美天 406 部虚假用户和不良用户的手机补贴款 28 万余元及 8 万余元。

美天将想云公司及秦亮起诉到法院,要求承担上述赔偿款项,另赔偿美天 406 部虚假、不良用户手机的补贴差价 6 万余元及未归还的手机价款 15 万余元和卡款 5100 元,总计 100 万元左右。

3. 一人承担所有债务

一审法院认定秦亮借用想云公司名义与美天签订销售协议,并发动几十名学生、教师发展介绍用户,并无想云公司人员参与,故秦亮与想云公司共同承担 100 万元的赔偿责任。

和秦亮一起操作该业务的虽然还有很多人,但由于与美天的协议书上是秦亮的签名和想云的公章,秦亮也不想再牵连其他人进来,而想云公司本来就是为创业成立的公司,加上经营亏损,已被吊销营业执照,秦亮成了债务承担人。

秦亮不服判决,他称自己凭肉眼无法辨别证件的真伪,也没想到有人会用假证来蒙混,而业务受理地都有美天的工作人员,美天公司也有专门辨识证件真伪的仪器,但是美天却要求自己承担所有损失,显然在协议制定上也有失公平,遂上诉到二中院要求改判。

毕业两年都未找到工作的秦亮因生活困难,向法院申请缓交上诉费,法院予以准许。但是二中院经审理后,维持了原判。秦亮一分钱没挣反背上了 100 多万元的债务。

4. 律师意见:创业莫忽视法律风险

秦亮的代理律师接受采访时表示，这个案子前后花费了两年多时间，他也觉得秦亮作为一名大学生值得同情，收取了最低的律师费，但是法律无情。

该律师认为，秦亮、想云、美天和联通都有责任，在秦亮无法控制证件真实的情况下，美天和联通都未及时监督。虽然大家都蒙受了损失，但最后都由秦亮来承担也有失公平。

该律师表示，这个判决对很多正处于创业热情中的大学生来说都是一个借鉴。大学生创业作为一种社会实践是可行的，但目前是市场经济，风险不会因为你是大学生就有特别待遇。他认为，关注扶持大学生创业的过程中除了资金扶持外，一定不能忽视法律意识，最好有法律顾问，在签署合同、洽谈业务中可以帮助把关，规范操作以降低创业风险。

分析：承办此案的法官也表示，大学生校园经商、创业颇为时尚，但经商学生法律知识欠缺，社会阅历浅薄，又缺乏正确的引导和规范，结果非但未赚到钱，反而尚未毕业就背负一身的债务，给本人和家庭带来沉重负担。对此，也给准备下海经商的大学生们提个醒：商场有风险，需谨慎从事。

后　记

　　大学生是国家宝贵的人力资源，是推动国民经济不断发展、社会和谐进步的生力军。近年来，我国的国民经济发展进入新常态，经济发展方式逐步向内需导向型、知识主导型、环保节约型转变，加工制造业向东南亚国家和地区转移速度加快。与此同时，各类高校毕业生人数逐年递增，但具有自主创业带动能力的高端人才培养严重滞后，大学毕业生就业形势十分严峻。各级政府对大学毕业生就业问题高度重视，对新时期大学生的职业发展和就业指导教育提出了更高、更明确的要求，尤其强烈呼吁"大众创业和万众创新"。为此，我们结合近几年的课程教学和教材使用情况，对原教学资料的内容进行了重新整理和编纂，对大学生职业发展与就业指导教材进行了改版。

　　参与本书编纂的人员由中南林业科技大学人力资源教研室的老师、学校招生就业处的老师和职业规划及咨询机构负责人三方构成。本书由中南林业科技大学人力资源教研室尹华北、熊立新老师和招生就业处潘日鸣老师担任主编，组织编写及统稿；由张明旭、吴战波、刘晓艳、吴幼珍老师担任副主编；中南林业科技大学硕士研究生代啸峰、陆婧为参编人员。各章主要编写人员如下：第一章、第三章、第三章熊立新、尹华北，第四章、第五章、第六章张明旭、吴战波，第七章刘晓艳、代啸峰，第八章吴幼珍、陆婧，第九章、第十章潘日鸣、尹华北。全书最后由尹华北和熊立新老师统稿及校对。

　　本书的出版得到了中南大学出版社及各兄弟院校的大力支持，在此表示感谢！在编写的过程中，编者参考了大量中外作者的文献资料，在此一并表示感谢！同时，中南林业科技大学各级部门及相关领导对本书的出版给予了最大的支持，也在此一并致谢！

　　由于编者水平有限，错漏之处在所难免，敬请读者批评指正。

编者

2015 年 8 月